Udo Worschech

# Das Land jenseits des Jordan

## Biblische Archäologie in Jordanien



R. BROCKHAUS VERLAG WUPPERTAL UND ZÜRICH
SAATKORN-VERLAG HAMBURG

Die THEOLOGISCHE VERLAGSGEMEINSCHAFT (TVG)
ist eine Arbeitsgemeinschaft
der Verlage R. Brockhaus Wuppertal und Brunnen Gießen.
Sie hat das Ziel, schriftgemäße theologische Arbeiten zu veröffentlichen.

Studien zur Biblischen Archäologie und Zeitgeschichte (SBAZ), Band 1,
herausgegeben von Rainer Riesner und Carsten Peter Thiede

Die Deutsche Bibliothek – CIP-Einheitsaufnahme

*Worschech, Udo:*
Das Land jenseits des Jordan: biblische Archäologie in
Jordanien / Udo Worschech. – Wuppertal; Zürich: Brockhaus;
Hamburg: Saatkorn-Verl., 1991
(Studien zur biblischen Archäologie und Zeitgeschichte; Bd. 1)
ISBN 3-417-29801-6 (Brockhaus)
ISBN 3-8150-0821-2 (Saatkorn-Verl.)
NE: GT


Umschlaggestaltung: Carsten Buschke, Solingen
Umschlagfoto: Udo Worschech, Darmstadt
Gesamtherstellung: Breklumer Druckerei Manfred Siegel KG
ISBN 3-417-29801-6
ISBN 3-8150-0821-2

## Vorwort

Das »Land jenseits des Jordan«, das antike Ostjordanland mit den biblischen Ländern Ammon, Moab und Edom, ist erst in den letzten drei Jahrzehnten archäologisch intensiv erforscht worden. Vor allem amerikanische, britische, französische und deutsche Forscher waren mit Grabungen und Surveys (Oberflächenerforschungen) an der Entdeckung wichtiger Ortslagen und Fundobjekte beteiligt. Die meisten dieser Projekte sind von der jordanischen Antikenverwaltung in Amman unterstützt und gefördert worden. Die Bereitwilligkeit der jordanischen Regierung, diese Projekte zuvorkommend und recht unbürokratisch zu genehmigen, hat wesentlich dazu beigetragen, daß die archäologischen Kampagnen in Jordanien so schnell und erfolgreich durchgeführt werden konnten.

In dem vorliegenden Band, dem ersten in der Reihe Studien zur Biblischen Archäologie und Zeitgeschichte (SBAZ), habe ich versucht, die inzwischen recht umfangreich gewordenen Ergebnisse der historisch-archäologischen Erforschung des Ostjordanlandes umfassend darzulegen. Diese Arbeit bietet somit die erste Gesamtdarstellung zur Archäologie und Geschichte des antiken Jordanien, wobei zu bemerken ist, daß die Biblische Archäologie des Ostjordanlandes den breitesten Raum einnimmt. Sie will eine Lücke unter jenen biblisch-historischen Publikationen füllen, die sich fast ausschließlich der Biblischen Archäologie und Geschichte Israels und des besetzten Westjordanlandes (Westbank) gewidmet haben.

Bei der Behandlung der einzelnen historisch-archäologischen Themen zur Biblischen Archäologie sind die Fundobjekte und sehenswerten archäologischen Orte und Hinterlassenschaften so gewählt, daß sich dieses Buch zugleich als Führer zu den wichtigsten archäologischen Stätten in Jordanien anbietet und dem Leser die Sehenswürdigkeiten in ihrer Beziehung zu den Epochen der alttestamentlichen Geschichte vor Augen führt. Auch sind viele Abbildungen zum Text bewußt den unterschiedlichsten wissenschaftlichen Publikationen entnommen worden, um auch dem interessierten Laien eine Begegnung mit der wissenschaftlich-archäologischen Arbeit zu ermöglichen.

Ich möchte an dieser Stelle dem R. Brockhaus Verlag für die Aufnahme dieses Bandes in die Reihe Studien zur Biblischen Archäologie und Zeitgeschichte danken.

Darmstadt, im Februar 1991 Udo Worschech

INHALT

# I. Tafelland, Wadital und Grabenbruch

## Ein Land des Regens und der Dürre

Die große arabische Scholle stößt im Norden an die iranischen Berge und dehnt sich im Süden bis Afrika. Am östlichen Rand wird sie teilweise durch den Persischen Golf überflutet und im Südosten durch den Indischen Ozean begrenzt. An ihrer westlichen Seite liegt als schmaler Streifen kultivierbaren Landes Palästina – das Land beiderseits des Jordan. Dieser relativ kleine Lebensraum ist in viele kleine Landschaften und Kleinklimazonen zergliedert, ganz im Gegensatz zur großen arabischen Halbinsel, die vor allem aus Wüste besteht und an deren nördlichen und nordöstlichen Randgebieten sich beiderseits von Euphrat und Tigris die mesopotamischen Becken aneinanderreihen und über Syrien bis Nordpalästina den »fruchtbaren Halbmond« bilden.

So vielfältig wie die Landschaftsformen des jordanischen Tafelberglandes (ca. 800-1500 m ü.NN) sind auch die Lebensräume zwischen Kulturland und Wüstensteppe: Gebirgszüge wechseln mit Tiefebenen und Waditälern; das flache, wellige Hochplateau wird gelegentlich durch schwarzes Basaltgebiet unterbrochen, und im sanften Bergland steht der Besucher ungewarnt vor steilen Abhängen (Abb. 1). Das sich von Syrien bis zum Roten Meer erstreckende Tafelbergland Ostjordaniens wird von drei großen geologischen »Senken«, die von W nach O verlaufen, unterteilt: im N durch die Tripoli-Homs-Senke, im nördl. Jordanien durch die Galiläa-Yarmuk-Senke, und im mittleren Bereich, unmittelbar südl. des Toten Meeres, durch die Beerscheba-Zered-Senke (Abb. 2). Diese harmlos lautenden Bezeichnungen der Geologen täuschen jedoch darüber hinweg, daß es sich vor allem bei der Galiläa-Yarmuk- und Beerscheba-Zered-Senke um atemberaubende, tiefe und breite, canyonähnliche Einschnitte im jordanischen Tafelland handelt, das noch durch zwei weitere beeindruckende Flußtäler, des Jabbok und des Arnon, unterbrochen wird.

Aber nicht genug damit. Im Gegensatz zu der landschaftlichen Gleichförmigkeit des ostjordanischen Tafellandes, an das sich im O die faszinierende Einsamkeit der großen arabischen Wüste anschließt, wird der westl. Bereich der arabischen Scholle nicht nur durch die drei von W nach O verlaufenden Senken geteilt, sondern empfing im Tertiär einen von N nach S verlaufenden Schmiß: den großen »syrischen Grabenbruch«, der von Nordsyrien über Palästina bis nach Ägypten und Zentralafrika reicht und das palästinische Tafelland in zwei Hälften teilt – Cisjordanien und Transjordanien.

Vier große perennierende (ganzjährig wasserführende) Wadis sind

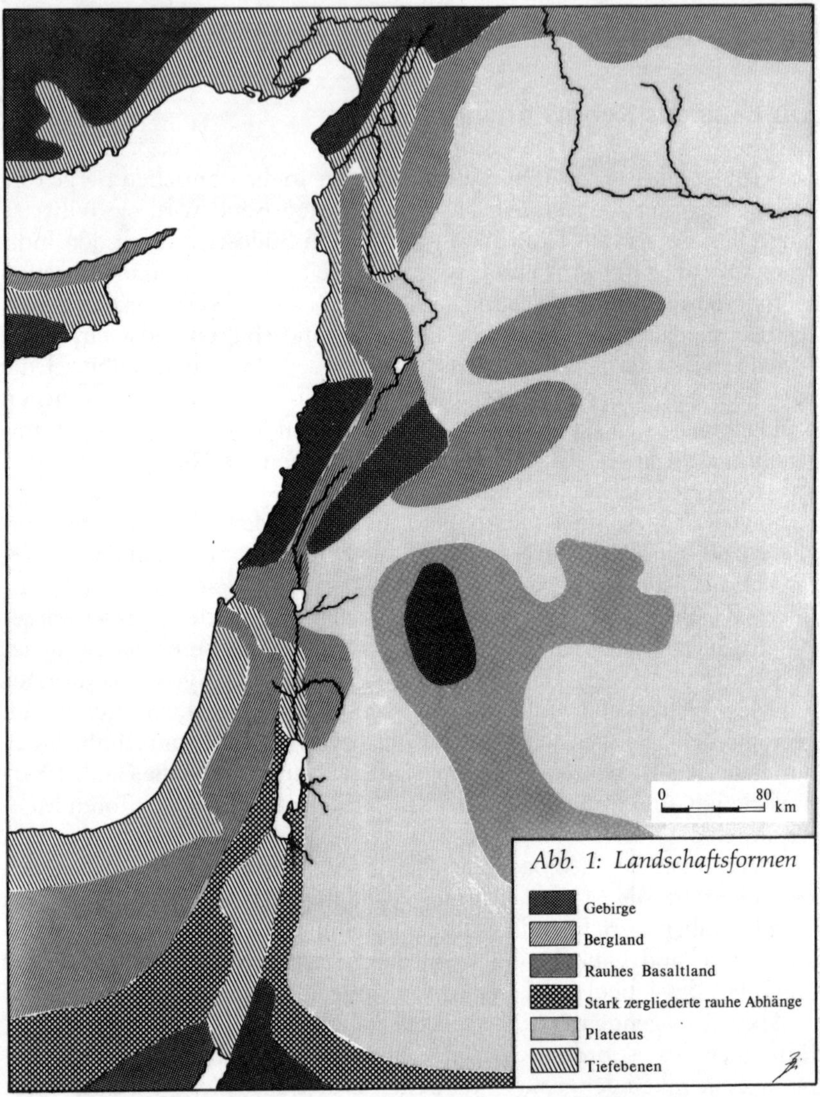


*Abb. 1: Landschaftsformen*

durch Wasser- und Winderosion im Ostjordanland entstanden: Yarmuk, Jabbok, Arnon und Zered. Sie haben sich tief in das aus horizontalen Schichten des Cenoman und Senon bestehende ostjordanische Tafelbergland eingesägt und bilden weite Talebenen mit Steilabfällen, ausgewaschenen weichen Hügelkuppen und sanften Mulden. Vom Rand des eingeschnittenen Hochplateaus bis zum Wadigrund sind diese Täler fast 400 m

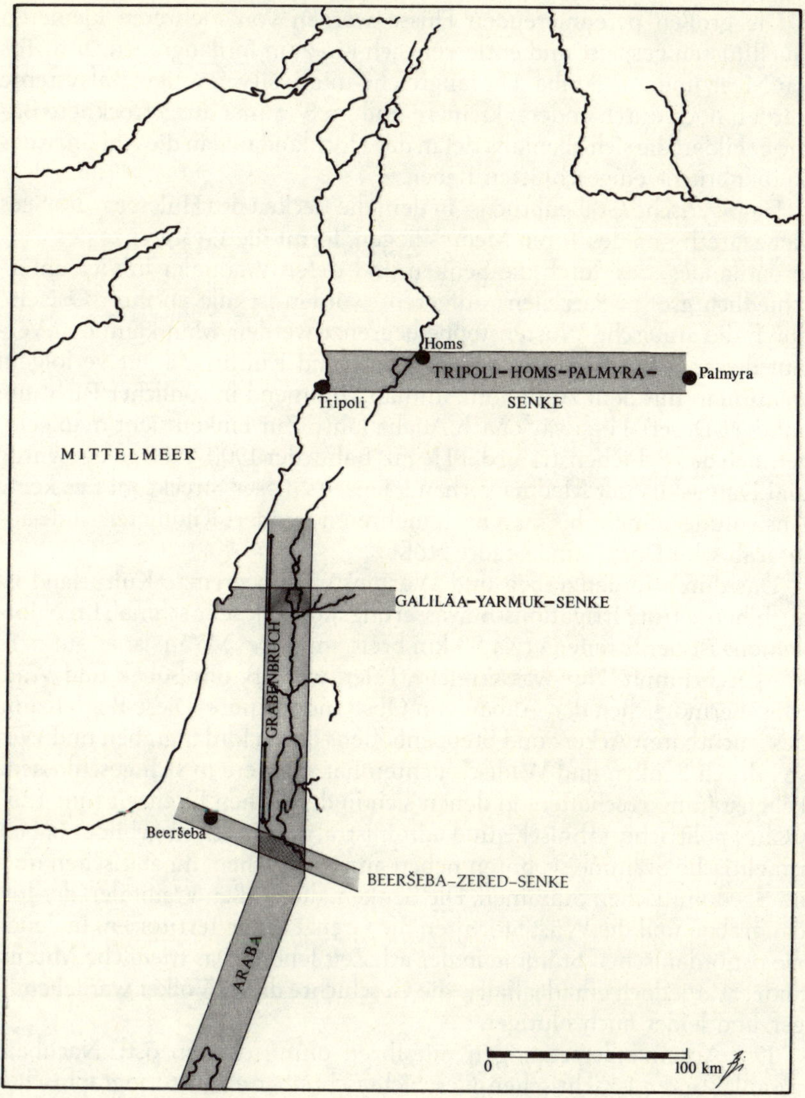


*Abb. 2: Geologische Gegebenheiten*

tief und, wie beim Arnontal, von Plateaurand zu Plateaurand etwa 6 km breit. Um mit dem Auto den Canyon des Arnon zu durchqueren, benötigt man auf diese kurze Entfernung 30-45 Minuten, trotz einer gut ausgebauten, asphaltierten Straße (Tf. 1).

Die großen perennierenden Flüsse werden von mehreren kleineren Quellflüssen gespeist und entleeren sich hin zum Jordangraben, zum Toten Meer und zur Araba. Umfangreiche und weitverzweigte Talsysteme werden noch durch andere, kleinere und im Sommer ausgetrocknete Bäche gebildet, die sich ebenfalls tief in das Hochland und in die Abhänge des Grabenbruchs eingeschnitten haben.

Der »syrische Grabenbruch«, in dem die Becken des Hulesees, des Sees Genezareth und des Toten Meeres liegen, formt die Westgrenze des Ostjordanlandes, das durch die Senken und tiefen Waditäler in vier unterschiedlich große »Parzellen« aufgeteilt worden ist, die an ihrer Ostseite durch die arabische Wüstensteppe begrenzt werden. Man kann den Verlauf dieser Schnittstelle zwischen Wüste und Kulturland gut verfolgen, wenn man mit dem Auto von Amman kommend in südlicher Richtung auf der »Desert-Highway« nach Aqaba fährt. Zur Linken sieht man gelegentlich den Schienenstrang der Ḥeǧāz-Bahn, der 1900-1908 gelegt wurde und Damaskus mit Medina verband. Jenseits dieser Strecke gibt es keine Ansiedlungen mehr bis man nach mehreren hundert Kilometern auf saudi-arabische Dörfer und Städte stößt.

Das durch Jordangraben und Wüstensteppe begrenzte Kulturland ist auch heute trotz Irrigations(Bewässerungs)technik sehr schmal: Im N Jordaniens ist der Streifen etwa 80 km breit, im S, bei Mā῾ān, ist er auf 5-10 km geschrumpft. Nur wasserreiche Täler, wie z.B. um Šōbak und Wādī Mūsā, ermöglichen den Anbau von Obst und Gemüse. Diese Begrenzung des fruchtbaren Acker- und Steppenbodens durch Jordangraben und Wüste, durch Senken und Wadischluchten hat mehrere in sich geschlossene Lebensräume geschaffen, in denen sich in der frühen Eisenzeit (um 1250 v.Chr.) politische, ethnische und administrative Einheiten gebildet haben: israelitische Stämme wohnten neben ammonitischen, moabitischen und, im S, edomitischen Stämmen. Die Senken, die großen Waditäler, der Jordangraben und die Wüste formten die Grenze jener Territorien, in denen die ostjordanischen Stämme in der atl. Zeit lebten. Das friedliche Miteinander war jedoch ein Idealfall – die Geschichte dieser Völker war lebendiger und leider auch blutiger.

Die Auseinandersetzungen mit ihren unmittelbaren östl. Nachbarn veranlaßte die israelitischen Geschichtsschreiber zu historiographischen Notizen im atl. Text, um die Wohngebiete der israelitischen Stämme Manasse, Ruben und Gad ebenso geographisch abzugrenzen wie die Territorien der Widersacher Israels: Ammon, Moab und Edom. Als charakteristische Landzeichen zur geographischen Definition der verschiedenen Territorien werden daher in den atl. Berichten vor allem die auffallendsten topographischen Merkmale, die großen Waditäler, aufgeführt (Abb. 3):

1. Der Yarmuk wird im AT nicht genannt, wohl aber in der späteren jü-

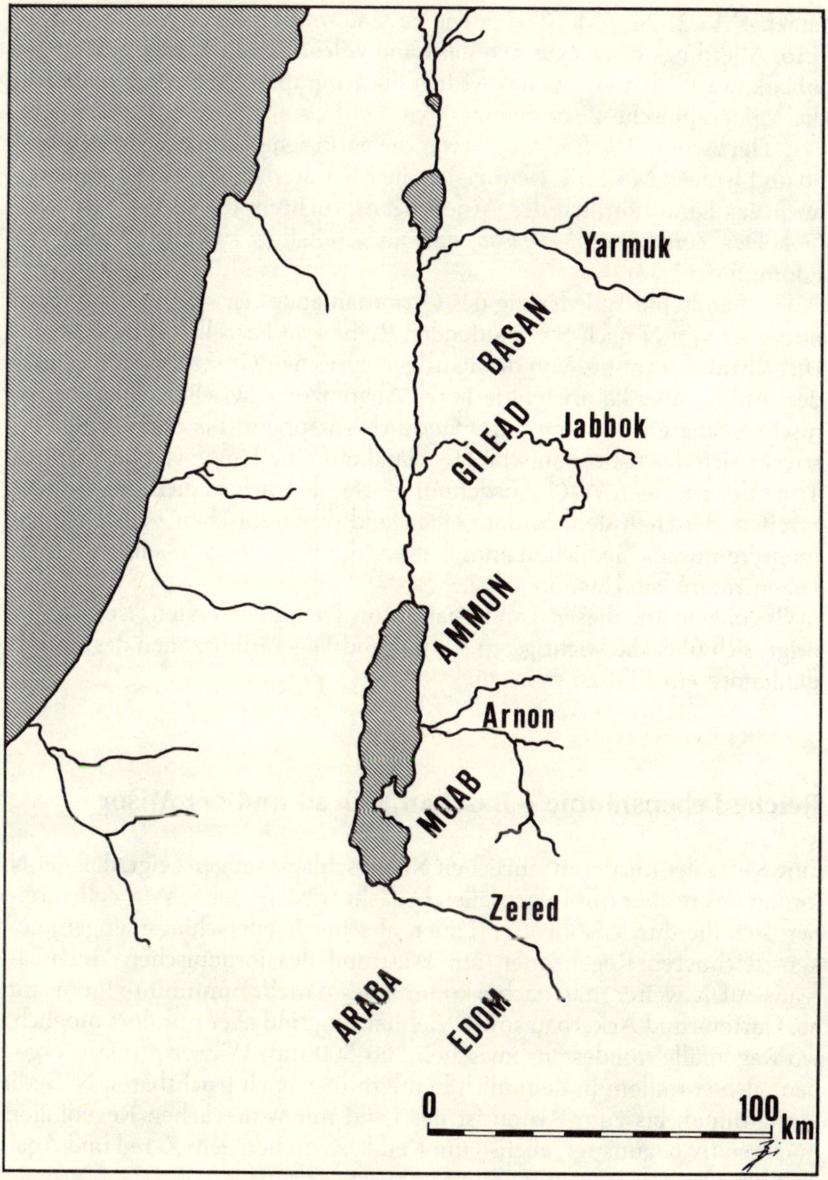


*Abb. 3: Die großen Flüsse und Länder des Ostjordanlandes*

dischen Literatur und bei Plinius (nat. hist. V 74).

2. Der Jabbok *(Nahr ez-Zerqā)* bildete die Grenze zwischen Ammon und

Israel: 4Mo 21,24; 5Mo 2,37 sowie zu Gad und teilweise Manasse: 5Mo 3,16. Allerdings erstreckte sich das Land Gilead nördlich und südlich des Jabbok, was bedeutet, daß das AT hier die geographische Einheit und nicht die topographische Zone betont.

3. Der Arnon *(Wādī el-Môǧib)* war die natürliche Grenze zwischen Moab und Israel: 5Mo 3,18, wenngleich die Moabiter zur Zeit der Propheten auch das Land nördlich des Arnon beanspruchten: Jes 15,1-4.

4. Der Zered *(Wādī el-Ḥesā)* galt als Grenzfluß zwischen Moab und Edom: 5Mo 2,13f.

Die Landschaftsgliederung des Ostjordanlandes ist somit vergleichbar mit einer von N nach S verlaufenden Reihe von Parzellen unterschiedlicher Größenordnung. Von der heutigen syrischen Grenze, die etwa auch der antiken, aber kaum definierbaren Abgrenzung zwischen den ostjordanischen Staaten und dem Aramäerreich entspricht, bis nach Aqaba erstreckt sich das ostjordanische Hochland auf eine Länge von ca. 400 km. Trotz der geringen W-O-Ausdehnung befanden sich in diesem schmalen Streifen zwischen dem Jordangraben und der arabischen Wüstensteppe mehrere unterschiedliche Landschaften, die heute noch ebenso wichtige Lebensräume sind wie in atl. Zeit.

Bevor wir uns diesen Landschaften im Detail zuwenden, ist es angezeigt, sich über die wichtigsten Klima- und Vegetationszonen des Ostjordanlandes ein Bild zu machen.

## Reiche Lebensräume – Baschan, Gilead und der Mîšôr

Eine Karte der mittleren jährlichen Niederschlagsmengen zeigt, daß der N Jordaniens reicher mit Regenfällen bedacht wird als der S. Wie Zellen reihen sich die durch Isohyeten (Linien gleicher Niederschlagsmengen) gekennzeichneten Regenzonen am Westrand des jordanischen Hochplateaus auf. Je weiter man nach S kommt, desto mehr nimmt ihre Intensität ab. Garten- und Ackerbau sowie Viehhaltung sind aber nur dort möglich, wo Regenfälle mindestens zwischen 300-500 mm Wasser pro Jahr ergeben, also vor allem in dem auch heute immer noch fruchtbaren N. Südl. von Amman bis zum Arnon ist das Land mit winterlichen Regenfällen noch relativ begünstigt, ebenso um Kerak. Zwischen dem Zered und Aqaba finden sich jedoch größere wasserarme Zonen.

Ansiedlungen können sich nur in breiten Waditälern mit perennierenden Bächen oder an stark wasserspendenden Quellen halten (z.B. Šobak und Wādī Mūsā). Fährt man auf der sogenannten »King's Highway« von Māʿān weiter nach Aqaba, so fällt dem Reisenden sofort die wüstenhafte

Landschaft auf, die kurzen Salbeigewächse nehmen zu, Ackerland ist kaum noch vorhanden, es überwiegt die Wüstensteppe.

Aber es ist nun keinesfalls so, daß die weniger mit Regen gesegneten Landstriche völlig lebensfeindlich sind. Im Gegenteil, Niederschlagsmengen zwischen 100-300 mm im Jahr bieten den nomadisierenden Stämmen in diesen Zonen Lebensraum: an alten Brunnen und in den Nischen zwischen den großen Ackerflächen. In diesen Räumen zwischen Kleinstadt und Dorf trifft man immer wieder auf die freien nomadisierenden Beduinenstämme. Dieses Neben- aber auch Miteinander von Städtern, Bauern und Nomaden ist ein attraktives Kontrastprogramm, dessen Faszination viele Orientreisende schon erlegen sind. Flötenspielende Beduinenmädchen sitzen auf der Hügelkuppe, während ihre Schaf- und Ziegenherden den Bewuchs am Abhang fressen. Eine Kamelherde zieht gemächlich ihren Weg. Alleinstehende oder in Gruppen zusammengestellte schwarze Zelte, nicht weit von der Autostraße, bilden einen Widerspruch zu den Betonkästen der Dorfhäuser auf der anderen Seite der Straße - ebenso fremdartig wie die Zelte. Schaf-, Ziegen- und Kamelherden kreuzen gelegentlich den Fahrweg, und man muß dem eselreitenden alten Mann ausweichen, der, in seinen weiten schwarzen Umhang gehüllt, irgendwohin reitet. Kommt er aus dem Dorf oder von den Zelten? Gehören die Schafe und Ziegen einer Beduinenfamilie oder einem Dorfbewohner? Auch wenn die Menschen sich gleichen, sind sie doch Angehörige verschiedener Lebensformen. Ethnologen sprechen deshalb von einer Symbiose zwischen Städtern, Bauern und Nomaden, die dem wachsamen Reisenden nicht entgeht, wenn er, besonders in den ländlichen Lebensräumen, die Handels- und Tauschgeschäfte zwischen Beduinen und Seßhaften auf dem Markt beobachtet. Früher war man noch mehr aufeinander angewiesen als heute, denn während sich die Nomadenstämme im Sommer im Kulturland aufhielten, verdingten sich einzelne oder ganze Familien bei den Seßhaften als Hirten, Erntearbeiter oder Hilfskräfte für Tätigkeiten im Dorf.

Natürlich befinden sich die großen Beduinenstämme weiter östl. am Rande der Wüstensteppe (Abb. 4), aber im heißen Sommer nähern sie sich dem Kulturland und zelten auf den abgeernteten Feldern. Ackerland und Wüstensteppe, regenreiche und -arme Klimazonen, verschiedene Lebensräume also, erlauben daher auf engstem Lebensraum hier nur ganz bestimmte Lebensformen. Man spricht deshalb von einem sozio-ökologischen Milieu, in dem sich Städter, Bauern und Nomaden befinden - eigenständig und doch aufeinander angewiesen.

Diese enge Beziehung zwischen Lebensraum, Klima/Vegetation und Lebensform ist für Jahrtausende im Vorderen Orient nachweisbar und bestimmte kriegerisches und friedliches Verhalten, je nachdem ob Trok-

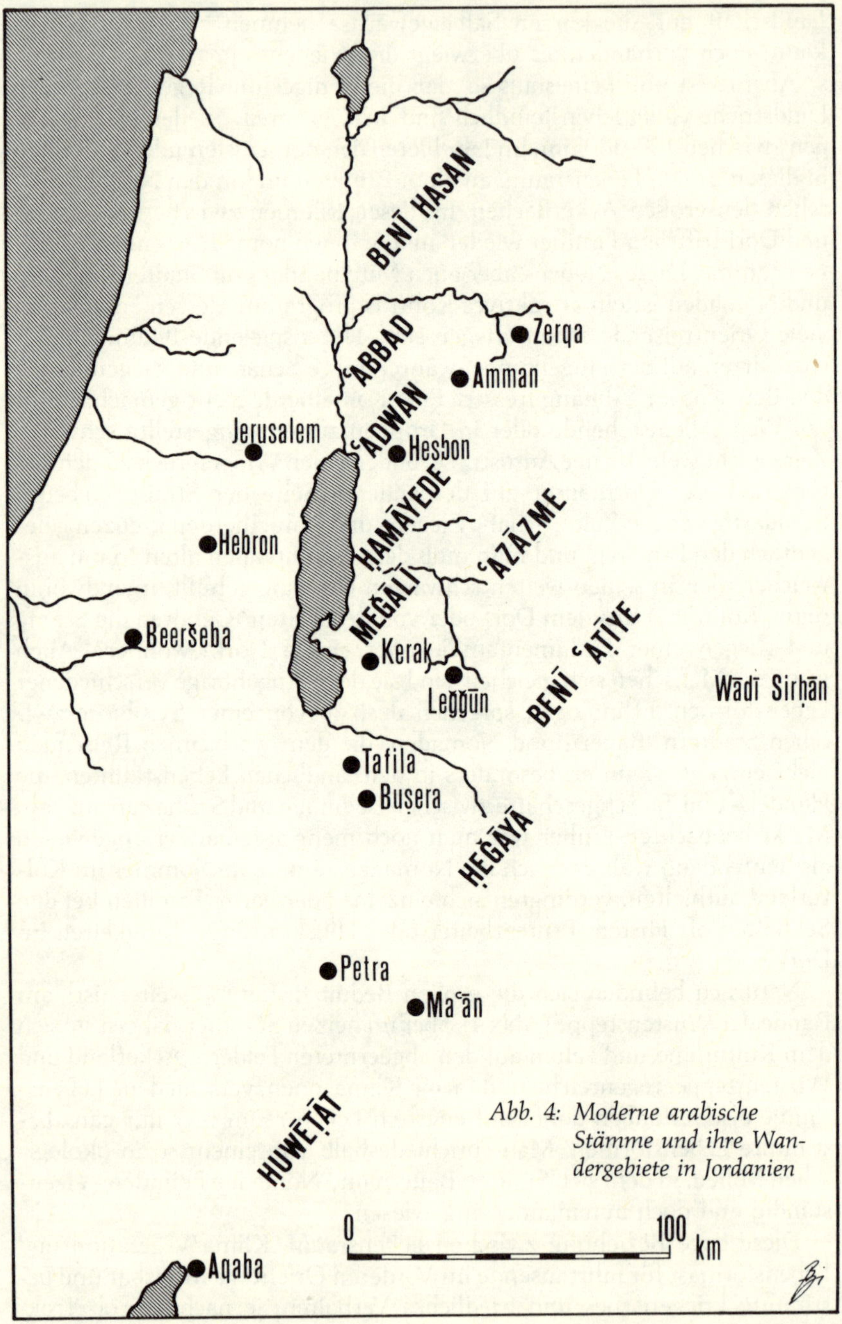


*Abb. 4: Moderne arabische Stämme und ihre Wandergebiete in Jordanien*

kenheit und Dürre oder Feuchtigkeit und Regen Not oder Wohlstand brachten.

Schon ein flüchtiger Blick auf die Karte mit den Gebieten ausgiebiger Niederschlagsmengen im N läßt erkennen, daß die Siedlungsräume der Stämme Manasse, Ruben und Gad in dem von Klima und Vegetation begünstigten Teil Transjordaniens lagen. Wie schon die geographischen Angaben zu den wichtigsten Grenzflüssen, so enthält das AT auch zu den Siedlungsräumen der drei Stämme die hebräischen Bezeichnungen jener Landschaften, die im Blickfeld des israelitischen Schreibers lagen (Abb. 5).

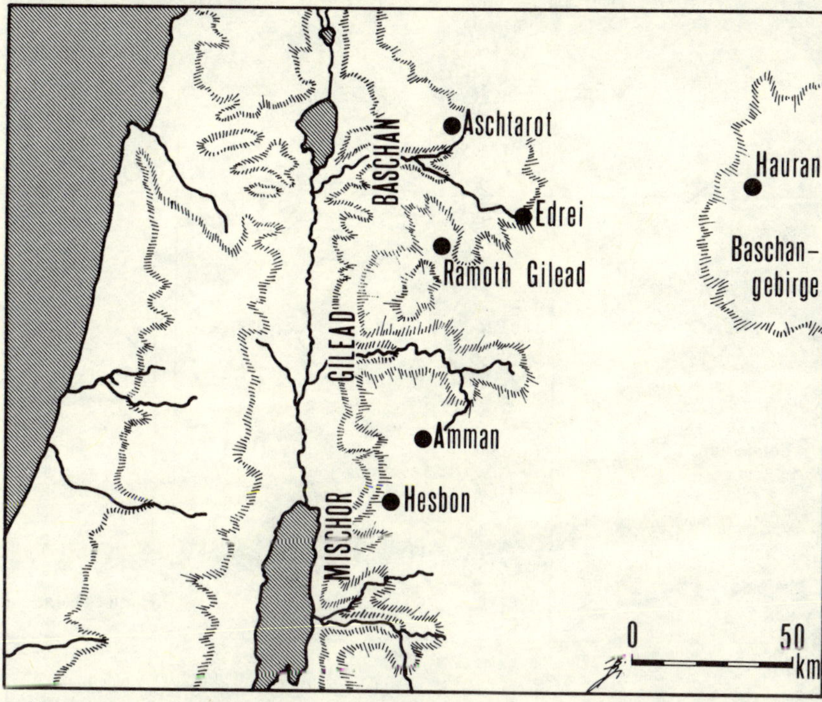


*Abb. 5: Die Siedlungsräume im Norden Jordaniens*

## *Das Land Baschan*

Heute empfängt das ehemalige Wohngebiet des Stammes Manasse (seine historische Bedeutung wird in einem anderen Kapitel erörtert) eine Niederschlagsmenge zwischen 300-400 mm pro Jahr. Diese dürfte etwa auch der Regenmenge in biblischer Zeit entsprechen. Das leicht wellige, mit Basaltaufbrüchen durchsetzte Tafelland ist wegen des verwitterten Basaltgesteins sehr fruchtbar. Es wird heute en-Nuqrā genannt und umfaßt das Land nördl. des Yarmuk bis zum Hermon in Syrien; südl. des Yarmuk stößt

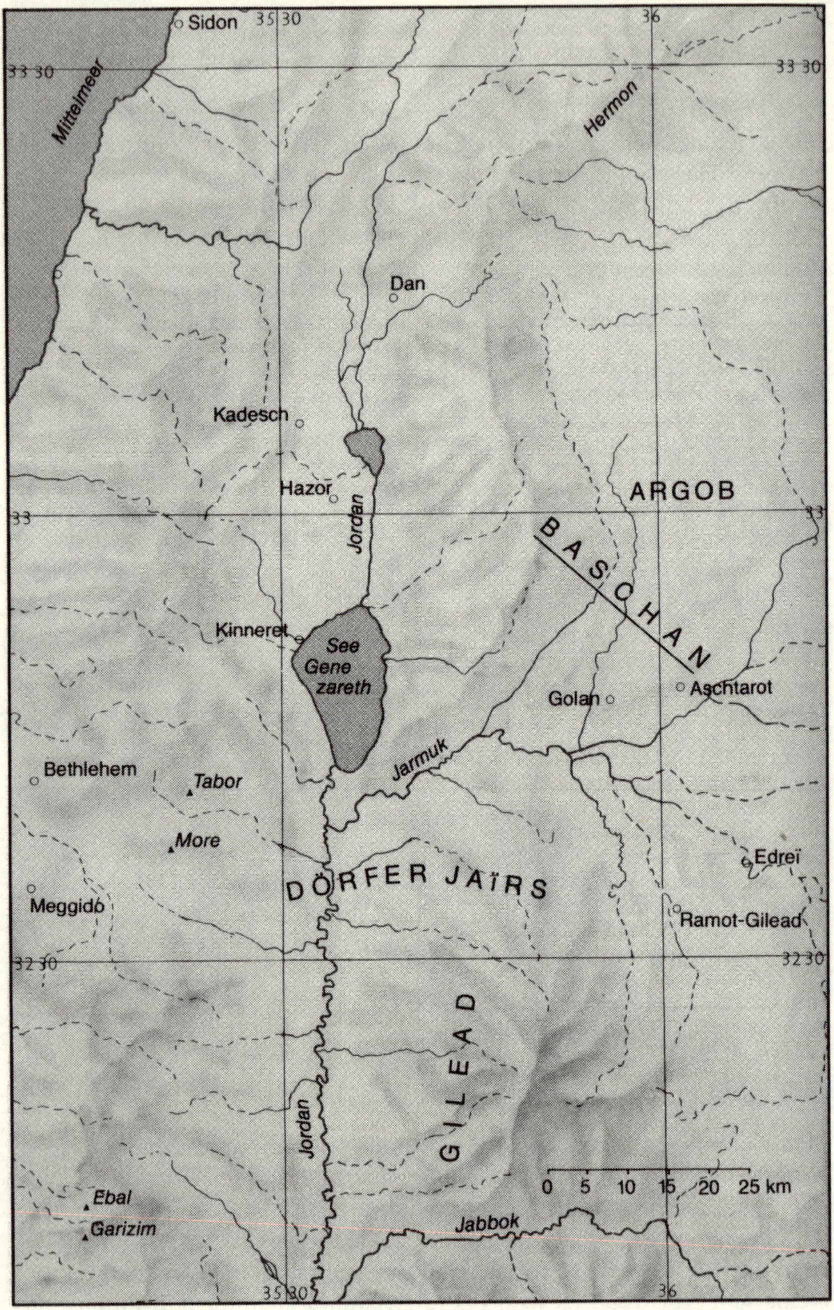


*Abb. 6: Das Land Beschan (nach GBL 1, S. 168)*

es an Gilead (heute ʿAǧlūn, s.u.). Im W wird Baschan durch das Jordantal mit den Becken des Hulesees und des Sees Genezareth begrenzt, und im O erstreckt es sich bis Edreï und Salcha, den Grenzstädten am gaditischen Territorium (5Mo 3,10.13; Jos 13,11; 1Chr 5,11; Abb. 6). Nur Edreï kann mit Sicherheit lokalisiert werden: es ist das heutige Deraʿā am Grenzübergang zwischen Syrien und Jordanien.

Die 500-600 m hohe Fläche des ehemaligen Baschan wird durch das vulkanische Haurangebirge (Ǧebel ed-Drūz, ca. 1500 m hoch) im O begrenzt. Es ist wohl das in Ps 68,15 erwähnte Baschan- oder Salmongebirge, das ehemals reich bewaldet gewesen sein muß, denn man bezog von dort wertvolles Eichenholz (Jes 2,13; Hes 27,6). Das läßt vermuten, daß sich die vom Mittelmeer nach O ziehenden Wolken an den Westabhängen des Hauran abgeregnet und Baschan die relativ hohen Niederschläge gebracht haben. Nördl. des Hauran-/Baschangebirges befand sich die zerklüftete und unbesiedelte Basaltwüste, die hellenistisch-römische Trachonitis, die heute el-Leǧǧā, »Zufluchtsort«, genannt wird, was darauf verweist, daß sich Verfolgte, aus welchen Gründen auch immer, in der schwer überschaubaren und unmöglich zu kontrollierenden Steinwüste versteckt hielten. Das gebirgige Hinterland von Baschan war wohl auch Rückzugsgebiet für wilde Tiere, denn der Stamm Dan wird in 5Mo 33,22 mit einem gefährlichen Baschanslöwen verglichen.

Die Texte, die über die Ansiedlung der Stämme Manasse, Machir und Jaïr in Baschan berichten, enthalten auch einige Angaben über das sozioökologische Milieu, das der oben genannten Klima- und Vegetationszone entspricht. Die siedelnden Stämme treffen in Baschan und Argob, einem sehr fruchtbaren Teilgebiet von Baschan (vermutlich Golan, 5Mo 3,14), auf Städte mit hohen »Mauern, Toren und Riegeln« (5Mo 3,5), aber auch auf »offene Städte« (5Mo 3,5), das sind unbefestigte Ansiedlungen, »Dörfer« (5Mo 3,14) und »Schafhürden« (4Mo 32,16.24; Abb. 7), die sie zum Teil selbst anlegten.

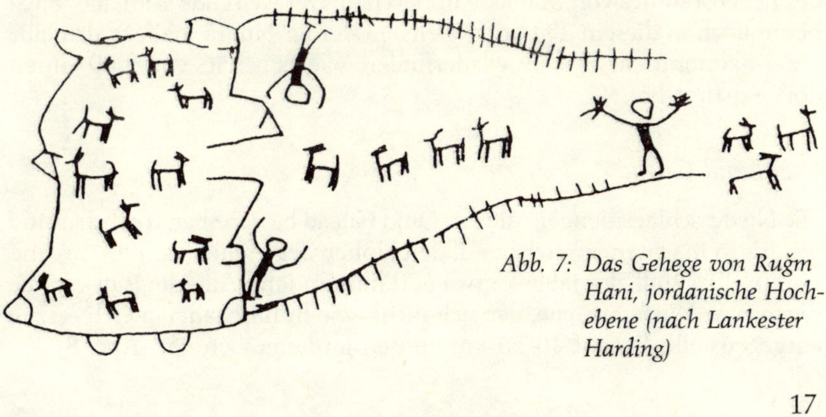

*Abb. 7: Das Gehege von Ruǧm Hani, jordanische Hochebene (nach Lankester Harding)*

Weil diese atl. Begriffe so differenziert auf das sozio-ökologische Milieu der ostjordanischen Stämme Israels eingehen und damit ganz plastisch die oben skizzierte Symbiose zwischen Städtern, Bauern und Nomaden wiedergeben, was ja auch für die weiter südl. siedelnden Stämme Ruben und Gad genauso gilt wie für Ammon, Moab und Edom, sei hier auf die genannten Begriffe etwas näher eingegangen.

Die Stadt (hebr. *ʿīr*) ist im biblischen Altertum der mit Mauern und Toren umgebene geschlossene Ort, der oftmals auf einer Bergkuppe oder einem Bergsporn in der Nähe eines perennierenden Baches oder einer Wasserquelle angelegt worden ist. Die Städte waren von unterschiedlicher Größe, aber nicht umfangreicher als ein Fußballfeld. Mit den »offenen Städten« sind unbefestigte, aber vor allem Ansiedlungen auf dem Lande (hebr. *perāzī* – offenes Land, 1Sam 6,18) gemeint, die jedoch von der Stadt wirtschaftlich und politisch abhängig waren und ihres Schutzes bedurften. Diese Anlagen waren Dörfer im eigentlichen Sinne (hebr. *kaphar*), die jedoch von den »Zeltdörfern«, d.h. halbnomadischen Ansiedlungen, zu unterscheiden sind. Sie werden im Hebräischen mit *ḥawot* bezeichnet. Die »Dörfer Jaïrs« waren Zeltdörfer *(ḥawot yāʾīr)*, was darauf schließen läßt, daß Jaïr und seine Nachfahren vor allem eine halbnomadische Lebensweise als Wanderhirten und Ackerbauern geführt haben. Daß mit *ḥawot* das »Zeltlager« gemeint ist, geht auch aus 2Sam 23,13 hervor, wo vom (Kriegs-) Lager der Philister die Rede ist, die sich mit ihren Zelten in der Ebene Refaïm niedergelassen hatten.

Baschan bot somit ein vielfältiges Spektrum der unterschiedlichsten Lebensformen in einem Siedlungsraum, der als besonders fruchtbar galt. Amos brachte diesen Tatbestand auf den Punkt, als er die Damen der High-Society von Baschan respektlos »Kühe von Baschan« nannte (Am 4,1), was sicherlich für das reiche und fruchtbare Land, aber weniger für die Ladies der Hofbeamten sprach.

So erweisen sich die genannten Texte als zutreffende Beschreibungen des Lebensraumes von Manasse in Baschan. Der Reisende wird aber auch heute noch in diesem Teil Südsyriens, in der en-Nuqrā, nahezu dasselbe sozio-ökonomische System wiederfinden, wie es bereits vor 3000 Jahren dort existiert hat.

### *Das Land Gilead*

Die Niederschlagsmengen, die das Land Gilead bewohnbar, fruchtbar und waldreich machten, erreichen auf den Höhen des ʿAğlūn (ca. 1200 m) und unmittelbar südl. des Jabbok etwa 600 mm im Jahr. Allerdings dringt die regenarme Wüstensteppe, der sich nicht, wie in Baschan, ein Gebirgszug entgegenstellt, bis auf 40-50 km an den Jordangraben vor (Abb. 8).

*Abb. 8: Das Land Gilead (nach GBL 1, S. 466)*

Von der heutigen Arḍ el-ʿArḍe, einem welligen Hochland südl. des Yarmuk, steigt das Gelände des Landes Gilead auf die bewaldeten Höhen des ʿAǧlūn (Tf. 2) an (etwa 1200 m) und fällt dann südl. des Jabboktales bis zum Nordende des Toten Meeres auf ca. 800 – 900 m ab. Wahrscheinlich war der Name »Gilead« ursprünglich auf ein viel kleineres Gebiet beschränkt als die späteren biblischen Texte annehmen lassen, die mit »Gilead« manchmal sogar das ganze israelitische Ostjordanland meinen (5Mo 34,1; Ri 20,1; 2Kön 10,33). Folgende Übersicht zeigt die breite Anwendung des Landschaftnamens:

– das bewaldete Hügelland nördl. des Jabbok: Jos 13,11;

- das bewaldete Hügelland südl. des Jabbok (vom Arnon bis Baschan): 5Mo 3,8.10;
- das »halbe Gilead« südl. des Jabbok: 5Mo 3,12; Jos 12,2.5;
- das »halbe Gilead« nördl. des Jabbok: Jos 13,31;
- das »übrige Gilead« ist nur die Nordhälfte (zwischen Jabbok und Yarmuk): 5Mo 3,13.

Während Ruben und Gad Teile des »halben Gilead« südl. des Jabbok erhielten, siedelten Machir und Jaïr im »halben Gilead« nördl. des Jabbok und in Baschan.

Die »fließenden Grenzen« des Landes Gilead sind vermutlich auf die halbnomadische Lebensweise eines Teils der israelitischen Stämme in jenem Gebiet zurückzuführen, deren »grenzenlose Freiheit« eine exakte Definition des Lebensraumes in abgesteckten Grenzen nicht zuläßt. Das brüderliche Mit- und Nebeneinander der Stämme richtete sich nicht nach heutigen akademischen Grenzbestimmungen, was Fragestellungen dazu aber deswegen nicht überflüssig macht.

Ein kleines Dorf mit einer antiken Ruine bewahrt noch heute den Namen »Gilead« in Arabisch: Ḫirbet Ǧelʿād. Die Ruine markiert wahrscheinlich das Zentrum des Landes Gilead südl. des Jabbok, von wo aus die weitere Besiedlung erfolgte.

Zum Lande Gilead gehören auch die bewaldeten und fruchtbaren Abhänge zum Jordangraben. Während sich im N Gilead in einem schwungvollen Bogen bis nach Salcha erstreckte, blieb im S, unmittelbar vor Heschbon, nur noch ein schmaler Landstreifen übrig, denn östl. davon wohnten die Ammoniter.

Atl. Angaben zum sozio-ökologischen Milieu der Stämme Ruben und Gad im Lande Gilead lassen darauf schließen, daß es dem der Manassiten in Baschan entsprach. Die Angaben darüber stammen aus der Königszeit und berichten von Schaf- und Ziegenzucht der Rubeniter in Gilead (1Chr 5,9; die in Ri 5,16 genannten *š^ephatayīm* sind Gabelhürden, in denen Schafe und Ziegen gehalten wurden; s. Abb. 7). Gad wohnte nicht nur in Jabesch und Ramot-Gilead, sondern auch in den »Töchtern«. Damit sind abhängige »Tochterstädte«, einzelne Gehöfte und Weiler, gemeint, die im Umkreis der Stadt lagen. Neben der Ziegenzucht im Gebirge Gileads hat vor allem der »Balsam Gileads« große Berühmtheit erlangt.

Es ist aber äußerst schwierig, den hebräischen Begriffen, die die verschiedenen Spezereien aus Gilead erwähnen, die entsprechenden »Rohstoffe«, d.h. Bäume und Sträucher, aus denen der Balsam gewonnen wurde, zuzuordnen. Für »Balsam« (hebr. *ṣōrī*) aus Gilead (1Mo 37,25; Jer 8,22; 46,11) könnte der Strauch der Commophora opobalsuamum oder der Pistacia lentiscus in Frage kommen; das Balsamharz (griech. *rhetine,* Resina) wird durch Einritzen der Rinde und der Zweige gewonnen. Das »Harz«

(hebr. *lōt*) aus 1Mo 37,25; 43,11 stammt vermutlich aus den Zistrosen, Dornbüschen mit rosa Blüten. Der Begriff »Myrrhe« (hebr. *mōr*) kommt in den Texten nicht vor. Viele Übersetzer interpretieren den Begriff *lōt* mit »Myrrhe«. Für Thymian könnte das hebr. Wort *n^ekōt* stehen (1Mo 37,25), das auch auf einem ammonitischen Ostrakon (beschriebene Tonscherbe), einer Lieferliste aus Heschbon, vorkommt.

Die genannten Spezereien wurden alle in der Kosmetikbranche, vor allem in Ägypten, und in der Heilkunst verwendet. So galt Gilead als ein reiches Land, das neben Ackerbau und Viehzucht auch mit den wichtigen Harzen seiner Bäume und Sträucher den Markt für Kosmetik und Medizin belieferte.

### *Der Mīšōr*

Der »Mīšōr« (hebr. die Hochebene) war das fruchtbare Tafelland, das sich vom Nordende des Toten Meeres bis zum Arnon erstreckte (5Mo 3,10; 4,43; Jos 13,9). Es empfängt immer noch genügend Niederschläge, zwischen 300-500 mm im Jahr, um auch heute noch wie schon zur Römerzeit, als Kornkammer Jordaniens zu dienen. Der Mīšōr war daher schon zur Zeit der israelitischen Monarchie ständiges Streitobjekt zwischen Israeliten und Moabitern. In diesem heute el-Belqā genannten Landstrich siedelten die Gaditer, Rubeniter, Ammoniter und Moabiter, je nachdem wie sich die politische Lage gestaltet hatte.

Die zerklüfteten Abhänge am Nordende des Toten Meeres bis zur Arnonmündung tragen im AT auch die Bezeichnung »ʿabarīm« (Jer 22,20), womit die vom W her betrachteten »jenseitigen« Abhänge Moabs zum Toten Meer und den »Gefilden Moabs« an dessen Nordende gemeint sind. Die Erhebung des Nebo (5Mo 32,49), des Pisga (5Mo 34,1) und des Peor (4Mo 23,28) finden sich auf diesem Gebirge, das sich dem Besucher keinesfalls als solches darstellt, da er auf der 900-1000 m hohen, leicht welligen Hochfläche nichts von der Gebirgshöhe bemerkt. Die Anbauflächen des Mīšōr sind nicht sehr groß, weil das kultivierbare Ackerland vom Toten Meer nach etwa 30 km Ausdehnung in östl. Richtung bald auf die regenarme Wüstensteppe stößt. Aber südl. des Arnon und des Zered ist die Fläche des anbaufähigen Landes noch geringer.

## Der Mensch im Altertum – zwischen Regen und Dürre, Wohlstand und Not

Im Verbund mit archäologischen Ergebnissen haben Untersuchungen der Klimaforscher gezeigt, daß es zwischen 8000 v.Chr. und der Gegenwart keine einschneidenden Klimaveränderungen in Palästina gegeben hat. Dies schließt örtlich begrenzte größere und kleinere Dürrekatastrophen mit nachfolgenden Hungersnöten nicht aus. Jedoch betrafen sie im biblischen Altertum nicht immer das ganze Palästina. Vor allem mußten die Menschen unter den Dürreperioden leiden, die am Rande des Kulturlandes und in den Steppengebieten als Fellachen, Halbfellachen oder Halbnomaden ihr Dasein fristeten. Blieben die Regengüsse im Herbst und Frühjahr über mehrere Jahre aus, so verringerte sich auch allmählich die Zone des bebaubaren Ackerlandes. Die Wüste gewann an Raum. In der heißen Sommerzeit fanden die Schaf- und Ziegenherden keine Weideplätze mehr und es kam zu Konflikten mit den Seßhaften; es sei denn, die Nomaden und wirtschaftlich Entwurzelten fanden Aufnahme in Ägypten. Diese Probleme sind in Palästina recht alt und spiegeln sich auch in den Patriarchenerzählungen, die vom Streit um die Wasserbrunnen zwischen Abraham und Abimelech (1Mo 21,22-27), zwischen Isaak und Abimelechs Knechten (1Mo 26,15-22) und von der Abneigung der Ägypter gegenüber den Kleinviehhirten wissen (1Mo 46,34b).

Die Dürre und Hungersnot traf daher vor allem die beiderseits des Jordans im südl. Palästina am Rande der Wüstensteppen lebenden Menschen, die im 2. Jt. v.Chr. auf ägyptischen Inschriften recht abfällig als die »Asiaten« bezeichnet werden. Von ihnen wird nicht nur mehrfach über längere Zeiträume hinweg berichtet, es finden sich auch Reliefdarstellungen ausgemergelter »Asiaten«, die offenbar in ihrer Not Ägypten um Hilfe ersucht haben.

Klimatologische Forschungen haben ergeben, daß das Klima im Ostjordanland (ebenso in Westpalästina) um 2500 v.Chr. innerhalb von 500-600 Jahren immer trockener wurde und eine große Dürre zwischen 1800-1300 v.Chr. im gesamten palästinischen Land herrschte. Schon um 2400 v.Chr. ist auf einer Wand zum Aufgang der Pyramide des Unas eine abgemagerte Schar von Semiten dargestellt, die Zuflucht in Ägypten gesucht hatte (Abb. 9). Ein späteres Relief aus der Zeit Sesostris' I. (1928-1917 v.Chr.) zeigt einen hungerleidenden, dürren Semiten, der mehrere Ochsen als Opfergaben führt (Abb. 10). Es ist dies die Zeit der beginnenden großen Dürre in Ägypten und Palästina, die archäologisch und klimatologisch in groben Umrissen für diese Epoche bestimmt werden kann und auf die sich am Anfang der 12. Dynastie (ca. 1990 v.Chr.) die sogenannte »Prophezeiung des Neferti« bezieht:

Rege dich, mein Herz, dies Land zu beweinen
. . .
Re wird (von neuem) beginnen müssen, das Land zu erschaffen
Da es vollständig zugrunde gegangen ist, ohne daß ein Rest geblieben

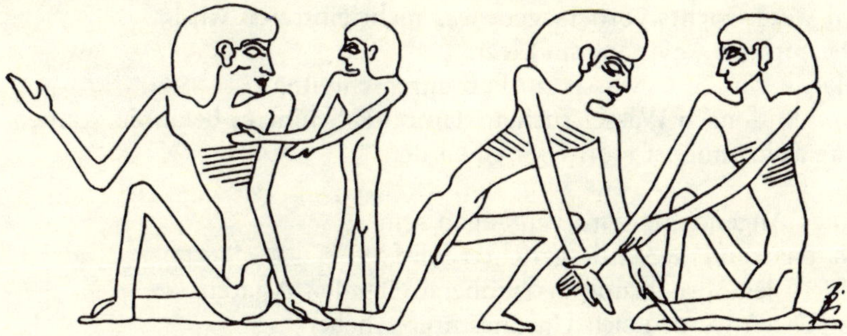

*Abb. 9: Ausgemergelte Semiten (Unas-Grab)*

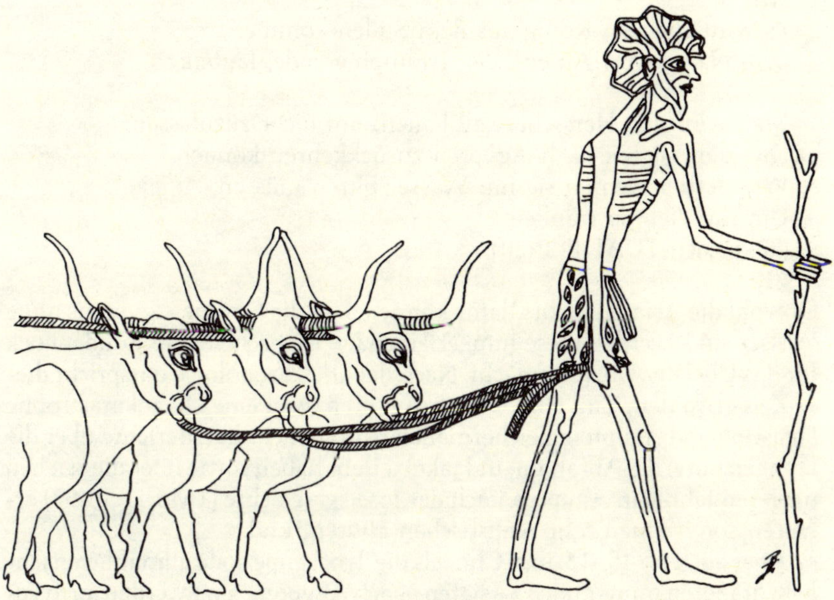

*Abb. 10: Um Wasser bittender Semit (Sesostris I)*

Oder auch nur das Schwarze eines Fingernagels seinem Schicksal entronnen wäre.

. . .

Ich will nur das erzählen, was mir vor Augen ist.

Ich werde nichts vorhersagen, was nicht eintreten wird.
Die Ströme Ägyptens sind leer,
Man kann die Gewässer zu Fuß durchschreiten
Und muß nach Wasser suchen, damit die Schiffe es befahren können.
Ihre Fahrrinne ist zum Ufer geworden.
...
Alles Angenehme wird vergangen sein,
Da das Land zugrunde gerichtet wird
Durch jene Ernährung der umherstreifenden Asiaten.
Im Osten werden sich Unruhestifter erheben,
Und die Asiaten werden nach Ägypten einfallen.

Mit dem neuen König »Ameni« (Amenemhet I., 1991-1962 v.Chr.) wird sich jedoch alles zum Besten wenden:

...
Es wird aber ein König aus dem Süden kommen,
Sein Name wird Ameni, der Triumphierende, lauten.
...
Man wird den Herrscherwall bauen, um nicht zuzulassen,
Daß die Asiaten nach Ägypten zurückkehren können.
Wie Bettler werden sie um Wasser bitten müssen,
Um ihr Vieh zu tränken.
(Text nach TUAT II 102ff)

Obwohl die Asiaten nichts dafür können, daß die Ströme Ägyptens ohne Wasser sind, werden diese hungerleidenden Menschen zum Sündenbock für das Übel der Dürre gemacht. Nach der atl. Chronologie entspricht diese Zeit etwa dem Zug Jakobs nach Ägypten, weil eine Dürrekatastrophe Palästina und Ägypten gleichermaßen heimgesucht hat. Berichte über die Hungersnöte, die Abraham und Jakob erlebt haben sowie über die »sieben mageren Jahre« in Ägypten nach der Josefsgeschichte (1Mo 41,50-57) erhalten somit einen sehr realistischen Hintergrund.

Aber auch im 15.-13. Jh. v.Chr., als die Trockenperiode allmählich nachließ, drängten immer noch »Asiaten« nach Ägypten. Jetzt werden auch Familienclans oder Stämme erwähnt, die aus dem Ostjordanland nach Ägypten ziehen und dort um Wasser und Nahrung bitten. Die ägyptische Bezeichnung für diese »Asiaten« wird nun auch präziser: einzelne Stämme oder Clans werden namentlich aufgeführt, jedoch unter dem Begriff »Schasu« (Wander- oder Schafhirte) zusammengefaßt. Dieses altägyptische Wort (Abb. 11) ist auch in die koptische Sprache eingegangen, in der *schos* ebenfalls den Schafhirten meint.

Abb. 11: *Die Zeichen für den Begriff SCHASU*

Ein ägyptischer Text, der Papyrus Anastasi VI 54-57 (aus der Zeit Merneptahs, 1224-1204 v.Chr.), berichtet von Schasu-Hirten aus Edom:

> Wir haben das Durchschleusen der Schasu-Stämme von Edom durch die Festung des Merneptah, die in Tkw ist, zu den Teichen von Pr-Itm . . ., die im Gebiet von Tkw sind, beendet, um sie und ihre Herden zu versorgen.

Im Papyrus Harris I 76,9-11 wird beschrieben, wie Ramses III. (1198-1166 v.Chr.) die Zelte der Schasu aus Seïr (Edom) geplündert und große Beute an Mensch und Vieh gemacht hat.

Die ersten Listen über Schasu-Stämme aus dem Gebiet des südl. und mittleren Ostjordanlandes haben uns Amenophis III. (1408-1372 v.Chr.) und Ramses II. (1301-1234 v.Chr.), dessen Liste jedoch teilweise eine Kopie der früheren ist, hinterlassen. Alttestamentler und Ägyptologen haben versucht, die aufgeführten Schasu-Stämme zu identifizieren. Obgleich dies nicht in jedem Fall gelingt, seien dennoch dem Leser hier die Schasu-Familien der genannten Listen mit den möglichen Deutungen der Stammes- oder Familiennamen vorgestellt:

*Die Schasu-Nomaden im Text von Amenophis III.:*

Schasu SMT

SMT werden mit den »Schimatitern« aus 1Chr 2,55, die von dem Keniter Hobab abstammen (Ri 1,16), identifiziert.

Schasu YHW

YHW(H) ist der Konsonantenbestand des israelitischen Gottesnamens »Yahwe«, des Tetragramms (2Mo 3,13-15), das Mose im Gebiet der Wüste Midian empfing. Die ägyptische Inschrift ist somit der früheste außerbiblische Beleg für die Existenz Yahwe-verehrender Hirten-Nomaden im südl.en Palästina.

Schasu TWRBR

TWRBR und WRBWR (s.u.) sind schwierig zu deuten. Vielleicht bezieht sich TWR auf Jetur (Ituräer), einen Sohn Ismaels (1Mo 25,15; 1Chr 1,31).

BWR könnte einen Brunnenort (arab. *bir*; hebr. *beer*) bezeichnen, der im Wohngebiet Jeturs lag.

*Die Schasu-Nomaden im Text von Ramses II.:*

Schasu SʿRR

SʿRR ist das Gebiet des Landes Seīr, nämlich Edom (1Mo 32,4; 36,8) um Petra, das Kernland der Edomiter (arab. »Schera-Berge«).

Schasu RBN

LBN, denn das ägyptische »R« entspricht fast immer dem semitischen »L«. Man denkt daher an das Gebiet »Laban« (5Mo 1,1) oder an die Ruine von »Libb(en)« etwa 50 km südl. von Amman.

Schasu PSPS

PYSPYS ist vielleicht eine Silbendoppelung (Reduplizierung) von »Nafisch« (1Mo 25,15; 1Chr 5,19), einem Sohn Ismaels und Bruder von Jetur.

Schasu SMT s. o.

Schasu YHW s. o.

Schasu WRBWR s. o.

Über die historische Bedeutung dieser Schasu-Stämme wird in einem nachfolgenden Kapitel berichtet. Auffallend ist, vorausgesetzt die oben erfolgten Deutungen der Namen sind richtig, daß fast alle Schasu-Stämme mit den östl. und südöstl. Nachbarn Israels, den ismaelitischen Familien und Stämmen des Ostjordanlandes, identifiziert werden können. Gesichert ist, unter dem Aspekt sozio-ökologischer Probleme, die durch ungünstige klimatische Bedingungen verursacht worden sind, daß um 1400-1200 v.Chr. auch Stämme aus dem mittleren und südl. Ostjordanland mehrmals in Ägypten Zuflucht gesucht haben.

In der Zeitspanne von der Staatenbildung der ammonitischen, moabitischen und edomitischen Stämme in der frühen Eisenzeit (ca. 1200 v.Chr.) bis zum Ende der vorhellenistischen Periode in Transjordanien um 333 v.Chr. nahm die Feuchtigkeit in ganz Palästina zu. Viele Dörfer wurden gegründet, die Städte wurden größer und reicher und es kam zu intensiven Handelskontakten mit Mesopotamien, Ägypten, der Ägäis und Kleinasien. Aber auch von fortwährenden militärischen Auseinandersetzungen blieb das Ostjordanland nicht verschont.

Nach einer kürzeren Trockenperiode zwischen 300 v.Chr. und 100 n.Chr., die jedoch keine erhebliche Gefahr darstellte und mit den gegenwärtigen klimatischen Bedingungen in Transjordanien vergleichbar ist, kam es im zweiten christlichen Jahrhundert von 130-180 n.Chr. zu ergiebigen Regenfällen, die z.B. auch zum Wohlstand Gerasas in dieser Zeit beigetragen haben. Die Fruchtbarkeit, der Reichtum und die Schönheit des Landes ist in einigen Erzählungen des arabischen Dichters el-Masʿūdi überliefert worden, der von fließenden Wassern und vielen Oasen in der syrischen Wüste spricht. Römisch-byzantinische Bauernhäuser finden sich aus jener Zeit in heutzutage viel zu trockenen Wohnlagen. Aber um

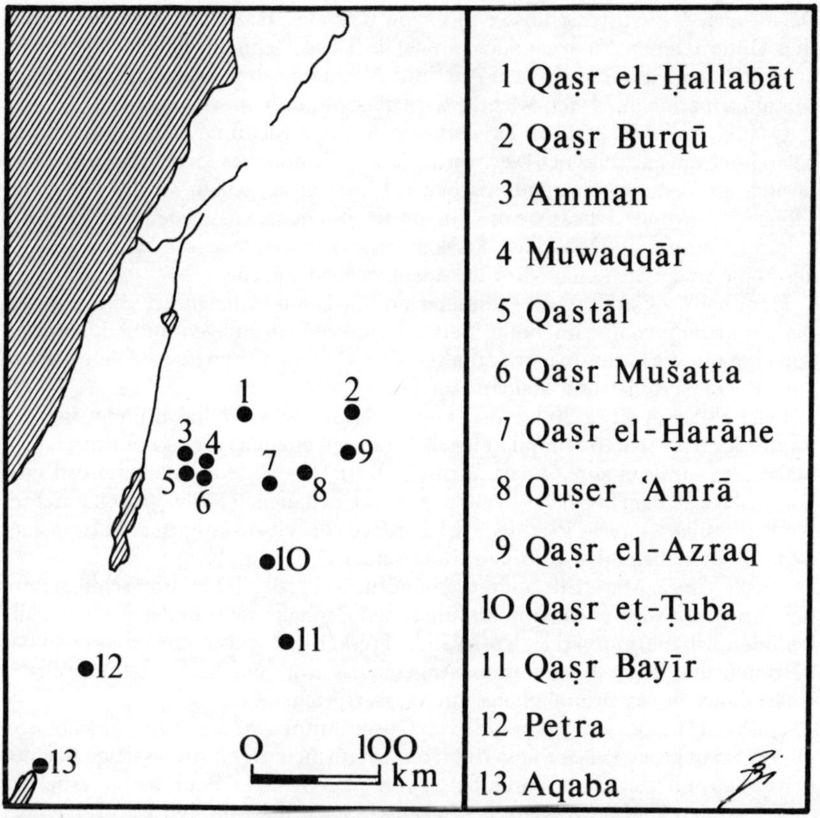


*Abb. 12: Karte mit den wichtigsten arabischen Wüstenschlössern*

200 n.Chr. bis in die frühe islamische Ära (um 650 n.Chr.) erlebten Transjordanien und der ganze Vordere Orient mehrere große Dürreperioden, die vor allem zum Verlassen der Ansiedlungen in den Randgebieten des Kulturlandes geführt haben. Es ist möglich, daß auch die gewaltsame Ausbreitung des Islam am Ende dieser Epoche nicht nur religiös, sondern auch sozio-ökologisch motiviert war.

Mit dem Beginn des 8. Jh. n.Chr. erlebte der Islam eine erste kulturelle Blüte, deren Ursache auch eine erneute feuchte Klimaperiode war. Das läßt sich archäologisch anhand der vielen omayyadischen Wüstenpaläste und Bäder nachweisen, die um 800 n.Chr. in der Wüstensteppe Jordaniens entstanden sind, dort, wo es heute weder Wasser noch Wild gibt – östl. der »Desert-Highway« und der Ḫeǧāz-Bahnlinie (Abb. 12; Tf. 3 und 4).

Der Besuch der Wüstenschlösser ist ein aufregendes, faszinierendes und lehrreiches Unternehmen, zugleich auch ein gefährliches. Denn einige der Paläste sind nur mit einem Führer und einem Auto mit Allradantrieb zu erreichen. Hier einige Kurzinformationen zu den wichtigsten Palästen (arab. *qaṣr*).

Qaṣr el-Hallabāt. Etwa 60 km östl. von Amman Richtung Azraq. In Hallabāt befand sich ein nabatäischer Wachturm, dann ein römisches Kastell, das unter Caracalla zur Festung mit quadratischen Ecktürmen ausgebaut wurde. Kurz von Mönchen bewohnt, wurde sie um 700 n.Chr. von den Omayyaden zum Landsitz dekorativ ausgebaut (Mosaiken, Fresken, Stuck). Die Anlage ist 42x43 m groß. In der Nähe findet sich eine Moschee aus derselben Epoche.

Ḫammam es-Saraḫ. Zwei Kilometer nordöstl. von Hallabāt gelegen ist dieses Bad (arab. *ḥammam*) ein schönes Beispiel antiker Badeanlagen mit Audienzsaal, von dem nur die Grundmauern erhalten sind. Daneben Hinweise auf einen Brunnen, Wasserspeicher und kleinen Aquädukt.

Qaṣr el-Azraq. Etwa 50 km östl. von es-Sarqa und el-Hallabāt findet sich am Rande des fruchtbaren Sumpflandes el-Azraq, ein ehemals römisches Kastell. Um 800 n.Chr. wurde es zum Omayyadenschloß ausgebaut. Zwei Kilometer östl. eine Badeanlage. In dem beeindruckenden, aus grob behauenen Basaltsteinen errichteten Palast überwinterte 1917/18 T.E. Lawrence vor seinem Angriff auf Damaskus. Sein Quartier befand sich in dem Raum über dem südl. Haupttor.

Quṣēr ʿAmrā. Man trifft auf dieses eindrucksvollste aller Wüstenschlösser auf der von Azraq südl. nach Amman führenden Asphaltstraße. In der Audienzhalle befinden sich marmorverkleidete Wände, Fresken mit vollständig erhaltenen Badeszenen und Herrschergestalten. Angeschlossen ist ein eindrucksvoller Badetrakt; daneben ein Brunnenhaus mit Wasserspeicher.

Qaṣr el-Ḫarāne. Nur 16 km südl. von Quṣēr ʿAmrā liegt dieser zweigeschossige, 36,5x35,5 m große Palast mit gerundeten Ecktürmen. Der festungsartige Bau aus der Omayyadenzeit ohne Vorläufer ist von allen Schlössern am besten erhalten.

Zu nennen sind noch weitere Wüstenschlösser, die zum Teil jedoch weniger eindrucksvoll sind als die genannten: weiter draußen, südl. von el-Ḫarāne sind noch Qaṣr eṭ-Ṭūba und Bāyir zu erwähnen. Beide sind sehenswert, aber nur mit dem Geländewagen zu erreichen. Dann Qaṣr el-Mšattā, nahe dem modernen Queen Alia International Airport. Das Schloß ist mit viel Aufwand errichtet und geschmückt worden. Einige der besten Steinmetzarbeiten aus diesem Palast befinden sich im Vorderasiatischen Museum Berlin.

Schließlich sei noch Qaṣr Burqū genannt. Er ist der östlichste der Wüstenpaläste inmitten der Basaltwüste, der Ḫarrā, und daher nur mit Führer und Geländewagen zu erreichen. Zunächst als römischer Beobachtungsposten erbaut, wurde die Anlage um 500 n.Chr. von christlichen Mönchen zur Klostersiedlung erweitert (Kreuz und griechische Inschrift auf dem Türsturz an der Südseite); dann um 700 n.Chr. zum Jagdschlößchen umgebaut (Kufi-Inschrift); um 1400 wohl eine Karawanserei.

Obwohl noch andere Schlösser und Paläste aus der frühislamischen Zeit zu nennen wären, soll dieser Exkurs hier abgebrochen werden. Denn es ging darum, den Nachweis zu erbringen, daß ab 700 n.Chr. die regenreicheren Klimaverhältnisse eine Ausweitung des Lebensraumes des Kulturlandes erlaubt hatten. Die ehemals üppig ausgestalteten Paläste mit Bildern, Bädern, »Ballsälen« und Gärten weit draußen in der heutigen Wüste sind nicht nur Beweis für die günstigen klimatischen Bedingungen zwischen 700 und 900 n.Chr. in Jordanien, sondern sind auch Ausdruck des sinnenfreudigen, farbigen orientalischen Lebensgefühls, das Kalif al-Walid II. (743-744 n.Chr.) in seinem Grabspruch auf den Punkt brachte:

Weiße Haare – was tut's?
Feinde – wer schert sich drum?
Ich lebte in meinen Tagen:
Schöne Frauen gleich Statuen,
Wein, Sklaven, Rosse,
Um das Wild zu jagen. (Scheck, 236)

## Die Gegenwart als Spiegelbild der Vergangenheit

Vom arabischen Mittelalter (etwa 1000 n.Chr.) bis zur Gegenwart hat Transjordanien mehrere Klimaschwankungen erlebt, die jedoch ohne wesentlichen Einfluß auf die Bevölkerungsstrukturen und vor allem auf die sozio-ökologischen Verhältnisse geblieben sind. Es ist allerdings bemerkenswert, daß außer Amman und den Städten im regenreicheren N, im übrigen Jordanien lediglich Dörfer und Weiler existierten, und die Landbevölkerung noch vor 100 Jahren zu einem nicht unerheblichen Teil eine halbnomadische Lebensweise führte. Als man vor etwa 80-90 Jahren mit Hilfe eines Baumeisters aus Jerusalem das Christendorf es-Smakīye erbaute, nutzten die Familien ihre Häuser vornehmlich als Aufbewahrungsort für ihre Wertsachen und für Arbeits- und Hausutensilien. Auch trieb man bei Unwetter Schafe und Ziegen in die Höfe, während die Bewohner selbst in ihren Zelten blieben oder gar in Wohnhöhlen überwinterten. Noch heute sind die alten Dorfanlagen (»the old village«) nicht nur in es-Smakīye, sondern überall in den vor 90 Jahren gegründeten Dörfern neben den gewachsenen neuen Dörfern und Kleinstädten gut erhalten, und es ist recht reizvoll, diese »Geisterdörfer« zu besuchen.

Die Kleinstädte und Dörfer sind in den traditionellen Wohn- und Wandergebieten entstanden, in denen man sich bereits früher mit seinen Zelten zumeist an perennierenden Bächen und Quellen niedergelassen hatte. Obgleich die Anlässe zur Seßhaftwerdung wandernder Stämme recht unterschiedlich sein können, ist es häufig die erstarkende Zentralgewalt, die ihre Kontrolle ausdehnt und die nomadische Lebensweise zu unterbinden versucht. Fast ebenso häufig sind neben politischen Ursachen stammesinterne soziale Gründe der Anlaß zur Entstehung von neuen Ansiedlungen, wie folgendes Ereignis, das erst wenige Jahre zurückliegt, belegt (der Name der betreffenden Familie und der Ort dieser Vorgänge seien aus Gründen, die die Personen betreffen, hier nicht erwähnt).

Im mittleren Jordanien ist hart an der Grenze zur Wüstensteppe vor einigen Jahren eine kleine Siedlung von weniger als 10 Häusern mit vier Familien entstanden, die aus ihrem ursprünglichen Wohn- und Wandergebiet südl. des Zered (Wādī el-Ḥesā) vertrieben wurden. Ein älteres Stammesmitglied hatte den Mann einer anderen Familie unbeabsichtigt getötet. Nach dem Urteilsspruch des Scheichs wurden alle unmittelbar mit dem Totschläger verwandten Familien verbannt. Sie erhielten jedoch von dem Gouverneur einer anderen Region im N Land zugesprochen. Inzwischen haben sich die Spannungen zwischen den verfeindeten Familien gelegt, aber die einst Verbannten werden nicht in ihre alte Heimat zurückkehren. Die Familien leben nun in einem sehr regenarmen und unfruchtbaren Landstrich; sie betreiben vor allem Schafzucht und ein wenig Ackerbau in den Waditälern und verrichten Hilfsarbeiten in den nahegelegenen größeren Dörfern und Kleinstädten.

Nun sind Stammesbewegungen und -ansiedlungen nicht immer auf diese dramatische Weise vor sich gegangen. Die Aufzeichnungen einiger Orientforscher im 20. Jh. (z.B. Musil, Peake, v. Oppenheim) belegen aber, daß viele Stämme keinesfalls schon immer in ihrem heutigen Wohngebiet gelebt haben. Manche Stämme haben vor etwa zweihundert Jahren große Entfernungen überwinden müssen, um in ihren heutigen Wohngebieten eine neue Heimat zu finden. Zu erklären sind diese Wanderungen nur im Rahmen der Besonderheiten und der Vielschichtigkeit des sozio-ökologischen Milieus – des die Lebensform bedingenden Lebensraumes zwischen Kulturland und Wüste im Vorderen Orient. Derartige Vorgänge sind seit vielen tausend Jahren im Orient bezeugt, man denke nur an Abrahams Zug von Haran nach Palästina, an Jakobs Zug nach Haran und zurück, an Israels Wanderung aus der Steppe in das Kulturland, an Stammesteilung und Auswanderung (Manasse, Dan, Simeon).

## Die geographische Verbreitung wichtiger arabischer Stämme im heutigen Jordanien

Jeder erfahrene Orientreisende weiß, daß es für seinen arabischen Freund nichts Wichtigeres gibt als dessen Familie, und daß jedes Gespräch irgendwann, wenn nicht gleich zu Beginn, auf sie Bezug nehmen muß. Noch besser ist es jedoch, wenn sich der Besucher für den ganzen Familienstamm, seine verwandtschaftlichen Beziehungen, seine Traditionen, seine Abstammung und seine ursprüngliche Herkunft interessiert. An der Begeisterung, mit der sein arabischer Freund über die weitläufige Verwandtschafts- und Stammesgeschichte seiner Familie sich ergeht, kann der mit biblischen Texten über Sitten und Gebräuche der altisraelitischen Gesellschaft vertraute Reisende erkennen, weshalb sich auch manche atl. Textabschnitte so breit über die verwandtschaftlichen Beziehungen der Stämme und Familien Israels auslassen (z.B. 1Chr 1-9; Esr 2; Neh 7).

Wer daher abseits der touristischen Attraktionen in Jordanien die weniger spektakulären antiken Überreste aufsucht – häufig sind dies die bereits ausgegrabenen biblischen und frühgeschichtlichen Ruinen – der trifft auf die einheimische Landbevölkerung und kann bei einem Glas schwarzen süßen Tees oder einer Tasse Kaffee Kontakte knüpfen. Bei einer solchen Gelegenheit ist es wichtig und hilfreich zu wissen, wo die einzelnen großen ostjordanischen Stämme ihre Wandergebiete haben und wo sie seßhaft geworden sind. In der nachfolgenden Übersicht finden sich die bedeutendsten der heute ansässigen und zum Teil noch wandernden Stämme. Der Familienname ist häufig der Name des Stammes und ermöglicht so die Zuordnung einer Person zur größeren Stammeseinheit (vgl. Abb. 5).

*Benī Hasan* – Dieser Stamm setzt sich aus Familien unterschiedlicher Herkunft zusammen. Sie stammen alle aus et-Tafila und Umgebung (ʿEme). Ihr Wohn- und Weidegebiet liegt nördl. und südl. des Jabbok bis Mafraq. Als Sommerweide bevorzugen sie die Gegenden um Qaṣr el-Hallabāt.

*el-ʿAbbād* Ein kleiner Stamm, der mit den Benī Saḫr (s.u) ein Bündnis geschlossen hat. Sie teilen ihr Wohn- und Streifgebiet mit den ʿAdwān (s.u.). Ihr Dorf ist inzwischen zur Kleinstadt aufgestiegen: Wādī es-Sir.

*el-ʿAdwān* – Im 17. Jh. sind sie in die Belqā eingewandert und erlangten im 18. Jh. die Kontrolle über das ganze Land südl. von Amman bis zum Arnon. Im Sommer leben sie um Heschbon, wo sie inzwischen Dörfer haben und Ackerbau betreiben. Ihre Herden lassen sie im Winter im Jordangraben weiden.

*Benī Saḫr* – Sie sind aus dem Ḥeǧāz eingewandert. Um 1770 hatten sie Māʿān erreicht und stießen dann nach N. Dieser den Rand der Wüste beherrschende Stamm ist nomadisch und halbnomadisch. Sie leben um Amman und dem Qaṣr el-Ḫarāne; sie wandern bis zum Wādī Sirḥān, wo es im Winter Wasserstellen gibt.

*el-Hamayede* – Sie gehören zu einer alten Fellachenfamilie, die bis nach Petra nachzuweisen ist. Ursprünglich siedelten sie auf dem Plateau am Ostrand des Toten Meeres. Sie verloren jedoch ihr Land und sind nur noch nördl. des Arnon anzutreffen.

*el-Meǧāli* – Ihre Heimat war Hebron. Um 1700 ließ sich ein Meǧāli in Kerak nieder. Durch seinen Nachfahren Ḫalīl errangen die Meǧāli ihre Vormachtstellung um Kerak. Zu ihren Wohn- und Streifgebieten gehört das ganze Land zwischen dem Arnon und dem Zered.

*Benī ʿAṭīye* – Sie sind von Ḫeǧāz nach Kerak eingewandert und leben hauptsächlich als Nomaden, Kamel- und Schafzüchter.

*el-Hēǧaya* – Seit dem Mittelalter leben und nomadisieren sie von südl. des Zered bis nach Leǧǧūn und westl. bis nach Buṣēra. Zu Beginn dieses Jh.s waren ihre Überfälle sehr gefürchtet, denn sie stießen dabei bis nach Jerusalem vor.

*el-Ḥuwēṭāt* – Ihr Stammvater war ein Ägypter und kein Beduine, was ein gewisser Makel ist. Ihr Wohngebiet reicht von Ägypten zum Toten Meer und weit in den Ḫeǧāz. Familien aus anderen Stämmen sind in den Ḥuwēṭāt aufgegangen (z.B. Benī ʿAṭiye). Das Wandergebiet der heutigen Ḥuwēṭāt ist südl. von Maʿān bis nach Aqaba und westl. bis vor Petra zu den Schera-Bergen.

*el-ʿAzāzme* – Die ʿAzāzme halten sich erst seit neuerer Zeit auf der Hochfläche zwischen dem Arnon und Kerak auf. Sie stammen aus dem Gebiet südl. von Beerscheba. Ihre Tradition ist alt und geht bis in die vorislamische Zeit zurück, in der sie den nördl.en Ḫeǧāz und die syrische Wüste bewohnten.

Diese kurze Skizze wichtiger Beduinenstämme im heutigen Transjordanien verdeutlicht die oben beschriebene Dynamik der Stämmebewegung, aber auch zugleich die Stetigkeit dieser Vorgänge in dem besonderen sozio-ökologischen Milieu eines Landes, das schon seit Jahrtausenden den Menschen eine Heimat zwischen Kulturland und Wüste bot. Weil der Lebensraum und damit das sozio-ökologische Milieu der Lebensform relativ konstant geblieben ist, reflektieren daher – vor allem in den ländlichen Gebieten – die gegenwärtigen Verhältnisse fast unverändert die gesellschaftliche Symbiose zwischen Städtern, Bauern und Nomaden, wie sie auch zur Zeit der Ammoniter, Moabiter und Edomiter vorherrschte.

## II. Grabtische, Steinmale und Steinkreise

### Vor- und frühgeschichtliche Kulturen im Ostjordanland

Vor den Ammonitern, Moabitern und Edomitern lebten andere Völkerschaften im alten Ostjordanland. Das AT bezeichnet das vorisraelitische Palästina auch als das »Land der Refaïter« (5Mo 2,20). Die Refaïter waren ein unbekanntes Volk, das aber sicherlich mit den archäologischen Hinterlassenschaften aus der vorisraelitischen Zeit in Zusammenhang gebracht werden muß. Wahrscheinlich sind die in 5Mo 2,10.20.21 erwähnten »Emiter« (hebr. *ʾemīm*) die Vorläufer der Moabiter; die »Samsummiter« (hebr. *zamzumīm*, 5Mo 2,20) waren die Bewohner des späteren Ammon, und die Enakiter gelten als Urbewohner des Nordens (Gilead? 5Mo 2,21). Aber diese frühen Bewohner Transjordaniens sind nicht mit den späteren ostjordanischen Völkern verwandt. Auch sind sie weder historisch noch chronologisch exakt einzuordnen. Sie scheinen alle unter den Sammelbegriff »Refaïter« zu fallen, mit dem das AT die Ureinwohner beiderseits des Jordans bezeichnet hat. Nur die »Söhne Sets« (hebr. *benē šet*, 4Mo 24,17) könnten als die Verwandten der Moabiter gelten.

Die in 1Mo 14,6 genannten »Horiter« aus Edom, sind vermutlich ebenfalls als ein Unterstamm der »Refaïter« zu verstehen und von den »Horitern« in Westpalästina zu unterscheiden: z.B.Arauna von Jebus (2Sam 24,16), dessen Name von hurritisch *ewirne*, »König, Herr«, abzuleiten ist. Die Horiter/Hurriter gehören zu einer indo-arischen Bevölkerung, die seit dem 18. Jh. v.Chr. auch in Palästina siedelte. Die »Horiter« von Edom sind vermutlich vor-edomitische »Höhlenbewohner« gewesen, denn ihr Name stammt von dem hebräischen Wort *hor*, das »Höhle« bedeutet (Hiob 30,6).

Der lexikalische Befund zu den »Refaïtern« ist widersprüchlich. In 1Mo 14,5 sind die Refaïter kriegerische Leute (vgl. auch 1Mo 15,20; Jos 12,4, 13,12), die von Kedor-Laomer im späteren Baschangebiet geschlagen wurden. Nach Ps. 88,11 (Spr. 2,18; 9,18; Jes 14,9, u.ö.) werden jedoch die »Totengeister« der Unterwelt mit »Refaïter« bezeichnet. In der ugaritischen Sprache, die von den Vorfahren der Phönizier gesprochen wurde, ist die Wortwurzel (d.h. der semitische Konsonantenbestand eines Wortes) *rpʾm*, von der »Refaiter« (hebr. *rephaʾīm*) abgeleitet worden ist, in ihrer Bedeutung unklar. Vermutlich bezeichnet das Wort *rpʾm* in Ugaritisch niedrige Götter oder Übermenschen. In der späteren phönizischen Sprache war das Wort ebenfalls noch vorhanden – *rp ʾm* – und bedeutete dort einfach »Geist« (vermutlich des Verstorbenen).

Diese Erkenntnisse helfen jedoch nicht weiter. Denn historisch ist ein Volk der »Refaïter« ebensowenig bekannt wie seine vermeintlichen Unterstämme, die Emiter und Samsummiter und Enakiter. Andererseits berichtet das AT so selbstverständlich von der Existenz dieser Völker, daß man vermuten muß, daß in den genannten Textstellen ursprüngliche Traditionen über die Ureinwohner Palästinas notiert worden sind.

In der Forschung besteht Einigkeit darüber, daß es sich bei den genannten Stämmen und Völkern nicht um Volksnamen in einem strengen ethnischen Sinn handelt, sondern um abwertende Beschreibungen der Eigenarten dieser Urbevölkerung. Demnach könnten die Emiter als Umschreibung für »schreckliche Wesen« (von hebr. *'emā*, »Schrecken«) und die Samsummiter als »Böses-Planende« (von hebr. *zāmām*, »böse denken«, mit Reduplizierungung der Silbe *zam*) verstanden werden. Der Begriff »Refaïter«, dessen ursprüngliche Bedeutung von allen Namen am unklarsten ist, könnte aber historisch mit den »Toten« (-geistern) zu tun haben: das Volk Israel ist bei seiner Seßhaftwerdung in Kanaan auf sichtbare Hinterlassenschaften der Ureinwohner, der »Vor-Kanaaniter«, gestoßen, von denen vor allem die Megalithgräber, Steinkreise und Grabhöhlen als auffällige Zeugnisse übriggeblieben sind. Wenn man bedenkt, daß es heute von den sogenannten Dolmengräbern in Jordanien noch etwa 20 000 gibt, dann dürfte diese Zahl vor 3000 Jahren auch in Israel noch höher gewesen sein und den biblischen Schreibern Anlaß für die Assoziation der Ureinwohner mit Totenkult und Totengeistern gegeben haben.

## Waren die Refaïter »Riesen«?

Unglücklicherweise hat die Septuaginta z.B. in 1Mo 14,6 das hebräische Wort *r^ephā'īm* mit dem griechischen Wort *gigantes*, »Riesen«, übersetzt. Seitdem geistert dieser Begriff durch die populärwissenschaftliche Bibellektüre und erregt die Phantasie der Bibelleser. Archäologisch kann aber die Existenz von Riesen im Kanaan der vorbiblischen Zeit nicht bestätigt werden. Im Gegenteil, die Gräber aus den verschiedenen Perioden des 4.-2. Jt.s v.Chr. enthalten ausnahmslos Skelette von recht kleinwüchsigen Menschen, die zwischen 1,50 und 1,60 m groß waren. Allerdings erweckt der wuchtige Aufbau der Megalith- und Dolmengräber (s.u.) den Anschein, daß in ihnen Menschen von ungewöhnlicher Größe bestattet worden sind, was aber nicht der Fall ist. »Überblickt man jedoch die Gesamtheit der angegebenen Belegstellen, dann wird deutlich, daß an keiner Stelle jenen ›Riesen‹ übermenschliche Fähigkeiten zugesprochen werden. Ihre furchterregenden Eigenschaften sind rein natürlicher Art, schützen sie zudem keineswegs vor Niederlage und Untergang ihrer Völkerschaft. Im gesamtbiblischen Zusammenhang scheint der etymologische Zusammenhang von *n^ephilīm*, ›Riesen‹, und *nāphal*, ›fallen‹, keineswegs zufällig!«

(Das Große Bibellexikon Bd. 3, 1989, S. 1293). Die ganze Problematik entfällt allein schon deswegen, weil die Septuaginta den Begriff »rephaim« interpretierend mit einem Inhalt aufgefüllt hat, der keineswegs mit der schwierigen Etymologie der Grundbedeutung des Wortes gerechtfertigt werden kann.

Eines ist jedoch bemerkenswert: Das AT hat durch die namentliche Erwähnung dieser Völkerstämme vor Ammon, Moab und Edom die historische Kenntnis einer Urbevölkerung bewahrt. Zwar sind die Namen stark interpretierend, aber der historische Tatbestand bleibt unverändert. Denn, wie nun zu zeigen sein wird, lange vor den ostjordanischen Staaten befanden sich schon menschliche Ansiedlungen mit unterschiedlichen Kulturebenen im Ostjordanland. Historisch und chronologisch liegen sie außerhalb des Rahmens der atl., historisch greifbaren Geschichte. Die Beschäftigung mit diesen Kulturen ist aber deshalb nicht weniger reizvoll.

## 600 000 Jahre oder 6 000 Jahre – nur Zahlen oder doch Daten?

Vertragen sich die nun folgenden Zeitspannen der Vor- und Frühgeschichte mit den biblisch-chronologischen Angaben? Die Antwort ist schon oft gegeben worden: sie lautet »Nein«. Selbst Harmonisierungsversuche sind zum Scheitern verurteilt, denn weder die 600 000 Jahre der Paläontologen noch die Jahresangaben der vor-abrahamitischen Genealogien (1Mo 5;10;11) sind mit historisch greifbaren Ereignissen verknüpft, mit deren Hilfe man Klarheit über die Urgeschichte gewinnen könnte. Den Prämissen beider Aussagen muß »geglaubt« werden, dabei bewegt man sich aber schon außerhalb der Möglichkeit exakter historischer Beweisführungen.

Dem bibelorientierten Leser sei gesagt, daß die großen Zeitspannen für das Modell einer sich entwickelnden Menschheit notwendig sind. Postuliert man aber große einschneidende Katastrophen (Kataklysmen-Hypothese), die inzwischen auch bei den evolutionistischen Modellen berücksichtigt werden, dann könnten Höhlenbewohner und entwickelte Stadtkulturen fast temporär existiert haben. Die Ansammlung von Faustkeilen in einer Höhlenschicht kann genausogut die Hinterlassenschaft einer Menschengruppe sein, die nach einer Katastrophe in Höhlen Zuflucht genommen hat, während andernorts eine Stadtkultur unberührt von diesen Ereignissen sich weiterentwickelte. Aber auch hier gilt: Alle Modelle sind nur Denk- und Deutungshilfen und nicht unbedingte, unabänderliche und gesicherte Erkenntnisse – also nur Zahlen – noch keine Daten. In Anbetracht der Tatsache eines zur Zeit nicht existierenden alternativen Modells zu den Postulaten der Paläontologie werden im Folgenden die konventionellen Positionen der Vorgeschichtler dargestellt.

## Vom Acheuléen zum Neolithikum

Die nachfolgenden Bezeichnungen der einzelnen Epochenabschnitte der Vor- und Frühgeschichte tragen die Namen jener Orte, an denen erstmals die typischen Fundstücke der einzelnen Kulturen entdeckt worden sind. Das Acheuléen ist nach dem Ort St. Acheul in Nordfrankreich genannt, das Moustérien nach Le Moustère in Südwest-Frankreich, wo auch Aurignac liegt, das dem Aurignacien den Namen gegeben hat.

Am rechten Ufer des Jordan unmittelbar südl. des Sees Genezareth befand sich vor etwa 700 000 Jahren ein kleiner Lagerplatz der wohl frühesten Bewohner Palästinas. Sandablagerungen und Überschwemmungen haben diesen Ort im Laufe seiner langen Geschichte immer wieder bedeckt und überflutet, aber dennoch blieb er offenbar ein bevorzugter Ansiedlungsplatz, wie die Steinwerkzeuge in den verschiedenen Schichten des Weh-

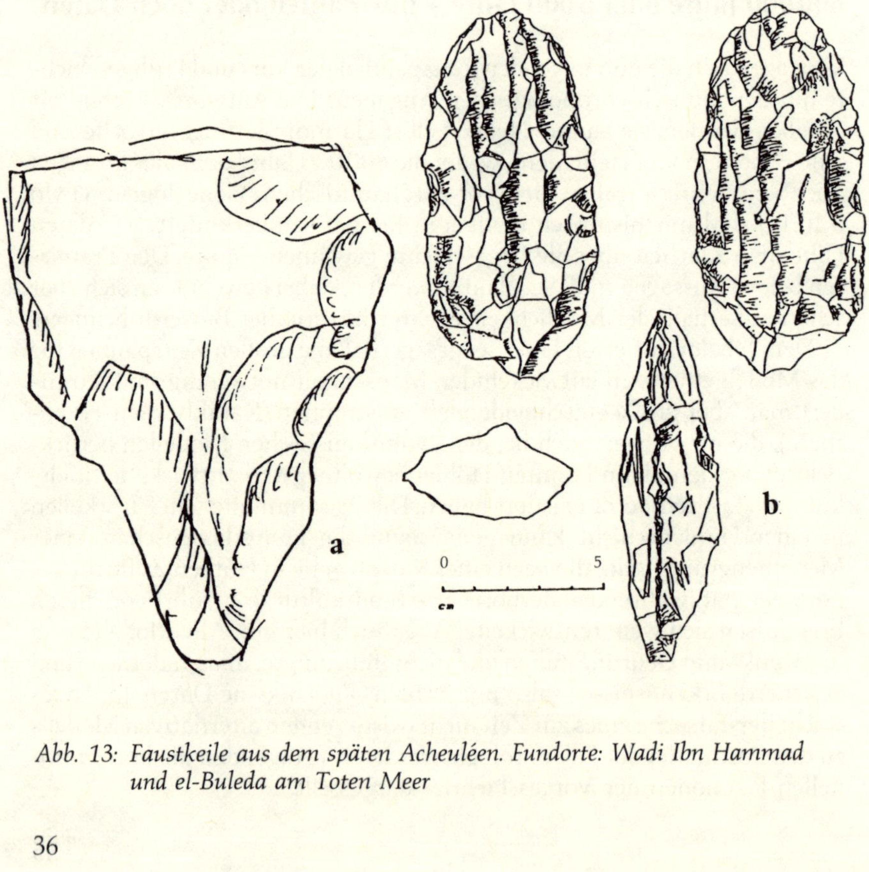


*Abb. 13: Faustkeile aus dem späten Acheuléen. Fundorte: Wadi Ibn Hammad und el-Buleda am Toten Meer*

sandes und der Flußsedimente zeigen. Vergleichbar sind diese Steinwerkzeuge aus der Umgebung des heutigen el-ʿUbēdīye mit einer Steinzeitkultur am Nahr el-Kebīr in Syrien, wo man zuerst diesen Typus der Werkzeuge aus dem frühen Acheuléen gefunden hatte.

In Jordanien sind vor allem Steinwerkzeuge aus der Spätphase des frühen Acheuléen (oder Alt-Paläolithikum) entdeckt worden, was darauf schließen läßt, daß die Besiedlung des Ostjordanlandes später als im W erfolgt ist. Für die »Handäxte« oder »Faustkeile« jener Epoche ist typisch, daß sie ein stumpfes dickes Ende als »Handgriff« besitzen und in eine Spitze, die auch leicht gerundet sein kann, auslaufen (z.B. Abb. 13a zeigt einen Faustkeil aus dem Wādī Ibn Ḥammād nördlich von Kerak, der 150.000 Jahre alt ist; Abb. 13b: ein Faustkeil von einem Fundplatz am Toten Meer mit einem ähnlich hohen Alter).

Schädelfragmente, deren Knochen viermal dicker sind als die des heute lebenden Menschen und einige Zähne, die man in el-ʿUbēdīye gefunden hat, werden von den Paläontologen dem Australopithecus zugeordnet, einem Typus der frühen Hominiden. Weil diese Knochenreste aber nicht in denselben Schichten, in denen auch die Steinwerkzeuge entdeckt worden waren, zutage gekommen sind, also nicht stratifiziert waren, ist der chronologische Zusammenhang zwischen Knochen und Steinwerkzeugen nicht zwingend.

Im Ostjordanland sind dagegen nur sehr spärliche und wenig aufschlußreiche Steinartefakte aus der Frühzeit des Acheuléen entdeckt worden, die Hinweise auf die früheste Besiedlung des Landes geben können (z.B. am Nahr ez-Zerqā, dem Jabbok). Aber das kann sich bald ändern, denn in den letzten 15 Jahren haben archäologische Oberflächenerforschungen eine ganze Anzahl neuer Ortslagen, vor allem aus dem mittleren Acheuléen, in Jordanien lokalisiert (Abb. 14).

Während des mittleren Acheuléen (oder Moustérien) befanden sich große Süßwasserseen bei Azraq und im el-Ǧafr-Becken (Abb. 16), die von den Menschen dieser Epochen häufig aufgesucht wurden, weil dort der Pflanzen- und Tierreichtum eine große Anziehungskraft auf die Jäger und Sammler des frühen Ostjordanlandes ausgeübt hat und die Umgebung der Seen ein ideales Streif- und Wohngebiet war. Deshalb trifft der Besucher dieser in der heutigen Wüste liegenden Landstriche oftmals auf größere Ansammlungen von Steinwerkzeugen.

Eine neue Technik, die »Levallois-Technik«, bildet sich im mittleren Acheuléen, dem Moustérien, heraus: ein roher Feuersteinblock wird bearbeitet, bevor ein Stück davon abgeschlagen und weiter bearbeitet wird. Auf diese Weise sind andere Formen zu bestimmten Gebrauchswerkzeugen entstanden: neben den üblichen Handäxten fanden sich Schaber, Schneidewerkzeuge und Bohrspitzen (Abb. 16).
Aber auch auf der Hochfläche im Westen Jordaniens und an deren Abhän-

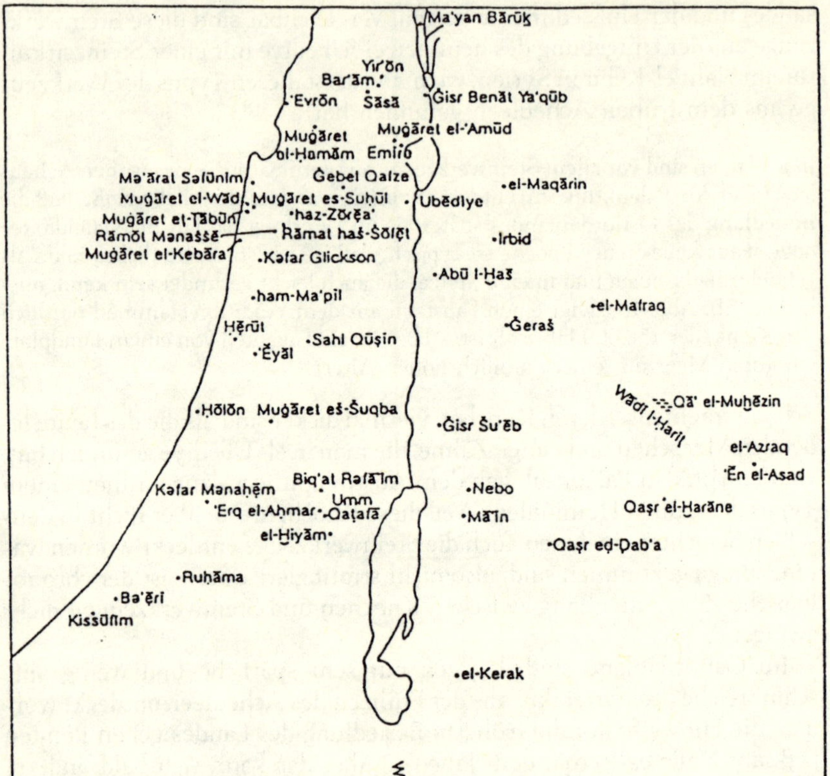


*Abb. 14: Siedlungsplätze der frühen und mittleren Acheuléen-Kultur*

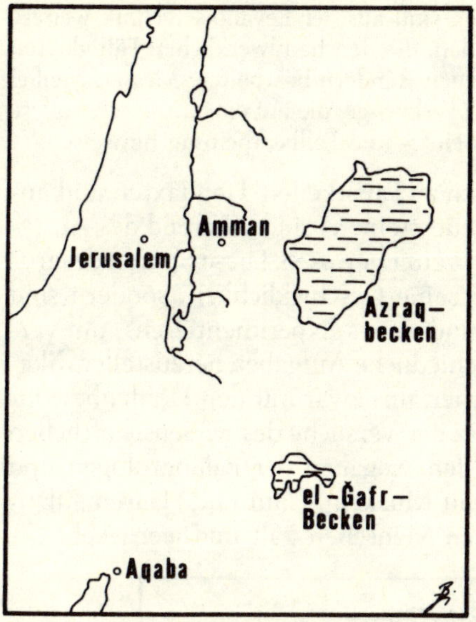


*Abb. 15: Sumpf- und Seengebiet des Acheuléen in Jordanien*

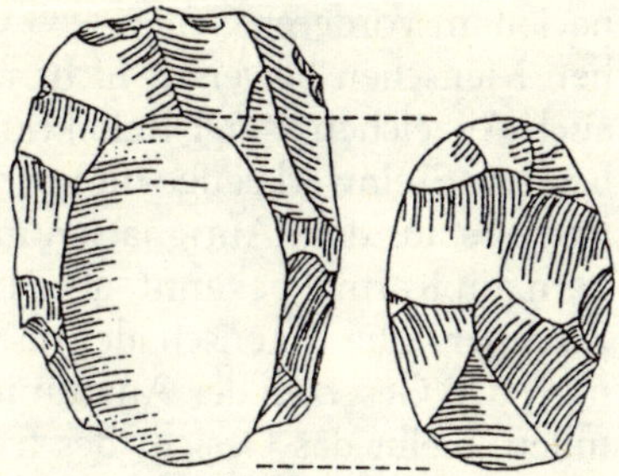

*Abb. 16: Die Levallois-Technik*

gen zum Toten Meer sind inzwischen eine Anzahl von Lagerplätzen des Menschen der Moustérien-Kultur entdeckt worden. Im Ostjordanland dürften die größtenteils unerforschten Höhlen noch einiges an ähnlichem Material bergen, das bereits vor Jahrzehnten Ausgrabungen in den Höhlen des Karmelgebietes in Israel zutage gebracht haben (vgl. Abb. 14).

Dort sind Feuerstellen, Bestattungen (Hockerstellung) und Grabbeigaben einer Steinwerkzeugkultur in den Höhlen von Muġāret eṭ-Ṭabūn, Muġāret es-Suḥūl und Muġāret el-Kebāra entdeckt worden, die deutlich eine Weiterentwicklung gegenüber dem frühen Acheuléen darstellen. In den vor Wetter, Wind und Feinden schützenden Höhlen lebten der Neandertal-Mensch neben dem des Cro-Magnon-Typs, wie Untersuchungen der Skelettreste aus den Bestattungen ergeben haben.

Es bleibt zu hoffen, daß auch im Ostjordanland ähnliche aussagekräftige Höhlenfunde wie in Israel gemacht werden. Dasselbe gilt auch für die ausgehende Phase des Paläolithikums – dem späten Acheuléen oder Aurignacien –, das ebenfalls in Jordanien anhand der Steinwerkzeugindustrie nachgewiesen werden kann. Leider sind noch keine ertragreichen Höhlenwohnplätze jener Kulturen entdeckt worden, die die Epochen des Übergangs vom späten Paläolithikum zum Mesolithikum (ca. 16 000–8 500 v.Chr.) in Jordanien besser bezeugen als die einfachen Fundorte mit ausgiebigen Ansammlungen von Steinwerkzeugen jedoch ohne Siedlungsplätze.

Im späten Acheuléen, dem Aurignacien sind aus der Levallois-Technik weitere Formen von Steinwerkzeugen entstanden, die den handwerklichen Fähigkeiten und Notwendigkeiten entsprachen: an den Rändern bearbeitete Messer, Meißel und vor allem Grabstichel sind neuere Werkzeuge, die auf eine anspruchsvollere Lebensweise durch verbesserte Stein-, Holz- und Fellbearbeitung hinweisen.

Die reichhaltigen Fundplätze mit den zu Faustkeilen, Handäxten und anderen Werkzeugen bearbeiteten »Feuersteinen« sind während des Aurignacien im Vorderen Orient weit verbreitet gewesen. Diese Spuren des frühen Menschen beweisen nicht nur seine Geschicklichkeit, sondern sind auch Anzeichen seiner Reflektion und seines Experimentierens, um verbesserte Steinwerkzeuge für unterschiedliche Aufgaben herzustellen. Skelettreste aus dem Aurignacien machen uns zwar mit den Höhlenbewohnern am Karmel bekannt, aber trotz der Versuche des wissenschaftlichen Zeichners, die Totenschädel nach den Angaben der Paläontologen und nach den Gesetzen der Anatomie mit Muskeln, Haut und Haaren aufzufüllen, bleibt das Gesicht des frühen Menschen kalt und leer (Abb. 17).

*Abb. 17: Das »Gesicht« des Neandertalers*

Anders jedoch bei dem Menschen der mittleren Steinzeit (Epipaläolithikum), der, obgleich wir sein Gesicht auch nicht kennen, »greifbarer« und »menschlicher« wirkt, weil er in seinen Gewohnheiten und handwerklichen Tätigkeiten uns ähnlicher ist, und weil mehr von seiner Lebensgestaltung und seinem Totenglauben sichtbar wird.

Das Epipaläolithikum ist die Zeit des Übergangs, der allmählichen »Revolution« zu einem menschlicheren Dasein, trotz aller Härten, die das Le-

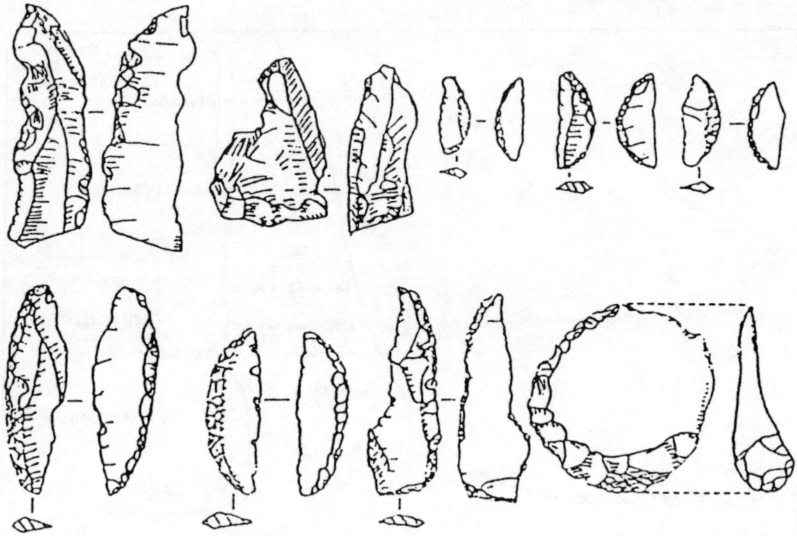

*Abb. 18: Kebarische und natufische Steinwerkzeuge (nach Weippert, 1988, S. 83)*

ben damals sicherlich bereithielt. Entscheidende Datierungskriterien der Vorgeschichtler sind wiederum die Steinwerkzeuge, die zum Teil völlig anders geartet als in den vorausgegangenen Epochen, sich auch innerhalb dieser, der kebarischen Epoche, selbst bald veränderten (benannt nach den Höhlenfunden in der Muġāret el-Kebāra).

Die sogenannten »Mikrolithen« mit nur bis zu 5 cm Länge sind charakteristisch für diese Zeit. Zunächst besitzen sie eine asymmetrische Form, die dann, ab ca. 10 000 in geometrische Formen übergeht und die natufische Epoche einleitet (nach einem Fundort im Wādī en-Naṭūf in Israel bezeichnet, Abb. 18).

In dem von den Vorgeschichtlern Palästinas geschätzten Zeitraum von etwa 7 500 Jahren veränderten sich aber nicht nur die Steinwerkzeuge, sondern auch die Lebensgewohnheiten. Die Verteilung der kebarischen Kulturstätten zeigt eine allmähliche Ausbreitung von der Mittelmeerküste bis in das Landesinnere und Jordanien. Vermutlich steht diese Wanderung nach O mit den sich verbessernden Klimaverhältnissen nach der Eiszeit in Zusammenhang. Die kleineren und größeren Lagerplätze der spätkebarischen Kultur lassen vermuten, daß die Streif- und Jagdgebiete kleinräumiger wurden, weil es gelang, Haustiere zu züchten und Wildgetreide anzubauen, was wiederum die früher betriebene Sammelwirtschaft einschränkte. Es ergibt sich somit für diese Epoche eine größere Ortsgebun-

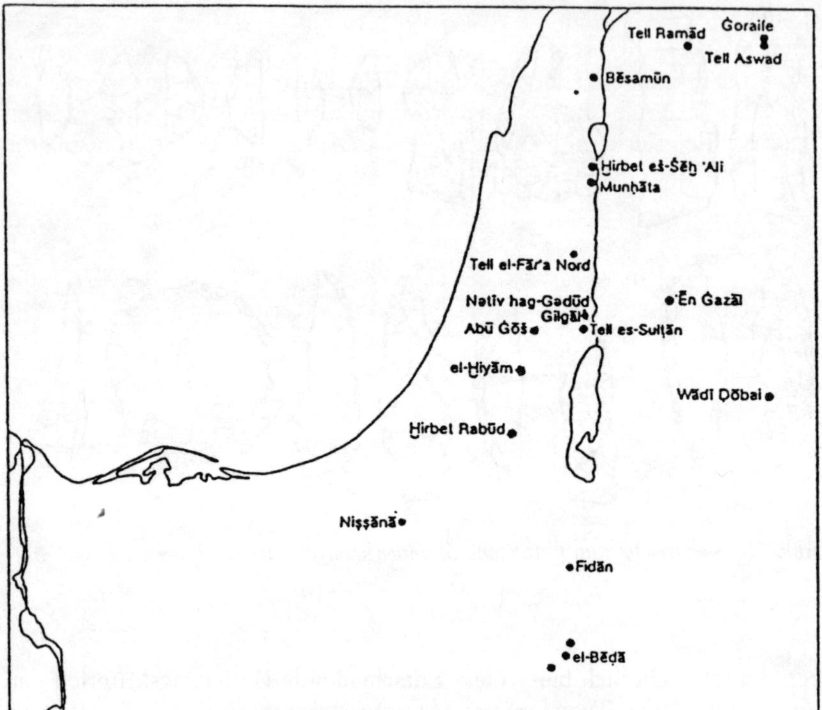


*Abb. 19: Wichtige Siedlungen des präkeramischen Neolithikums in Jordanien und Israel*

denheit des Menschen, die sich auch darin äußert, daß erstmals größere Wohnplätze nicht nur Höhlen, sondern auch einfache Lehmhütten waren, die zunächst als Einzelhäuser voneinander getrennt standen, aber zu Beginn der natufischen Zeit näher zusammenrückten. Was sich also in der ausgehenden Kebara-Zeit andeutete, wurde ab ca. 10000-8000 v.Chr. und später zur Selbstverständlichkeit.

Der Mensch wurde auch Opfer seines eigenen Fortschritts. Zwei kebarische Bestattungen in der Nähe des Qaṣr el-Ḫarāne lassen Rückschlüsse darüber zu. Eines der Skelette wies eine starke Knocheninfektion auf, beide hatten massive Zahnschäden, die auf einen veränderten »Speiseplan« schließen lassen: erste Anzeichen einer »Zivilisationskrankheit?«

Um 9000 v.Chr. bauten die Natufier an der westpalästinischen Küste und im Bergland die ersten ovalen bis kreisrunden Häuser – manchmal auch vor ihren Höhlen – und legten Getreidesilos an (Ackerbau!). Stein- und Knochenfiguren, Schmuckidole oder Amulette werden in das Grab gelegt, wodurch ein reflektierter Totenkult der Natufier belegt ist. Diese Informationen stammen zum größten Teil aus israelischen Grabungen; aber auch in Jordanien sind bislang zwei bemerkenswerte Ausgrabungsstätten der natufischen und frühneolithischen Kultur freigelegt worden: el-Bēdā und ʿEn Ġazāl. Weil beide Orte sehenswert sind, folgen einige detaillierte Angaben für einen Besuch dieser mehr als 8000 Jahre alten Siedlungen des vorgeschichtlichen Menschen in Jordanien.

Das Neolithikum (die Jungsteinzeit, ca. 8500-4000 v.Chr., Abb. 19) weist eine sich kontinuierlich entwickelnde Kultur auf, die jedoch durch eine einschneidende technisch-kulturelle »Entdeckung« diese Periode in zwei Phasen teilt: die Fähigkeit Tongefäße herzustellen. Die Archäologen sprechen daher vom präkeramischen Neolithikum A und B sowie vom keramischen Neolithikum A und B. Die erste Epoche umfaßt die Zeit von ca. 5600-4000 v.Chr. Die Feingliederung der Perioden können im Rahmen dieser Darstellung außer acht gelassen werden.

## *El – Bēdā*

Noch gegen Ende der siebziger Jahre stand vor dem Besuch el-Bēdās eine eineinhalbstündige Wanderung, die durch die Wüstensteppe führte, vorbei an rötlichen und weißen Felsformationen, durch kleine Schluchten und über heiße Hochflächen. Dieser kleine Ausflug, bei dem man Petra in nordwestl. Richtung verließ, gehörte mit zu den eindrucksvollsten »Expeditionen« in und um Petra.

Heute führt eine schmale asphaltierte Straße hinter dem Forum-Hotel außerhalb Petras zunächst nach W, dann nach N bis man schließlich nach etwa 5 km einen Parkplatz erreicht, von dem aus ein bequemer Fußweg zunächst nach S, dann nach W führt, bis man nach ca. 600 m auf die mit Stacheldraht eingezäunte Ruine von el-Bēdā stößt.

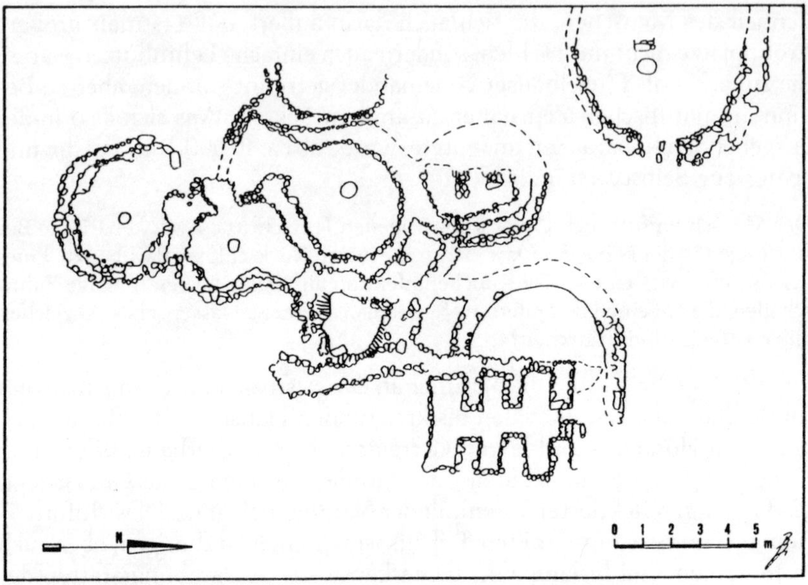


*Abb. 20: Archäologischer Steinplan einiger Häuser von el-Bēdā*

Das weiche Licht der untergehenden Sonne malt die rötlich-braunen und hell ockerfarbenen Felswände um el-Bēdā sowie den grauen Sand und die sonnigen Abhänge der Schera-Berge im O in sanfte Pastellfarben, die den Ort und seine Umgebung in eine unwirkliche, fast geheinmisvolle Atmosphäre tauchen, die sich auch dann nicht auflöst, wenn man die einfachen Steinsetzungen der Rundhäuser betritt und hier und dort den Aschestaub 9000 Jahre alter Feuerstellen aufwirbelt. El-Bēdā erschien manchem Besucher lebendiger zu sein als die klassischen Ruinenstätten mit ihren herrlichen römischen Anlagen und byzantinischen Mosaiken. Vielleicht deshalb, weil el-Bēdā so schlicht und so klar ist, weil kein Pomp den Blick auf den einfachen Hof, die engen Räume und die Aschereste eines Brandes oder einer Feuerstelle behindert und so das einfache Leben des frühgeschichtlichen Menschen dort greifbar wird.

Die Ansiedlung wurde erst 1956 entdeckt. Sie ist nur 70 x 80 m groß und liegt auf dem Nordabhang über dem Wādī ʿAqlāt, das sich an seiner tiefsten Stelle etwa 15 m unterhalb der Ruinen nach W windet. An diesem Abhang wurden die Spuren natufischer Bewohner festgestellt. Zwei Feuerstellen, Knochen und vor allem Steinwerkzeuge, die denen der Karmel-Höhlen entsprachen, fand man in diesen Schichten, ebenso Wände aus unregelmäßig geformten Tonziegeln und eine Vorratsgrube.

Eine bis zu 2 m dicke Sandschicht trennte die natufische Epoche von der neolithischen Periode, die hier etwa um 7000 v.Chr. begann und nur 500 Jahre dauerte.

Im präkeramischen Neolithikum sind fast alle vorhandenen Kulturgüter des Natufium weitergeführt und weiterentwickelt worden. Charakteristisch sind die runden, halbrunden oder ovalen Wohnhäuser in el-Bēdā, die auch aus Jericho bekannt sind, mit einem Durchmesser von 3-4 m und einer Steinsäule in der Mitte, um das Dach zu tragen (Abb. 20). Von den Wänden ist nichts mehr übriggeblieben. Nur die Steinfundamente der Häuser geben Zeugnis von der Konstruktion dieser frühen Bauten. In den immer noch gut sichtbaren Nischen der Fundamentmauern wurden passende Baumstämme gestellt, zwischen denen dann entweder ein Lehmmauerwerk hochgezogen oder ein Reisigkern geflochten wurde, der einen Lehmverputz erhielt (Abb. 21; Tf. 5).

Wie Waben hingen die Wohneinheiten aneinander. Ihre Fußböden bestanden aus gestampfter Erde oder Steinplatten oder einem gestampften Kalkfußboden, der rötlich bemalt war (in manchen Häusern trugen auch die Wände diese Farbe), Höfe mit 7-10 m Durchmesser unterbrachen gelegentlich die Wohngruppen. Einige der Wohnungen, die sogenannten »Korridorhäuser« (vgl. Abb. 20), bestanden aus einem langen Korridor von dem aus jeweils drei bis vier kleine Räume (1 x 1,5m) rechts und links abgingen. Weil man in diesen Räumen unterschiedliche Objekte gefunden

*Abb. 21: Rekonstruktion der Rundhausanlagen von el-Bēdā (nach Browning, 1973, S. 243)*

hat, meint man sagen zu können, daß in einem der Räume vor allem Getreide gemahlen, in einem anderen geschlachtet wurde und in einem dritten Steinwerkzeuge bearbeitet worden sind. Mörser und Stößel (Tf. 6), Tierknochen und Steinwerkzeuge sowie bearbeitete und unbearbeitete »Feuersteine« gelten als Indizien für diese Identifikationen.

Es wurden 43 Gräber während der Ausgrabungen in el-Bēdā gefunden. Sie waren zumeist unmittelbar im Wohnbereich angelegt. Die Art und Weise der Bestattungen war vielfältig und typisch für diese Epoche, worauf noch im Zusammenhang mit den Bestattungsriten in ʿEn Gazāl eingegangen wird. Es fanden sich Ganzkörperbestattungen, Zweitbestattungen, Skelettreste, bei denen der Schädel unter dem Körper begraben lag und Skelette ohne Schädel, was auf einen gesonderten Schädelkult schließen läßt.

Als Nahrungsquelle dienten gejagte Tiere, aber auch die domestizierte Ziege. Man baute Hafer und Emmer an. Allerdings sind auch in den Wohneinheiten wildwachsende Früchte als Nahrung nachgewiesen worden. Bemerkenswert sind die Kontakte zu Anatolien, dem Ursprungsland des Obsidians, aus dem in el-Bēdā Steinwerkzeuge hergestellt worden sind. Bestimmte Muschelarten aus dem Mittelmeer und dem Roten Meer belegen ebenfalls den weiten Radius der Beziehungen der Menschen von el-Bēdā zu anderen Gruppen des Neolithikums im Vorderen Orient.

Mit el-Bēdā fast zeitgleich ist die ungewöhnlich große (12 ha) präkeramisch-neolithische Siedlung von ʿEn Ġazāl, die etwa 300 km nördl. von el-Bēdā bei Amman entdeckt wurde.

## *ʿĒn Ġazāl*

Im Gegensatz zu el-Bēdā empfindet der Besucher in ʿEn Ġazāl den Zusammenprall der modernen Zivilisation mit dem Ort der Anfänge menschlicher Kultur fast körperlich. Während man das neolithische ʿEn Ġazāl erlebt, dröhnen im Rücken die Lastautos auf der Autobahn von Amman nach Zerqa und weiter bis zur irakischen Grenze, wabern Dunst- und Benzinschwaden herüber und lagern sich auf den Ort frühester menschlicher Zivilisation, als wollten sie ihn ersticken – aus Rache, so als habe hier die üble Seite des Fortschritts ihren Anfang genommen.

Die neolithische Siedlung wurde entdeckt, als Bulldozer die Trasse für die Autobahn schufen und dabei am Westabhang des Wādī eẓ-Zerqā (Jabbok) auf die Überreste dieser weitläufigen Stadtanlage stießen. ʿĒn Ġazāl kann man von Amman aus leicht erreichen: Man benutzt die Autobahn nach Zerqa und achtet auf das Grabungsgebiet mit einem Parkplatz, der sich auf der linken Autobahnseite in Richtung Zerqa befindet.

ʿĒn Ġazāl wird in das späte präkeramische Neolithikum B datiert. Innerhalb dieser Epoche bestimmen die sozio-ökologischen Voraussetzungen die unterschiedlichen kulturellen Entwicklungen. So wurde von den Ausgräbern in ʿĒn Ġazāl festgestellt, daß hier die Anzahl der Pfeilspitzen nur 5,3 % der Steingeräte ausmachen, gegenüber 24 % in el-Bēḍā. Das bedeutet, daß in el-Bēḍā die Jagd als Nahrungserwerb noch eine viel größere Rolle gespielt hat als in ʿĒn Ġazāl. Dagegen zeigen die 42 % der steinernen Schaber gegenüber nur 4 % dieser Schaber in el-Bēḍā, daß wahrscheinlich die Holzbearbeitung mit diesen Instrumenten in ʿĒn Ġazāl viel intensiver betrieben wurde als in el-Bēḍā.

In einigen der ein- oder mehrräumigen Rechteckhäuser von ʿĒn Ġazāl fand man Löcher für Holzpfosten, die das hölzerne Dachgebälk getragen haben. Um diese Holzstämme zu glätten, waren die Steinschaber notwendig. Deshalb ist ihre Zahl hier so reichlich. Die Häuser standen in drei (bis-

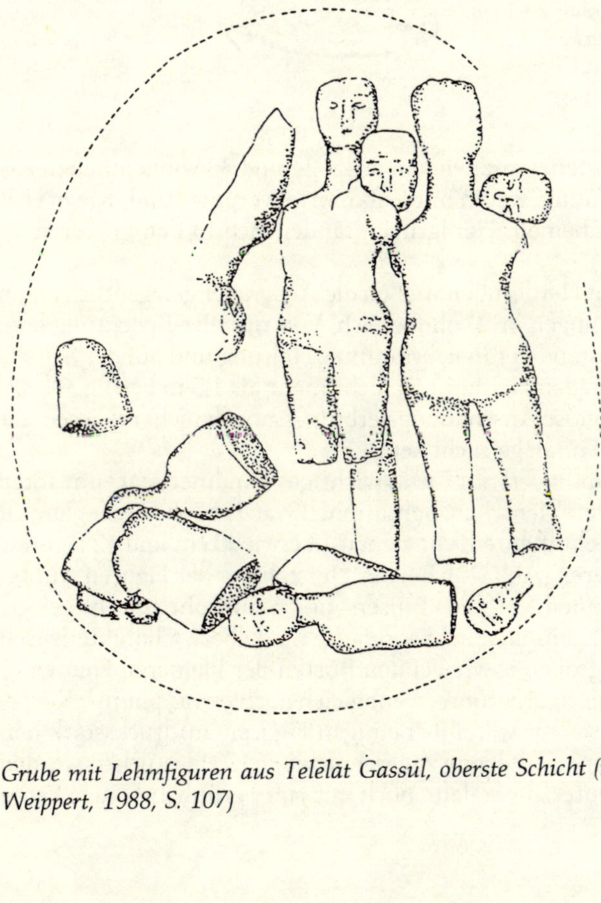

*Abb. 22: Grube mit Lehmfiguren aus Telēlāt Ġassūl, oberste Schicht (nach Weippert, 1988, S. 107)*

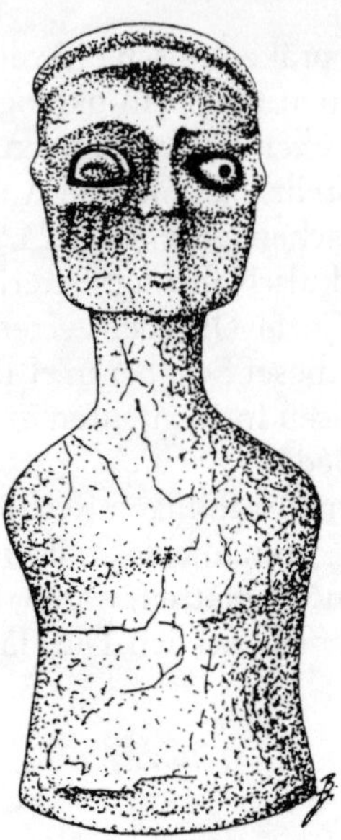

*Abb. 23a: Statuette von ʿĒn Ġazāl (Länge 84 cm, Breite 29,2 cm, Dicke 7,5 cm)*

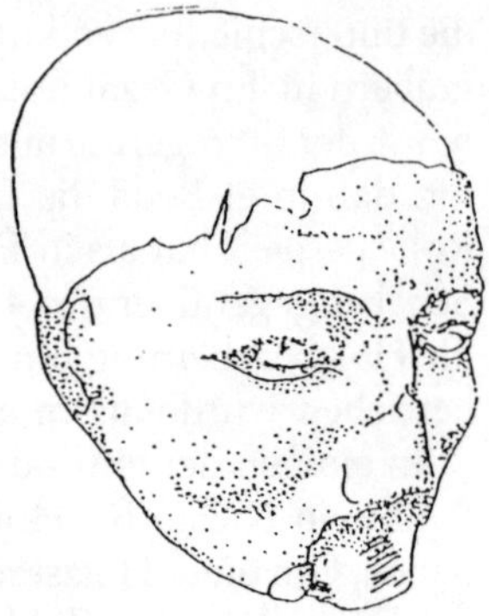

*Abb. 23b: Mit Lehm überzogener und modellierter Schädel aus Jericho*

lang bekannten) Gruppen von je 25, 24 und 3 Wohneinheiten zusammen. Ihre Innenräume waren mit Kalkmörtel verputzt und, wie in el-Bēdā und Jericho, rot bemalt. Herdgruben fanden sich in den größeren Wohnräumen.

Nahe den Herdgruben stießen die Ausgräber gelegentlich auf menschliche Bestattungen im Wohnbereich. Von ritueller Bedeutung könnte sein, daß der Abstand der in gekrümmter Haltung und auf der Seite liegenden Skelette von den Herdgruben nicht mehr als 1,5 m betrug. Ob sich dahinter eine religiöse Anschauung verbirgt, ist noch nicht erwiesen. Zufall wird aber diese Fundlage nicht sein.

Überhaupt liefert ʿĒn Ġazāl wichtiges Fundmaterial zum Totenkult der dort lebenden Menschen. Sensationell war 1983 die Freilegung einer Grube mit 25 Lehmfiguren, von denen 13 etwa 90 cm und 12 Figuren etwa 45 cm groß waren (Abb. 22). Bei der Herstellung der Figuren wurde feuchter Lehm um einen Kern aus Binsen- und Schilfrohrgeflecht gelegt. Danach wurde die Lehmmasse sehr sorgfältig modelliert. Charakteristisch sind bei den kindergroßen sowie bei den Büsten der kleineren Figuren ein langer Hals und der figurbetonte, wenngleich auch etwas plumpe Körper. Vor allem die Gesichter waren bei einigen Figuren ausdrucksstark herausgearbeitet. Mit mandelförmig zugeschnittenen Kreidestücken wurden die Augen angedeutet, die sodann noch mit einer grünlich-blauen Farbe umrandet wurden. Eine dünne dunkle Bitumenscheibe stellte die Iris dar. Einige Köpfe waren mit vertikal und diagonal über Stirn und Wange verlaufenden roten Linien dekoriert (Abb. 23a; zum Vergleich ein ähnlich modellierter Kopf aus Jericho, Abb. 23b).

Wir wissen natürlich nicht, ob diese Lehmfiguren verstorbene Ahnen repräsentieren, oder ob extra deponierte Schädel und zweitbestattete Skelettreste sowie Skelettfunde in der Nähe der Herdfeuer die Menschen veranlaßt haben, ihren Lebensalltag zu ritualisieren. Noch weniger wissen wir darüber, was sich die Menschen bei ihrem Totenkult »gedacht« haben. Deutungsversuche unsererseits übertragen häufig gegenwärtige Vorstellungen und Assoziationen in eine Menschheitsepoche, die uns ohne schriftliche Zeugnisse dunkel und fremd bleiben muß.

In Kontrast zu dem ausgeprägten Totenkult steht die Verehrung der Fruchtbarkeit. So jedenfalls ist die füllige Frauenfigur – eine Fruchtbarkeitsgöttin? – (Abb. 24) interpretiert worden, die die älteste dieser Art in Jordanien ist. Sie wurde ebenfalls in ʿĒn Ġazāl gefunden. Eine entfernte

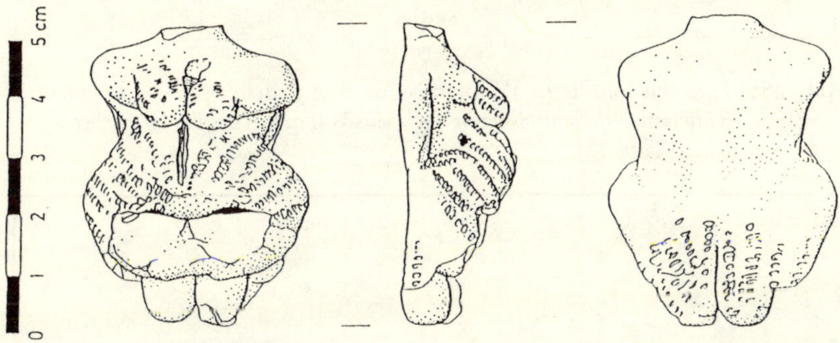


*Abb. 24: Die »Venus« von ʿĒn Ġazāl*

Verwandtschaft zu der »Venus von Willendorf« ist nicht zu übersehen, daher wurde die jordanische Figur von den Ausgräbern liebevoll als »Venus von ʿĒn Ġazāl« bezeichnet. Vielleicht kann man wirklich sagen, daß hier im präkeramischen Neolithikum bereits die »theologischen Grundlehren« zu finden sind, denen sich kein Mensch entziehen kann, denn »Tod« und »Leben« rahmen nun einmal die menschliche Existenz. Auch in ʿĒn Ġazāl mag man darüber bereits nachgedacht haben.

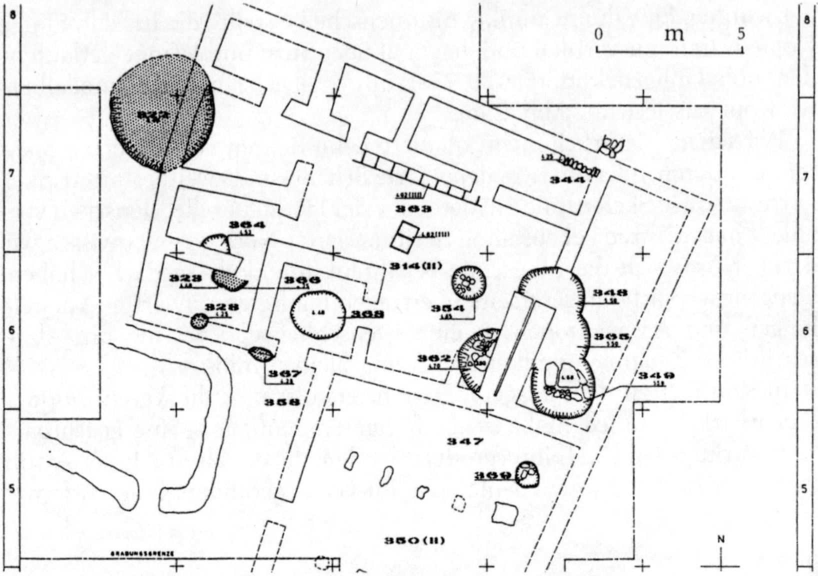


Abb. 25a: Eine chalkolithische Wohngrube (ca. 4 m Durchmesser) unter einem früheisenzeitlichen Haus in Tell Māsōs (Fritz, Kempinski, Ḫirbet el-Mšāš, Plan 15).

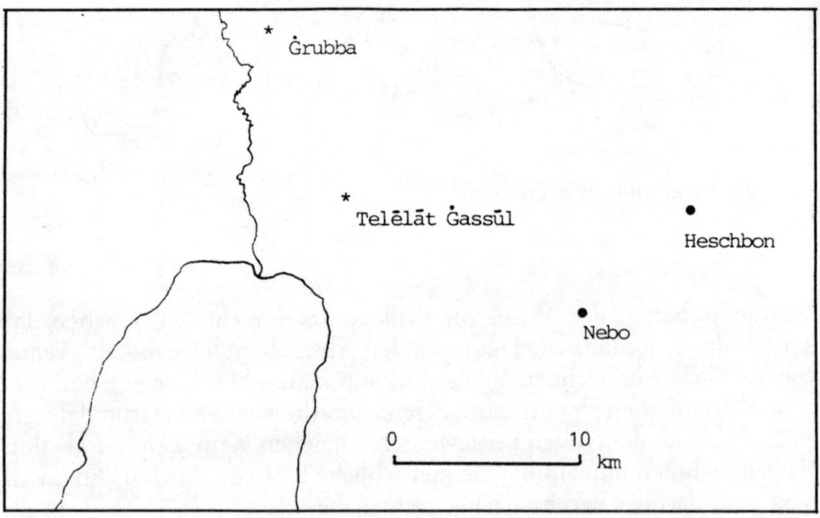


Abb. 25b: Die chalkolithischen Ortslagen von Ġrubba und Telēlāt Ġassūl im südlichen Jordangraben

## Alte Traditionen und neue Wege

Um 6000 v.Chr. klafft in ganz Palästina eine etwa 500 Jahre währende Siedlungslücke. Natürlich war das Land in dieser Zeit nicht entvölkert, wie manche Forscher vermutet haben. Vielmehr hat eine mehrere Jahrhunderte dauernde Trockenperiode die Menschen gezwungen, ein unstetes Leben auf der beständigen Suche nach Wasser- und Weideplätzen zu führen. Aus den vormals seßhaften Siedlern waren Nomaden geworden, die keine sichtbaren und somit nachweisbaren Kulturgüter hinterlassen. Diese Veränderung des sozialen Milieus ist auch in Jordanien auf ökologische Ursachen zurückzuführen: die großen ostjordanischen Seen, die noch von den Menschen der kebarischen und neolithischen Epochen besucht worden waren, trockneten in diesem Zeitraum allmählich aus; die Wüste drang nach W vor und die spärlichen Regenfälle zwangen die Menschen, eine nomadische Lebensweise anzunehmen. Feste Siedlungen wurden nicht mehr angelegt.

Die nachfolgende Neubesiedlung des Landes zu Beginn des keramischen Neolithikums war gekennzeichnet durch primitive kreisförmige Wohngruben (Abb. 25a), die in die Erde eingesenkt und wenig ausgestattet waren. Man hielt Schafe, Ziegen, Rinder und Schweine und betrieb Ackerbau. Die wenigen im Ostjordanland entdeckten Anlagen in Telēlāt Ġassūl und Ġrubba (Abb. 25b) sagen recht wenig über diese neue Kultur aus, die sich zudem von der fortschrittlicheren Zivilisation in Nordsyrien, Mesopotamien und Anatolien unterschied, Gebiete, die von der Trockenperiode nicht sonderlich heimgesucht worden waren.

Obwohl man in el-Bēḍā und ʿĒn Ġazāl schon 1000 Jahre früher mit Lehm und Ton umzugehen wußte – man hat Fußböden, Wände und Ziegel aus diesem Material gefertigt – war es nicht gelungen, den Weg zur Keramikherstellung zu beschreiten. Die neue Epoche des keramischen Neolithikums – so primitiv sie in ihren Anfängen auch war – ist die fortschrittlichste Epoche im Vorderen Orient: neben den traditionellen Holz- und Steingefäßen werden nun – zunächst noch einfach und wenig formenreich - Tongefäße hergestellt.

In der Forschung wird zumeist angenommen, daß Einwanderer aus dem fortschrittlicheren N diese neue Technik mitgebracht hatten. Schwierig an diesem Postulat ist, daß man in den nördl. Ländern eine sehr gut entwickelte Töpfertechnik mit variantenreichen Produkten besaß, was man dagegen von Palästina in dieser Epoche nicht sagen kann. Außerdem ist verwunderlich, daß diese Einwanderer aus dem N eine gut entwickelte Bautechnik kannten (Rechteckhäuser), aber in Palästina nur Wohngruben angelegt haben, was sie kulturell in das Natufium zurückwirft.

Es ist eher wahrscheinlich, daß die nomadische Bevölkerung Palästinas aufgrund von Kulturkontakten im nördl. syrischen Raum mit der Keramikherstellung bekannt wurde und sie nach Palästina mitbrachte. Das würde auch die relativ einfache Gestaltung der Gefäße erklären. Wenn diese »Neuankömmlinge« aus der syrisch-arabischen Wüste, dem »Regenerationsland« (H. Donner) für das palästinische Kulturland, Zeltbewohner waren, würde dies auch ihre primitiven Wohngruben als erste Versuche der Seßhaftwerdung zu Beginn des keramischen Neolithikums erklären.

Die einfachen Tongefäße (Näpfe, Schalen und Krüge mit Ösenhenkeln) wurden noch ohne Töpferscheibe hergestellt. Man bemalte sie mit roten, braunroten und schwarzen Bändern oder geometrischen Motiven. Es finden sich auch Gefäße, die mit Ritzmustern dekoriert waren (Abb. 26).

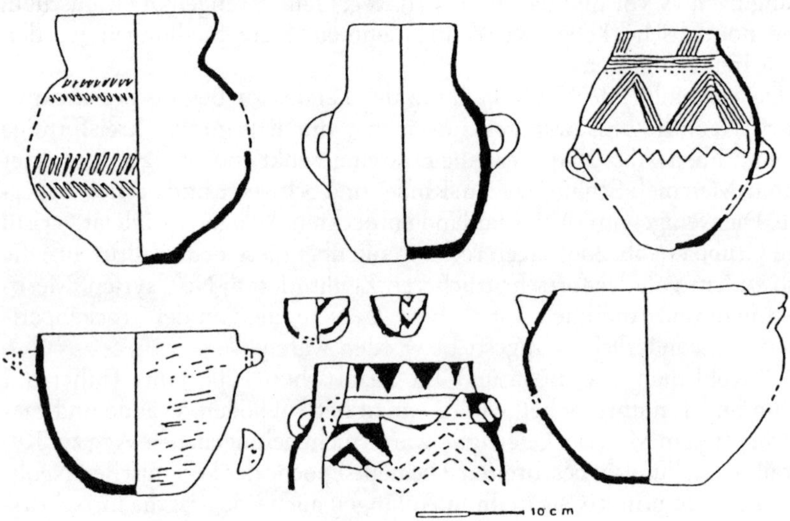


*Abb. 26: Keramikbeispiele des Keramischen Neolithikums*

Technologische Untersuchungen haben folgende Ergebnisse zur Keramiktechnologie in Palästina um 5000 v.Chr. erbracht: der Töpferton wurde mit zerkleinertem gebrannten Ton gemagert; feine, helle Lehmüberzüge wurden mit einem »Pinsel« aufgetragen; man war in der Lage, die Brennöfen für kurze Zeit auf eine Temperatur von ca. 800° C zu bringen; man experimentierte mit der »Töpferscheibe«, zunächst nur, indem man den Ton auf Matten legte und diese drehte.

Die im keramischen Neolithikum einsetzende Entwicklung in der Keramiktechnologie führte im Laufe der Jahrhunderte zu weiteren Verbesse-

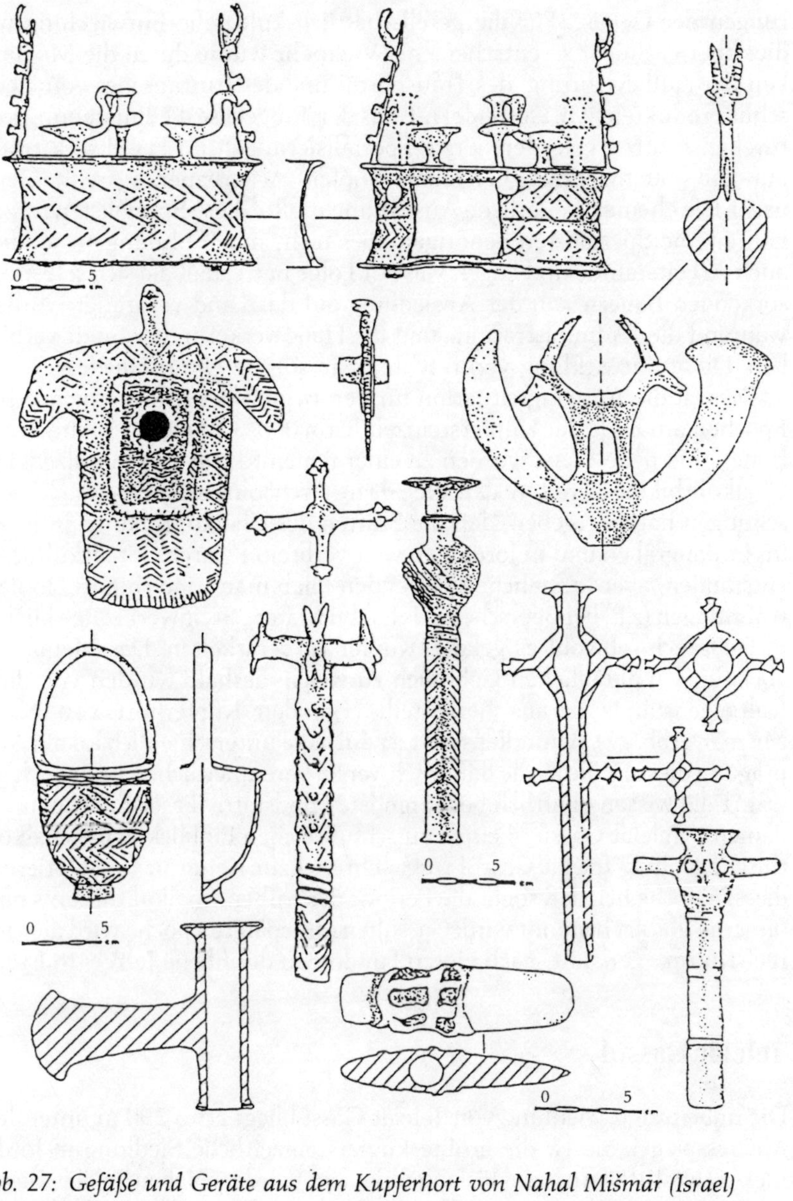


*Abb. 27: Gefäße und Geräte aus dem Kupferhort von Naḥal Mišmār (Israel)*

rungen der Gefäße. Für die gesellschaftlich-kulturelle Entwicklung war dies aber gar nicht so entscheidend. Vielmehr wurde durch die Möglichkeit der Aufbewahrung, des Transportes und des Austausches von Überschußprodukten (z.B. Getreide) mittels der Tongefäße die Entstehung kultureller Zentren gefördert. Erste Spezialisierungen im Handwerk traten auf (z.B. Steinwerkzeughersteller, Töpfer, Ackerbauer, »Architekten«, usw.). Die ehemals bäuerliche Ansiedlung mußte diese Spezialisten mit ernähren; die Spezialisten benötigen aber nicht nur Wohnungen, sondern auch Arbeitsräume und Lager, was zur Folge hatte, daß die sich selbst versorgenden Bauern von der Ansiedlung auf das Land verdrängt wurden, während die »Administration« und die Handwerker in der Stadt verblieben. Diese Entwicklung verursachte erste soziale Unterschiede.

Dies ist die Ausgangssituation für den Beginn der frühgeschichtlichen Epochen am Ende der Kupfersteinzeit (ca. 4000-3200 v.Chr.). Alte Traditionen und neue Wege wurden zu einer neuen Kultur verschmolzen. Das Chalkolithikum bereitete den Weg dazu. Archäologische Oberflächenforschungen haben ergeben, daß die Stätten des Chalkolithikums in Israel, im Jordangraben und in Jordanien weit verbreitet waren. »Stadtkulturen« entstanden, aber in manchen Gegenden blieb man weiterhin in Höhlenwohnungen (z.B. bei Beerscheba: Tell Abū Maṭar). Steinwerkzeuge blieben in Gebrauch, obwohl es gelang, Kupfer zu verarbeiten. Das Metall war aber für den alltäglichen Gebrauch zu weich, deshalb wurden vor allem Kultgegenstände daraus hergestellt (vgl. den Kupferhort von Naḥal Mišmār, Abb. 27). Bemerkenswert ist auch die unterschiedlich lokale Ausprägung dieser Kultur, die daher schwer zu vereinheitlichen ist. Jedoch gewährt die wissenschaftlich bedeutendste Fundstätte dieser Epoche in Jordanien – Telēlāt Ġassūl – einen aufschlußreichen Einblick in die chalkolithische Kultur. Telēlāt Ġassūl trägt sehr viel zur Kenntnis und Datierung dieser Epoche bei, daß sogar die Periode des frühen Chalkolithikums nach diesem Fundort benannt wird: Gassulien (die spätere Epoche wird die »Jesreel-Kultur« genannt, nach einem Fundort in der Ebene Jesreel in Israel).

## Telēlāt Ġassūl

Die unbefestigte Siedlung von Telēlāt Ġassūl liegt etwa 290 m unter dem Meeresspiegel. Sie ist die größte kupfersteinzeitliche Siedlung in Jordanien. Etwa 10000 $m^2$ sind bislang freigelegt worden. Neben Telēlāt Ġassūl finden sich in Jordanien, vor allem im Jordangraben, mehrere chalkolithische Siedlungen, die räumlich wie zeitlich begrenzter waren. Häufig sind diese Fundorte nur Stätten kurzzeitigen Aufenthaltes gewesen. Die Hügellandschaften in den Gebirgsabhängen zum Toten Meer und im Jordantal sowie die Schwemmkegel (Kalkmergelterrassen) im Jordangraben sind bevorzugte Siedlungsplätze während des Chalkolithikums in Jordanien gewesen.

Man erreicht Telēlāt Ġassūl auf dem Wege von Amman über Naʿūr (die Straße nach Jerusalem) nach Swēme in der Nähe der Badeanlage an der Nordoststecke des Toten Meeres. Man sollte einen ortskundigen Führer mitnehmen oder einen Einheimischen nach dem Ort fragen, denn die Ausgrabungsstätte ist in dem leicht welligen Gelände nicht so leicht aufzufinden. Der Grabungsort ist wenig eindrucksvoll, denn die Erosion hat den lehmigen Boden in die Grabungsareale gespült und sie teilweise aufgefüllt. Vorsicht ist auch geboten: das ganze Gelände am Toten Meer ist ehemals vermint gewesen und es wäre möglich, daß man immer noch auf vom Regen aufgeschwemmte Minen trifft. Es ist sinnvoller, die Fundstücke aus Telēlāt Ġassūl im Archäologischen Museum von Amman zu betrachten.

Metallfunde, also Gegenstände, die aus Kupfer hergestellt worden waren, gab es wenige in Telēlāt Ġassūl, was wiederum zeigt, daß die Bezeichnung »Kupfersteinzeit« für diese Epoche nicht nur an der Kupfererzverhüttung und -verarbeitung orientiert sein darf, denn diese Epoche weist auch noch wesentlich andere Merkmale gegenüber dem Neolithikum auf.

Kupfererze sind vor allem im S Palästinas in Fēnān und Timnā gefunden worden. Schon in chalkolithischer Zeit wurden sie hier verhüttet. In Israel, in Naḥal Mišmār, sind in einer Höhle 416 Kupfergegenstände gefunden worden, die alle aus dem Chalkolithikum stammen: Äxte, Meißel, Keulen, Zepter, Kronen und andere Metallgeräte (vgl. Abb. 27).

In Telēlāt Ġassūl sind vor allem Axtblätter, Meißel und Beile gefunden worden. Neben diesen Gebrauchsgegenständen blieben aber die Steingeräte, die inzwischen verfeinert worden waren, weiterhin das alltägliche Werkzeug. Es ist auch nicht sicher, ob die Kupfergeräte wirklich benutzt worden sind, denn sie waren für gewisse Schnitzarbeiten sicherlich zu weich. Weiterhin blieben auch Mahlsteine, Steinmörser und Basaltschalen wichtige Haushaltsgeräte, wie schon im Neolithikum.

Spezialisierte Tierhaltung und Getreideanbau – Gerste und Weizen - sowie der Gartenbau verlangten ein organisiertes Gemeinschaftsleben und die Ortsgebundenheit des Menschen, was sich auch darin zeigt, daß z.B. die Jagd kaum noch durchgeführt wurde; Pfeilspitzen sind rar in Telēlāt Ġassūl. Man hat Dattel- und Olivenkerne gefunden, was auf eine intensive Gartenbauwirtschaft schließen läßt. Webgewichte verweisen auf die Fähigkeit, Wolle zu verarbeiten. Aber auch die Lederbe- und verarbeitung ist in Telēlāt Ġassūl nachgewiesen worden. Vermutlich haben die großen kreisförmigen Gruben in manchen Höfen damit zu tun gehabt.

Gegenüber dem keramischen Neolithikum ist die Keramiktechnologie in Telēlāt Ġassūl weiter entwickelt worden. Drei neue charakteristische Gefäßformen sind an fast allen Ortslagen dieser Epoche ausgegraben worden: die Schale auf einem trompetenartigen Stand mit »Fenster« darin, die »Eistüten« und die »Butterfässer« (Abb. 28). Die beiden letztgenannten

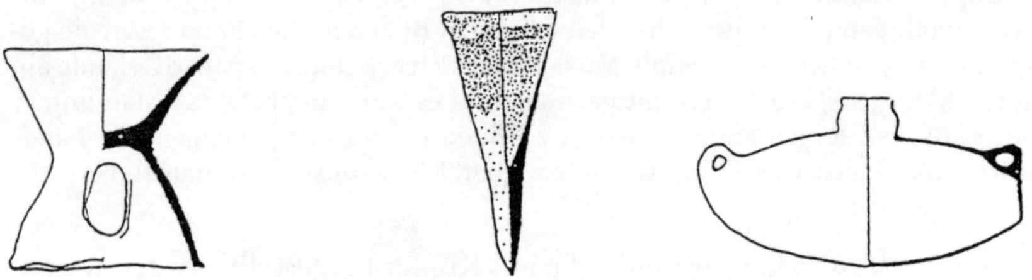

*Abb. 28: Neue und typische Gefäßformen des Chalkolithikums – Schale auf trompetenartigem Stand mit »Fenster«, »Eistüte« und »Butterfaß«*

Keramikformen sind vermutlich in Ton nachempfundene und modellierte Trinkhörner (»Eistüten«) und Behälter aus Ziegenhaut, wie sie heute noch von den Beduinen zum »Buttern« verwendet werden. Als Dekor wurden Seilabdrücke, Daumeneindrücke, Ritz- und Punktmuster aufgetragen. Auch wurden die Gefäße, wie schon im Neolithikum, bemalt.

In Telēlāt Ġassūl kannte man bereits das Breitraumhaus, dessen Merkmal der Eingang an einer der Langseiten des Gebäudes ist. Diese für die nachfolgenden Epochen bestimmende Hausarchitektur ist typisch für den Vorderen Orient, weil dieser Haustyp den klimatischen Verhältnissen des Orients besser angepaßt ist als das Langhaus. Zwischen den Häusern lagen Höfe, die man von engen Gassen aus erreichen konnte. In den Höfen befanden sich gelegentlich tiefe Brunnen. Die Hausmauern wurden nicht immer exakt rechtwinklig angesetzt, was dazu führte, daß die Schiefwinkligkeit der Häuser – nicht nur im Chalkolithikum – zu einem Charakteristikum wurde. In der lehm- und tonhaltigen Umgebung von Telēlāt Ġassūl war es nur natürlich, daß man mit diesem Material auch die Wände aus getrockneten Lehmziegeln hochzog. Zumeist dienten Mauern aus unbehauenen Steinen als Fundamentmauern (Abb. 30).

Die in Telēlāt Ġassūl entdeckte chalkolithische Tempelanlage – wohl die älteste in Palästina – bestand aus einem großen ummauerten Hof, in dem sich zwei Breitraumhäuser befanden, von denen das größere Haus (10

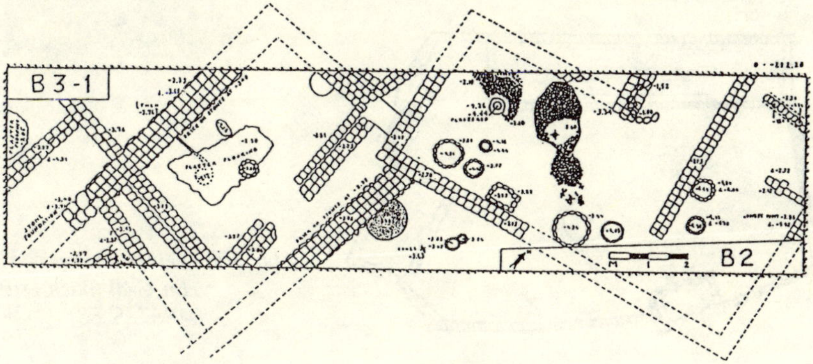


*Abb. 29: Archäologischer Plan der Rechteckhäuser von Telēlāt Ġassūl (nach North, 1961, Fig. 4)*

x 4,5m) den Kultbau darstellte (Abb. 30a). Die ganze Anlage entspricht anderen Tempeln des späteren Chalkolithikums und der Frühen Bronzezeit. Eine solche Parallele aus etwas späterer Zeit als der Tempel von Telēlāt Ġassūl wurde in En-Gedi ausgegraben, nur wenige Kilometer Luftlinie von Telēlāt Ġassūl entfernt auf der anderen Seite des Toten Meeres (Abb.

*Abb. 30a:*
*Tempelanlage von Telēlāt Ġassūl (Skizze des Ausgräbers)*

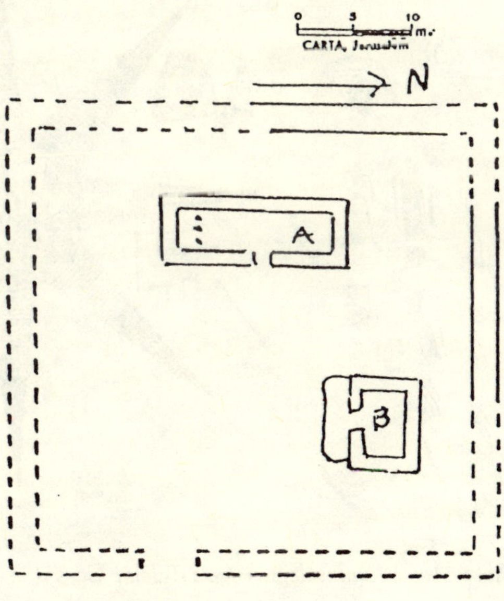

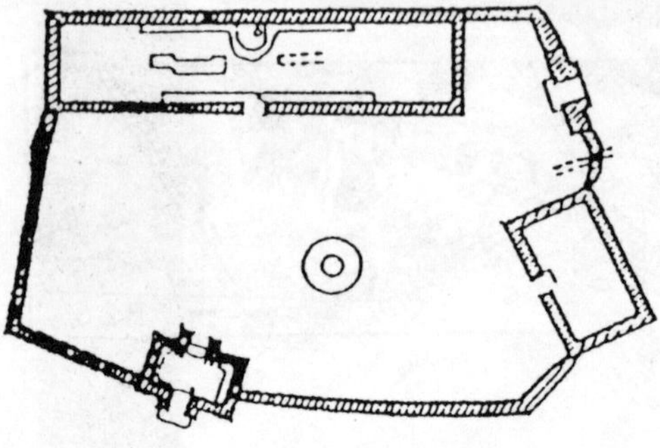

*Abb. 30b: Tempelanlage von En Gedi (nach Fritz, 1987, S. 68)*

30b). In dem heiligen Bezirk von Telēlāt Ġassūl fanden die Ausgräber keine Hinweise auf alltägliche Gebrauchsgegenstände, die jedoch überall im Siedlungsbereich zutage gekommen waren. Im Tempel wurden neben einer Kultschale mit dem typischen fensterartig ausgeschnittenen Fuß Figurinenfragmente und ein großer in Ton modellierter Skorpion gefunden.

Auf einigen mit weißem Kalk verputzten Wänden der Räume im Siedlungsbereich fanden sich die frühesten Freskenmalereien des Vorderen Orients. Es handelt sich dabei um Abbildungen von stilisierten Gegen-

*Abb. 31a: Wandmalereien von Telēlāt Ġassūl*

*Abb. 31b: Der »Tiger« von Telēlāt Ġassūl(Wandmalerei)*

ständen, die bis heute noch nicht eindeutig erklärt werden können (Abb. 31a). Leider sind die Fresken derart zerstört, daß immer nur bruchstückhafte Bilder aus der Gesamtdarstellung erhalten sind. Dies erschwert auch die Deutung. Erkennbar sind stilisierte Hörnertiere, Menschenköpfe, Hausgrundrisse (?), Vögel (?), ein Halbmond (?), ein stilisierter »Tiger« (? – Abb.31b) und ein eindrucksvoller achtstrahliger Stern mit Sternen im Stern (die Sonne?). Niemand weiß diese Darstellungen zu deuten. Heute wird zumeist die Ansicht vertreten, daß diese Fresken auf Hauskulte hinweisen. Das ist aber nicht zwingend, denn es könnte sich auch um Wandmalereien in Empfangsräumen handeln. Man muß Vorsicht walten lassen: Schwer zu deutende Darstellungen und Gegenstände müssen keinesfalls in den kultischen Bereich gehören. Obwohl solche Deutungen immer etwas Faszinierendes an sich haben.

Hauskulte hat es aber dennoch in Telēlāt Ġassūl gegeben. Hier und in anderen chalkolithischen Ortslagen in Palästina gehören die sogenannten »Säulenstümpfe« sicherlich dem kultischen Bereich an. Es handelt sich dabei um massive Steingefäße, die ein stilisiertes Gesicht tragen und deren Oberseite eine schalenartige Vertiefung aufweist (Abb. 32). Könnte es sich um eine Gottheit handeln, der man die ihr zugedachten Opfer in die schalenartige Vertiefung gelegt hat? Als »Hausgöttin« kann das aus Stein oder Ton gefertigte »violinförmige« Idol betrachtet werden, das als stilisierte Form der fülligen weiblichen Figurinen des Neolithikums gelten könnte (Abb. 33). Auch diese Idole sind im Chalkolithikum weit verbreitet gewesen. Ihre Fundlage in den Wohnhäusern könnte somit durchaus auf einen einfachen Hauskult hindeuten, der neben dem Tempeldienst privat abgehalten wurde. Hausgötter sind ja auch aus der frühbiblischen Zeit be-

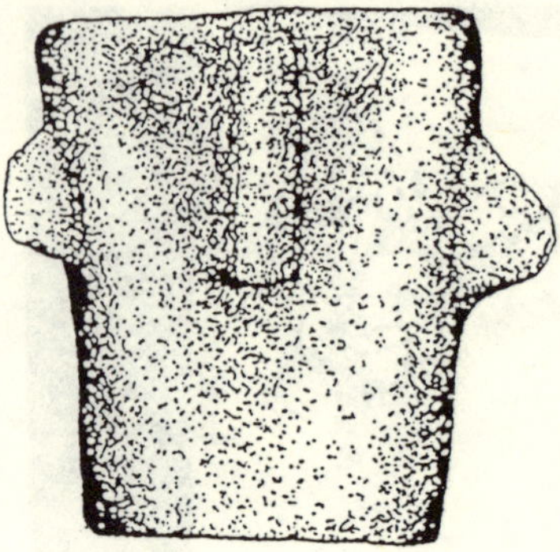

*Abb. 32: »Säulenstumpf« (Hausidol? Fritz, 1985, S. 94)*

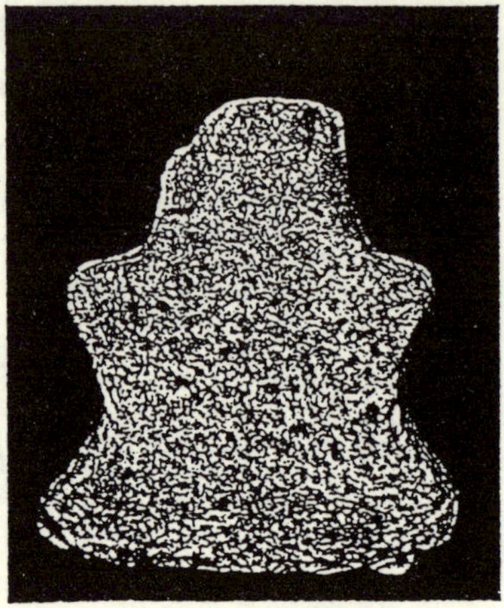

*Abb. 33: Violinförmiges Idol. Stilisierte weibliche Figur (ca. 8 × 9 cm)*

kannt. Man denke nur an Laban, dessen Töchter die Hausgötter unerlaubterweise mitgenommen hatten (1Mo 31,22-54).

Viele Kulturelemente des späten Neolithikums sind im Chalkolithikum weitergeführt oder variiert worden. Völlig anders stellen sich uns aber im Chalkolithikum die Bestattungssitten dar. Für sie möchte man fast einen fremden Einfluß annehmen, denn die Verstorbenen wurden nicht mehr im Wohnbereich beerdigt, wie z.B. im neolithischen ʿĒn Ġazāl, sondern in einem extra dafür angelegten Friedhof außerhalb der Stadtanlage. Nur Kinder wurden noch gelegentlich unter dem Fußboden bestattet oder in Tongefäßen im Wohnbereich beigesetzt. Ein anschauliches Beispiel aus Telēlāt Ġassūl wird im Archäologischen Museum von Amman ausgestellt.

Etwa vier bis fünf Kilometer östl. von Telēlāt Ġassūl, in einem als ʿAḍēme bezeichneten Landstrich, sind Gräber eines Friedhofes freigelegt worden, die, wie die Keramik erkennen läßt, von den Menschen aus Telēlāt Ġassūl angelegt worden sind. Zwei Grabtypen sind zu unterscheiden: der Tumulustyp ist ein Steinkistengrab, das unter einem künstlichen Erdhügel lag und zusätzlich mit einem kleinen Steinkreis eingefaßt wurde (Abb. 34). Der andere Typus ist das sogenannte Dolmengrab (von keltisch *dol/tol*, »Tisch« und *men*, »Stein«), von denen es noch heute in Jordanien weit verstreut eine große Anzahl gibt, vor allem auch im Jordangraben (Tf. 7). Es ist aber äußerst schwierig, die Dolmengräber zeitlich exakt einzuordnen, weil sicher datierbare Funde noch fehlen. In die Eisenzeit (ca. 1200-500 v.Chr.) gehören sie aber nicht.

In abgelegenen Gebieten Jordaniens, aber auch im Jordangraben in der

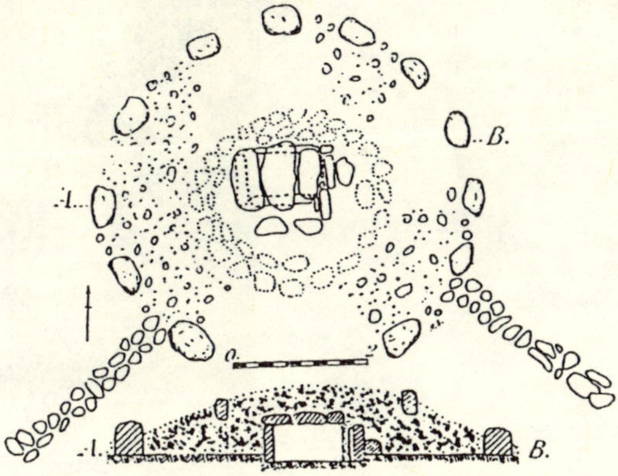


*Abb. 34: Tumulusgrab von ʿAḏēme*

Nähe von chalkolithischen Ortslagen und Siedlungsplätzen mit Friedhöfen trifft man gelegentlich auf Steinkreise, die von den Archäologen mit dem Totenkult der Menschen des Chalkolithikums in Zusammenhang gebracht werden. Vermutlich wurden in ihnen Bestattungsrituale durchgeführt. Ein schönes Beispiel eines solchen Steinkreises ist in der Nähe des Friedhofs von *ʿAḏēme* entdeckt worden (Abb. 37). Der Steinkreis hat einen Durchmesser von ca. 30 m, eine Stärke von ca. 1 m und ist ca. 35 cm hoch. Auffallend sind die Einbuchtungen im Kreisinnern und die kegelförmigen »Strahlen« des äußeren Randes. Sie lassen das Gebilde wie einen matten Stern erscheinen.

Nicht nur dieser Steinkreis, auch andere im Jordangraben sind für die biblische Überlieferung von besonderem Interesse. Denn hier, in der Nähe von Telēlāt Ġassūl, hatte sich das Volk Israel am Fuße des Berges Nebo in den Gefilden Moabs vor seinem Eintritt in das Gelobte Land gelagert. Vielleicht ist man sogar in dieser Gegend erstmals auf die Zeugnisse der Vorgeschichte gestoßen, denn offenbar bezieht sich Jos 18,17; 22,10.11 auf solche Steinkreise des Chalkolithikums, die zu seiner Zeit immer noch markante Landzeichen waren. Ruben, Gad und der halbe Stamm Manasse bauten einen »schönen, großen Altar« »bei den Kreisen am Jordan« (hebr. *ʾel-gᵉlilōt*; vgl. Gilgal). Der Unwille der anderen Stämme wurde geweckt, weil diese ostjordanischen Stämme einen eigenen Altar für Jahwe erbaut

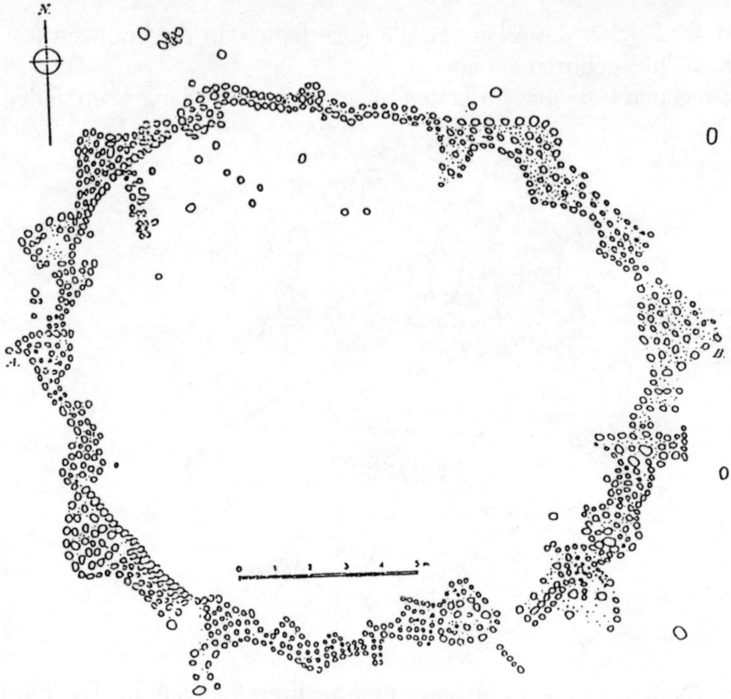

*Abb. 35: Steinkreis bei dem Friedhof von ʿAḍēme (nach Stékélis, 1935, S. 68)*

hatten, was sehr nach Eigenmächtigkeit und Abspaltung roch. Jedoch kann man sich des Eindrucks nicht erwehren, daß der Text, der zweimal hervorhebt, daß der Altar bei den Kreisen am Jordan erbaut worden war, auch eine Spannung betonen möchte, die zwischen dem Altar Jahwes und den fremdartigen, mysteriösen Steinkreisen am Jordan bestanden hat. Bemerkenswert ist, daß gerade in diesem historio-geographischen und kulturreligiösen Kontext, den die Bibelstelle angibt, auf diese Zeugnisse des chalkolithischen Totenkultes hingewiesen wird. Hier verifiziert die biblisch-historische Überlieferung die Zeugnisse der Vorgeschichte in einem ihr eigenen historischen und metahistorischen Zusammenhang.

## Am Vorabend der Geschichte

Ackerbau und Viehzucht, Töpferei und Metallverarbeitung, Gartenbauwirtschaft und Bewässerungstechniken, Architektur und Stadtplanung, Handwerker, Administratoren und Priester, alle diese Stände und Berufe

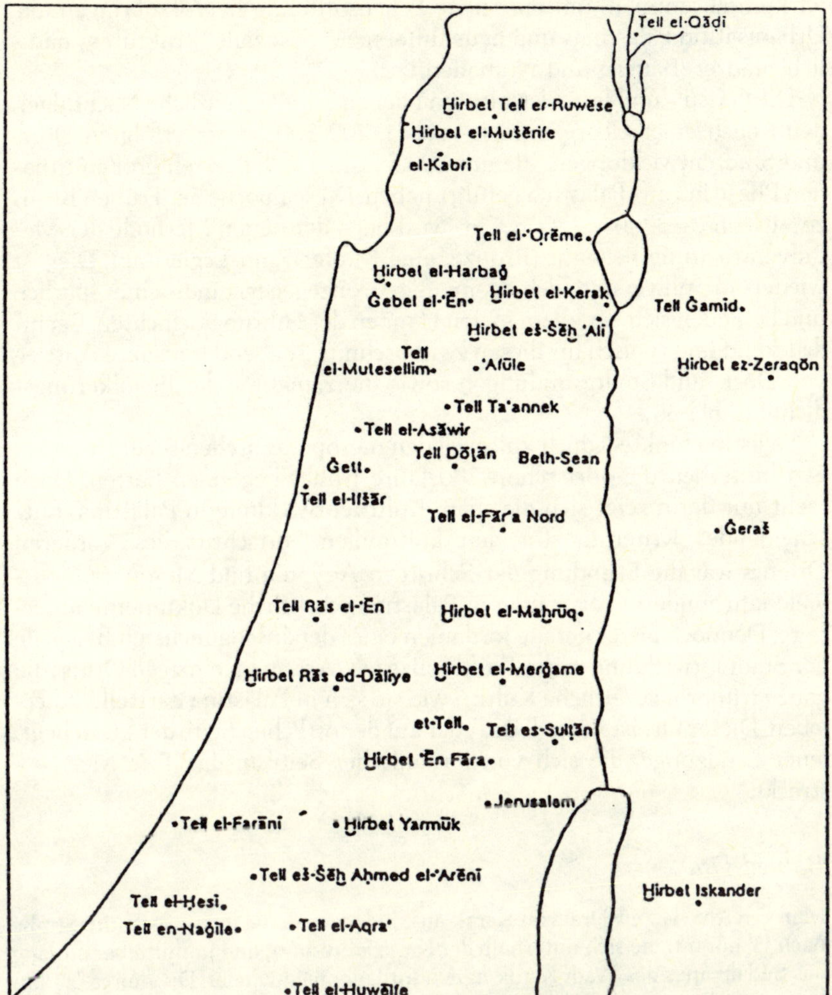


*Abb. 36: Bedeutende frühbronzezeitliche Stadt- und Dorfanlagen in Palästina*

wirkten zusammen, um eine neue Lebensordnung hervorzubringen: die Urbanisation Palästinas und neue differenzierte soziale Strukturen, nämlich Städter, Bauern und Nomaden.

Die Ġassūl- und Jesreel-Kulturen blieben ohne wesentliche Nachfolger, denn nach einer Übergangszeit von ca. 200-300 Jahren erfolgten Dorf- und Stadtentwicklungen, die um 2900 v.Chr. zu der ersten großen urbanen Phase in ganz Palästina geführt haben. Diese Epoche der Frühen Bronzezeit von ca. 3200 – 2200 v.Chr. wird nach der neuen Methode der Metallverarbeitung benannt (Bronze, eine Kupfer-Zinn-Legierung). Dies ist wiederum mißverständlich, denn die Bronzegegenstände sind spärlich und befanden sich vor allem in den Händen der Führungsschichten. Beeindruckend und typisch für diesen Zeitabschnitt ist aber der rasante Anstieg von Dorf- und Stadtgründungen sowie die Zunahme der Bevölkerungsdichte (Abb. 36).

Palästina hinkte jedoch kulturell den mesopotamischen Stadtgründungen hinterher, die dort schon 200 Jahre früher begonnen hatten. Doch nicht nur darin zeigt sich die späte Kulturentwicklung in Palästina. Entscheidendes Kriterium für den kulturellen Fortschritt des Vorderen Orients war die Erfindung der Schrift in Ägypten und Mesopotamien - viele Jahrhunderte bevor man in Palästina schriftliche Dokumente anfertigte. Dennoch bietet gerade Jordanien eines der anschaulichsten Beispiele der Stadtentwicklung in der Frühbronzezeit. An einem einzigen Ort ist die ganze frühbronzezeitliche Kultur, wie sie sich in Palästina darstellt, zu erleben. Dieser Ort ist Bāb eḏ-Ḏrāʿ, der auf der östlichen Seite der Lisan liegt, jener Landzunge, die sich von jordanischer Seite in das Tote Meer erstreckt.

## *Bāb eḏ-Ḏrāʿ*

Man erreicht Bāb eḏ-Ḏrāʿ von Kerak aus, indem man die gut ausgebaute Straße nach W nimmt, die sich unterhalb der Kreuzfahrerburg und unmittelbar entlang des Südabhangs des Wādī Kerak in den Jordangraben windet. Die nur ca. 23 km lange Strecke bis nach Bāb eḏ-Ḏrāʿ (bis 300 m unter NN) führt in eine grandiose Bergwelt, die etwas von den Erosionskräften ahnen läßt, die diese Landschaft geschaffen haben. Die Straße ist nur mit einer polizeilichen Genehmigung zu befahren, die einem Militärposten, kurz vor dem letzten Bergabfall in den Jordangraben, vorgewiesen werden muß (Photographierverbot!). Die Manager des Kerak Rest House, Abdel Kareem Emoush und Abdalla Zagzouk, sind bei der Antragstellung für die Genehmigung behilflich.

In Bāb eḏ-Ḏrāʿ ist es sehr warm. Im Juli/August ist es heiß (bis 50° C). Es empfiehlt sich daher, im Sommer den Besuch in die frühen Morgenstunden zu legen. Reichlich Trinkwasser ist mitzunehmen, und die Kopfbedeckung darf auch nicht vergessen werden. Der helle Kalkmergelboden reflektiert die Sonnenstrahlen und intensiviert sie. Die Luft ist schwer. Es ist ratsam, im Sommer den Ort gegen 11 Uhr wieder zu verlassen. Auf der Rückfahrt von Bāb eḏ-Ḏrāʿ nach Kerak sollte man auf eine kleine mittelalterliche Dorfanlage, el-Baḏḏān, achten, die wie ein Vogelnest auf einem Felssporn im Wādī Kerak liegt. Der in sich geschlossene Dorfkomplex mit 10-15 agglutinierenden Lehmhütten liefert ein anschauliches Beispiel dafür, wie man sich die eisenzeitlichen, z.B. moabitischen, Dorfanlagen vorstellen kann, die in biblischer Zeit in ähnlich typischer Weise angelegt worden sind.

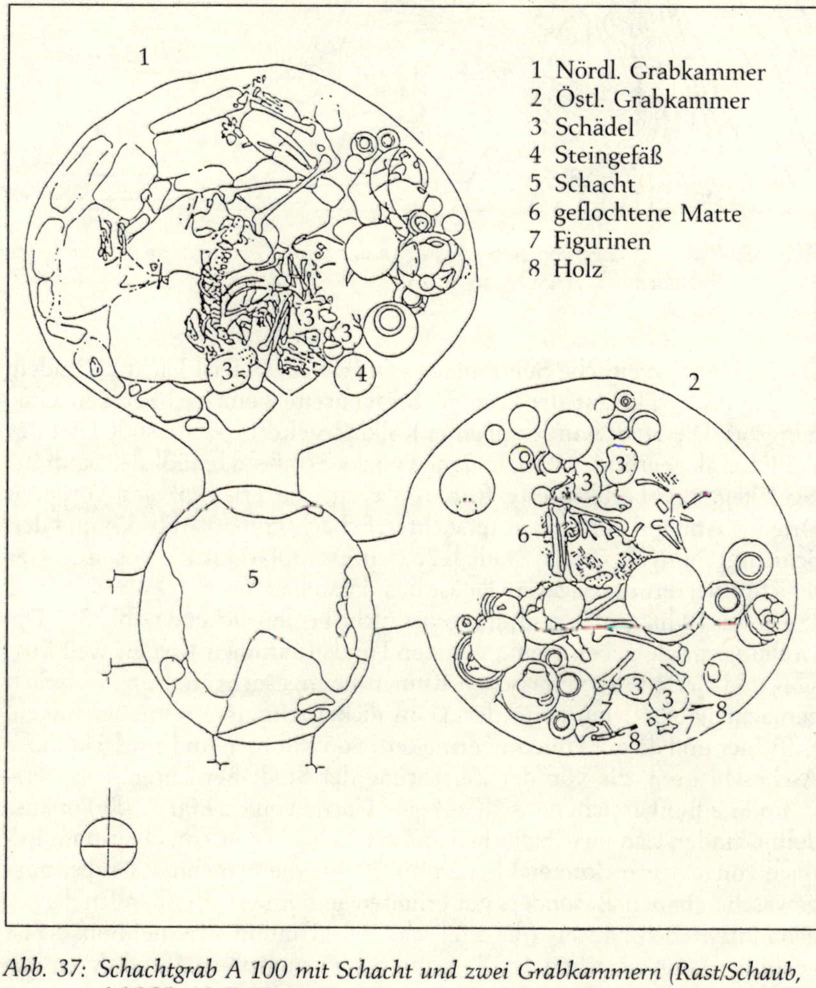


*Abb. 37: Schachtgrab A 100 mit Schacht und zwei Grabkammern (Rast/Schaub, AASOR 46, S. 59)*

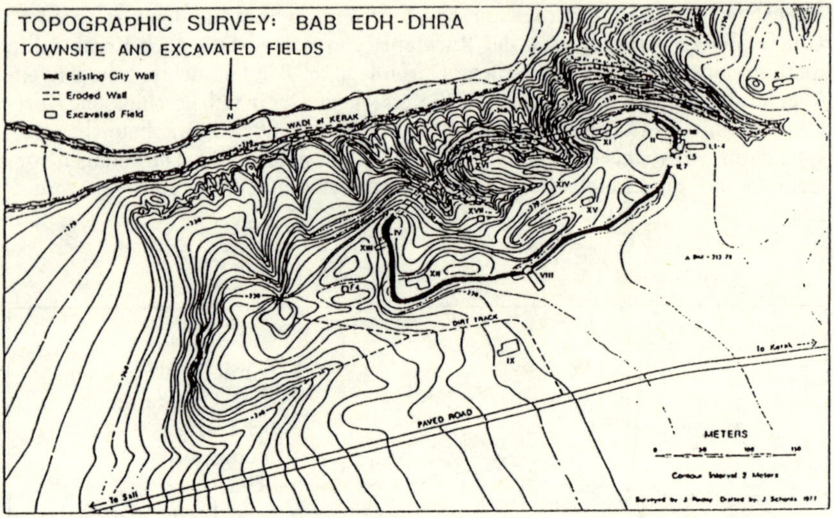


*Abb. 38: Plan und Lage von Bāb eḏ-Ḏrā' an der Straße von und nach Kerak (Rast/Schaub, AASOR 46, S. 13)*

Die frühbronzezeitliche Stadtanlage von Bāb eḏ-Ḏrā' ist leicht zu finden. Ein blaues Schild auf der rechten Straßenseite kennzeichnet den Grabungsort. Die Stadt wurde auf einer Kalkmergelterrasse am südl. Ufer des Wādī Kerak gegründet. Linker Hand von der Straße, d.h. südl. der Stadtanlage, liegt der berühmteste frühbronzezeitliche Friedhof des Vorderen Orients. Anhand der dort untersuchten Schachtgräber (Abb. 37) und den Schichtgrabungen in der Stadt läßt sich exemplarisch die gesamte Geschichte der Frühbronzezeit Palästinas darstellen.

Die ca. 10 ha große Stadtanlage ist nicht beeindruckend (Abb. 38). Die Grabungsareale geben wenig von den Fundsituationen wieder, weil Erosion und Zerfall die verlassenen Ruinen heimgesucht und unansehnlich gemacht haben. Man kann der 11 m dicken Umfassungsmauer folgen, trifft hier und da auf Fundamentmauern von Räumen und entdeckt dicke Ascheschichten, die von der Zerstörung der Stadt herrühren.

Im Friedhofbereich, der sich auf eine Fläche von ca. 600 x 1000 m ausdehnt, finden sich viele Scherben aus den Schachtgräbern, ebenso im Bereich von ausgetrockneten kleinen Rinnsalen, die manchmal Gräber ausgewaschen haben. Besonders gut erhalten sind im Friedhofbereich die sogenannten »Beinhäuser« (die englische Bezeichnung »charnel houses« ist geläufiger), die zwischen 4 x 7 m und 5 x 11 m groß sind und deren mit Lehmziegeln hochgezogene Wände bis zu einer Höhe von 1 m noch anste-

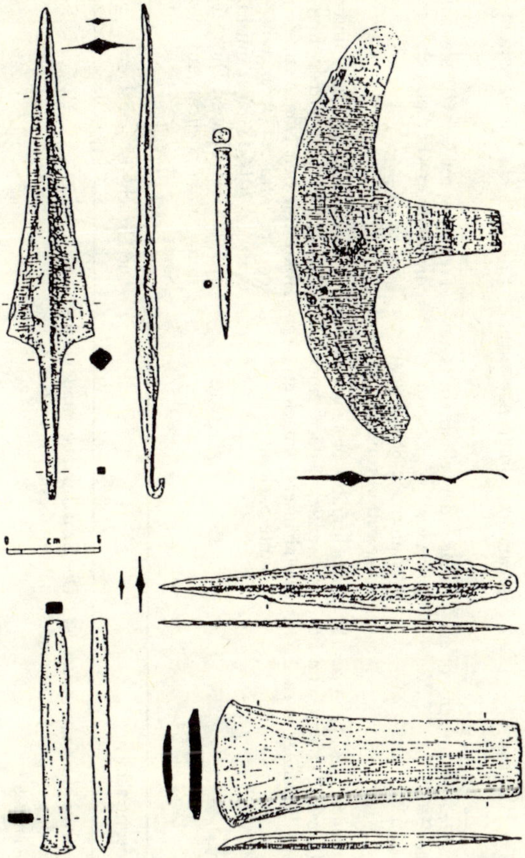

*Abb. 39: Bronzegeräte aus der Frühbronzezeit*

hen. Der Türeingang und die Bodenpflasterungen sind bei einigen dieser Anlagen noch sehr gut erkennbar (Tf. 8). In dem größten der acht bis heute freigelegten »Beinhäuser« fand man 200 Sekundärbestattungen; die Skelettreste waren aufgeschichtet, um den vielen Bestattungen Platz zu bieten. Allein in diesem Haus wurden etwa 900 Gefäße gefunden, dazu Dolche und Äxte aus Bronze (Abb. 39) sowie Halsketten.

Die Entdeckungen und Schlußfolgerungen der Ausgräber zu den vier Besiedlungsphasen in Bāb eḏ-Ḏrāʿ lassen sich anhand der folgenden Übersicht kurz skizzieren.

| Zeit v.Chr. | Bewohnungsphasen Frühbronzezeit | Stadtanlage | Gräberfeld | Bemerkungen |
|---|---|---|---|---|
| 3200–2900 | IA | keine Hinweise auf eine Siedlung | Schachtgräber 1,5–2m tief mit Kammern; sekundäre Gruppenbestattungen | Starkes Bevölkerungswachstum; viele offene Siedlungen in Palästina; auch Nomadentum. |
| | IB | erste Niederlassungen; offene Anlage | runde oder elliptische Grabkammern; Mischformen: Schachtgrab mit Ziegelbau in rundem Grundriß | Fremdzuwanderer (?), die auf die Grabform Einfluß nehmen |
| 2900–2600 | II | Stadtmauer aus Lehmziegeln mit Türmen (4×4 m) und Bastionen; die Mauer ist ca. 2,5 m breit | Schachtgräber bestehen weiter; es werden jedoch auch die »Beinhäuser« angelegt. Verbrannte Skelette | Zunehmende Rivalität unter den Siedlungen, soziale Konflikte mit den Nomaden? Bāb eḏ-Ḏrāʿ wird zur Totengräberstatt: ca. 20000 Gräber mit ca. 300000 Bestattungen. Die meisten stammen nicht aus der Stadt. |
| | | Zerstörungsschicht | | Die Ursache ist unbekannt |
| 2600–2300 | III | Neuaufbau: die Stadtmauer ist 11 m dick, eine Steinmauer. Tempelanlage? | Die Schachtgräber und »Beinhäuser« bestehen weiter | |
| 2300–2100 | IV | Plötzliches Ende der urbanen Phase | Nur noch Schachtgräber | Vermutet wird eine Klimaveränderung und ökologische Ursache |

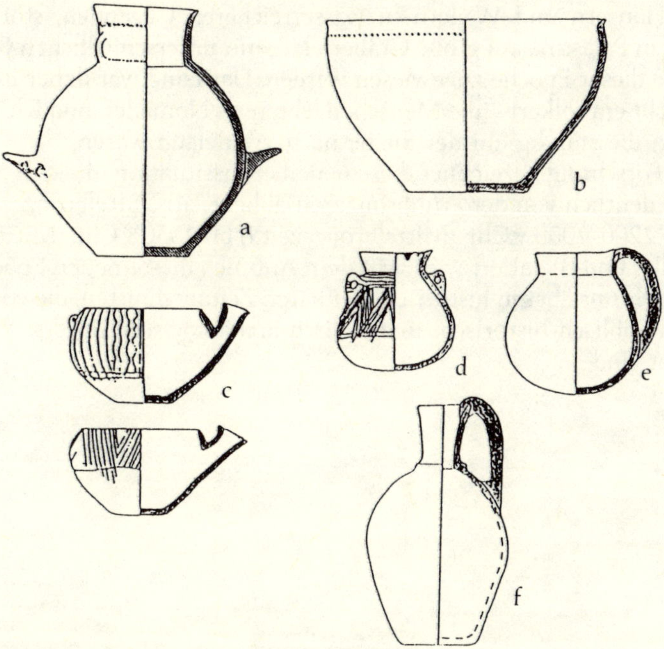


*Abb. 40: Gefäßformen aus Bāb eḏ-Ḏrā', a. Krug; b. tiefe Schale; c. »tea pot«; d. Krüglein; e. »Tasse«; f. schlanker Krug (nach AASOR 46, S. 81–118 passim)*

Die große Zahl an Keramikgefäßen aus dem Stadtgebiet der Nekropole von Bāb eḏ-Ḏrā', die in repräsentativer Auswahl im Museum von Kerak zu betrachten sind, zeigen viele Varianten und eine große Geschicklichkeit ihrer Schöpfer (Abb. 40). Ganz typisch sind die rot polierten Keramikstükke aus der frühesten Phase der Bronzezeit. In der Schlußphase III und kurz vor dem Untergang der frühbronzezeitlichen Stadtanlage verminderte sich die Qualität der Gefäße, die nun in ein tristes Grau gekleidet sind, so als sei diese Farbe bereits ein Omen des kommenden Niedergangs der einmal blühenden Stadtkultur von Bāb eḏ-Ḏrā'.

Das plötzliche Ende der urbanen Phase in ganz Palästina steht in Zusammenhang mit einer katastrophalen Trockenperiode, die auch Ägypten traf, wie aus der späteren Niederschrift der »Prophezeiung des Neferti« hervorgeht (s.o. S. 22f). Die nicht-urbane Zwischenzeit (kontemporär mit der »ersten Zwischenzeit« in Ägypten) dauerte etwa von 2200-2000 v.Chr. Obgleich es in jener Periode keine großen Stadtanlagen mehr gab außer einigen Häusern und Weilern in wasserreicheren Gegenden, stößt man überall in Palästina auf große Gräberfelder mit unterschiedlichen Grabtypen, die dieser Epoche zugewiesen werden. Das Land war daher in dieser Zeit nicht entvölkert – die Menschen lebten als Nomaden und Kleinviehzüchter, die ständig auf der Suche nach Weideland waren.

Die Forschung bezeichnet diese neue Lebenssituation, die sich archäologisch deutlich von der Frühbronzezeit abhebt, als Mittelbronzezeit, die von ca. 2200-2000 v.Chr. (Mittelbronzezeit I) bis 1550 v.Chr. (Mittelbronzezeit IIA und B) datiert wird. Mit dem Anbruch dieser neuen Epoche bewegen wir uns aber in historisch greifbaren Zeitabschnitten, die vor allem auch für biblisch-historische und biblisch-archäologische Untersuchungen relevant sind.

# III. Städter, Bauern und Nomaden

## Das Werden der altorientalischen Nationen des Ostjordanlandes

Klimaverschlechterung und der 800-jährige Raubbau am Waldbestand sowie das Verbrennen des niederen Buschwerks und die nachfolgende Wasser- und Winderosion führten ab ca. 2200 v.Chr. zu einer ökologischen und wirtschaftlichen Katastrophe in Palästina. Am Ende der Frühbronzezeit brachen die einst blühenden Stadtkulturen zusammen und mit ihnen die gesellschaftlichen und religiösen Institutionen. Im palästinischen Kernland selbst existierten nur noch wenige Ansiedlungen mit dörflichem Charakter.

Während einer archäologischen Oberflächenforschung im Jordangraben auf der jordanischen Seite zwischen dem See Genezareth und dem Toten Meer wurden neben den bekannten frühbronzezeitlichen Ortslagen weitere 23 Städte und kleinere Ansiedlungen aus dem Chalkolithikum und der Frühbronzezeit entdeckt. In der nachfolgenden Epoche um 2200 v.Chr. und später gab es dagegen nur noch sieben dörfliche Siedlungen im Jordangraben. Aus dem typisch orientalischen Gesellschaftsbild – Städter, Bauern und Nomaden – waren die Städter verschwunden. Vor allem nomadische Hirten prägten den Alltag jener Zeit, die von den Archäologen und Historikern als die »nicht-urbane Zwischenzeit« (von ca. 2200-2000 v.Chr.) bezeichnet wird.

Jedoch dort, wo die jährlichen Niederschlagsmengen 250-300 mm Regen bringen, nämlich in den südl. und östl. Randgebieten Palästinas, existierten weiterhin kleine feste Ansiedlungen, manchmal mit »städtischem« Charakter, allerdings ohne Stadtmauer. Die dort lebenden Menschen gehörten dem halbnomadischen Milieu an. Ihre gesellschaftliche Struktur war geprägt von einem autarken Familienverband, wie er sich uns auch in den Patriarchenüberlieferungen zeigt. Im transjordanischen Hochland liegen mehrere wichtige Orte, die Kunde davon geben, daß hier Elemente der späteren frühbronzezeitlichen Kultur erhalten geblieben sind und sich mit neuen Einflüssen vermischt haben.

Diese Stätten (Abb. 41) bieten gewöhnlich dem Laien und Touristen wenig Interessantes. Die Überreste der »nicht-urbanen Zwischenzeit« sind spärlich und von den Archäologen schichtweise abgetragen worden, um frühere Hinterlassenschaften freizulegen. Für den Reisenden, der einfach einmal dort gewesen sein möchte und jene Plätze gesehen haben will, bietet sich dazu eine Reise auf der »King's Highway« nach S an. Er stößt im Wādī Wala zunächst auf Ḫirbet Iskander, das noch Ruinen aus der Mittelbronzezeit aufweist; dann kann er nach Passieren von

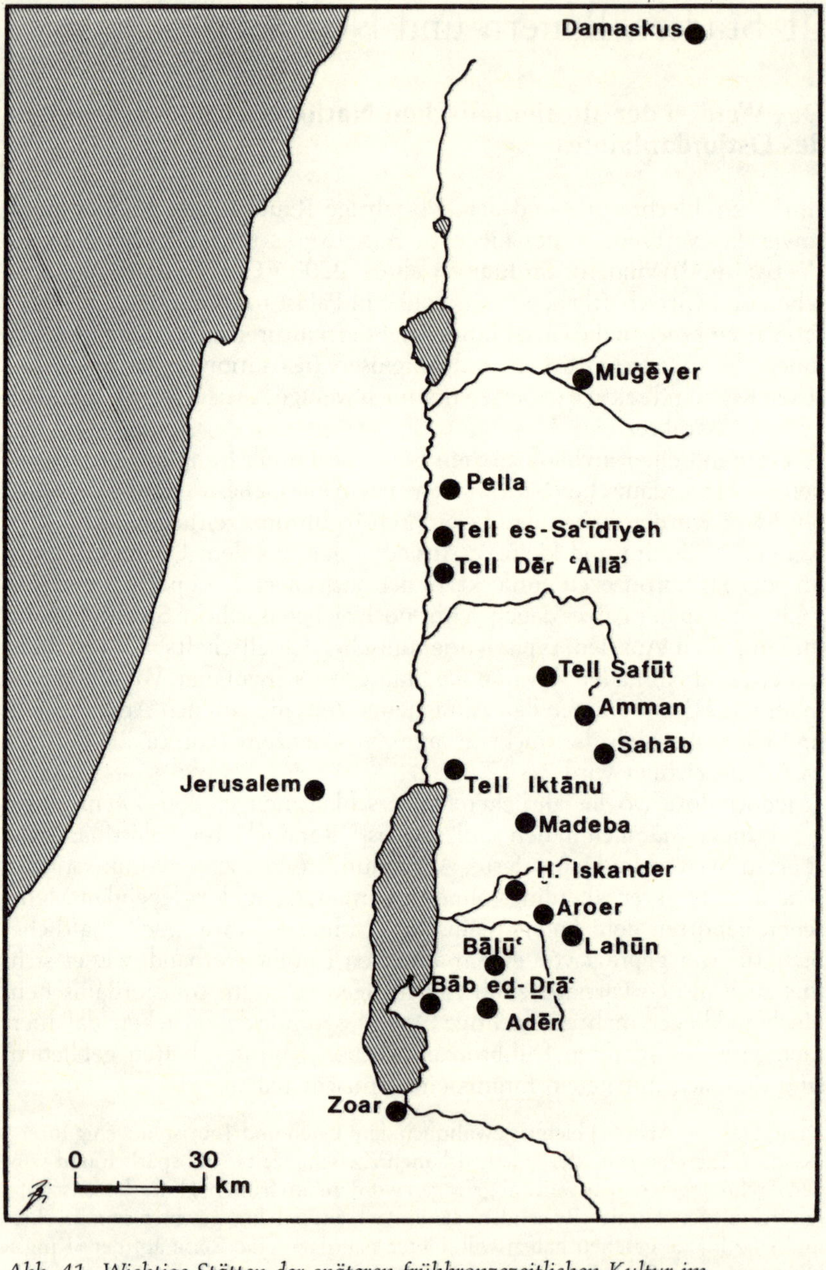


*Abb. 41: Wichtige Stätten der späteren frühbronzezeitlichen Kultur im transjordanischen Hochland*

Dibon auf einem Feldweg nach Ḫirbet ʿArāʿir gelangen, und nach Durchqueren des Arnontales etwa 10 km hinter der kleinen Stadt er-Rabba ein Hinweisschild nach ʾAdēr finden, das ihn zu einem weiteren Ort führt, an dem es in der »nicht-urbanen« Periode eine Ansiedlung gegeben hat. Einige der genannten Orte spielen auch in der biblischen Geschichte eine bedeutende Rolle, auf die weiter unten eingegangen wird.

## Neue Einflüsse aus Mesopotamien

Neben dem aus Bāb eḏ-Ḏrāʿ bekannten Breitraumhaus trat in der Übergangszeit von 2200-2000 v.Chr. ein neuer Haustyp in Erscheinung, der nicht eine Weiterentwicklung des Breitraumhauses darstellte, sondern von Einwanderern aus dem nordwestl. Mesopotamien mitgebracht worden war: das babylonische Hofhaus. Bei diesem Wohnhaus gruppieren sich die Räume um einen Hof. Die Anordnung kann jedoch unterschiedlich ausfallen, je nachdem ob der Hof zentral oder asymmetrisch lag (Abb. 42).

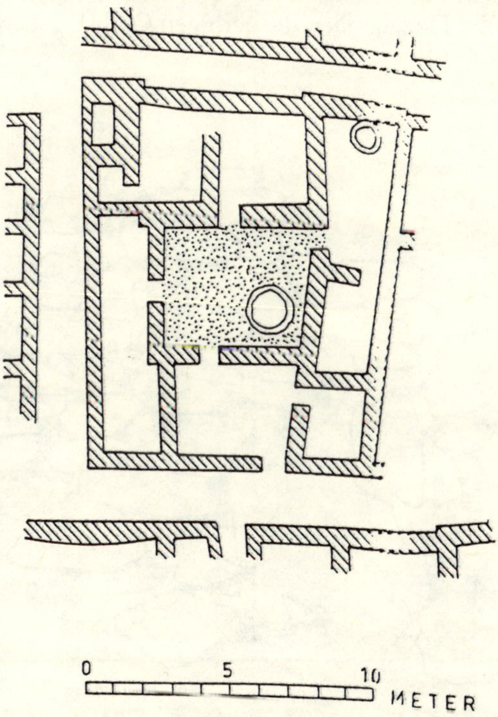


*Abb. 42: Ein typisches Hofhaus in Palästina (Megiddo; Fritz, 1985, S. 120)*

Dieser Haustyp war bereits im 3. Jt. v. Chr. in Mesopotamien heimisch und gelangte zunächst nach Syrien, dann, in der »nicht-urbanen Zwischenzeit«, in das Ostjordanland. Die einfachen Hausbauten der »nicht-urbanen« Periode sind anfangs zu einem Rechteck mit Hof zusammengestellt und ummauert worden. Weitere Räume wurden je nach Bedarf willkürlich hinzugefügt (Agglutinierung). In der nachfolgenden Epoche der Mittelbronzezeit (ca. 2000-1550 v. Chr.) bestanden die Wohnbauten aus klar gegliederten Einheiten, deren wichtigstes Merkmal aber weiterhin der zentrale Hof blieb.

Auch die Grabanlagen zeigen um 2200-2000 v. Chr. und danach den bereits erwähnten Fremdeinfluß. Zwar gibt es weiterhin die Schachtgräber der Frühbronzezeit, jedoch wurden nun auch einfache Steinkisten- und Hügelgräber angelegt. Große Friedhöfe sind recht selten, dafür finden sich viele Einzelgräber mit einer, höchstens aber mit drei Bestattungen. Auffallend ist, daß die Gräber nur wenige Keramikgefäße als Beigaben enthalten. Stattdessen hat man den Verstorbenen nur ihren Schmuck und ihre Waffen mitgegeben. Die Toten wurden in ihrer Kleidung beigesetzt, worauf die Gewandnadeln hinweisen, die sich in vielen Gräbern befanden.

Die Vielzahl der Einzelgräber, die geringen Grabbeigaben und die Tat-

*Abb. 43: Skizze des Tumulusgrabes am Toten Meer (vgl. Umschlagbild)*

sache, daß die Gräber verstreut im Lande angelegt worden sind, weisen darauf hin, daß es sich bei diesen Menschen hauptsächlich um Angehörige des nomadischen Hirtenmilieus handeln muß. Vermutlich ist der Fremdeinfluß bei den Bestattungsriten auch auf die Gruppen einsickernder Nomaden zurückzuführen, die im Zuge des Weidewechsels aus dem Raum Syriens und Mesopotamiens in das Ostjordanland gelangt sind.

Während einer archäologischen Oberflächenbegehung im Frühjahr 1983, die am Ostufer des Toten Meeres nördl. des Wādī Kerak durchgeführt wurde, sind etwa 250 Gräber entdeckt worden, die bislang mit keinem der bekannten Grabtypen aus der Mittelbronzezeit vergleichbar sind (Abb. 43). Die kreisrunden Grabanlagen sehen von weitem wie zerfallene Türme aus. Jedoch ist bei näherem Hinsehen eine klare Struktur erkennbar: die Grabwand ist vier bis sechs Steinlagen hoch und bildet einen Kreis, in dessen Mitte sich eine aus mehreren Steinblöcken errichtete Steinsäule erhebt, die zugleich eine Stütze für eine dachähnliche Konstruktion ist und so eine Seite des Grabinneren schützt (Umschlagbild). Manchmal umgibt eine Steinlage die gesamte Anlage, die bis zu zwei Meter hoch sein kann und mit der »Steinplattform« einen Durchmesser von 16 m erreicht.

Bei einer Testgrabung an einem kleinen Grab (Tf. 9) sind nur wenige brüchige Skelettreste entdeckt worden. Als »Grabbeigabe« fand sich nur ein kleiner Anhänger aus dem hinteren Teil einer Conus-Schnecke, die im Roten Meer vorkommt. Die im Durchmesser nur 2 m große Grabanlage hatte in ihrer Mitte einen aufrecht stehenden Stein, der jedoch keine tragende Funktion besaß. Vielleicht steht seine Setzung im Zusammenhang mit dem Bestattungsritus. Das Grab war nicht in die Erde eingetieft worden; der Körper des Toten lag in einer Erdmulde. Faustgroße Steine bedeckten den Verstorbenen. Mit ihnen hat man die ganze Kammer aufgefüllt.

Als Einzelgrab ist dieser Grabtypus in den Abhängen zum Toten Meer während der archäologischen Oberflächenbegehung mehrfach begegnet. Wahrscheinlich datieren diese einfachen Erdgräber in die »nicht-urbane Zwischenzeit« und sind somit ein weiterer Hinweis für die nomadische Lebensweise der ostjordanischen Bewohner jener Zeit.

Die dörflichen und kleinstädtischen Siedlungen im Ostjordanland waren aber nicht nur die Empfänger neuer mesopotamischer Architekturelemente und nomadischer Bestattungssitten, die sie nach W weiterreichten, sondern haben auch die Gestaltung fremder und somit neuartiger Kultstätten aufgenommen, die sich von den Tempelanlagen der Frühbronzezeit unterschieden. Reste dieser »offenen«, d.h. nicht an Gebäude gebundenen Kultanlagen, sind in Ḫirbet Iskander und in ʾAdēr gefunden worden; aber auch in der Nähe des römischen Lagers von el-Leǧǧūn existieren noch Überreste dieser Heiligtümer.

Ein wesentliches Merkmal jener Kultplätze sind die aufrecht stehenden Steine – Stelen oder Masseben (von hebr. *maṣṣebōt*) – die Sinnbild für die anzubetende Gottheit waren. Einige Stelen erreichen eine Höhe bis zu 4 m

*Abb. 44: Die Stelenreihe in Geser aus der Mittelbronzezeit (nach BRL, 207)*

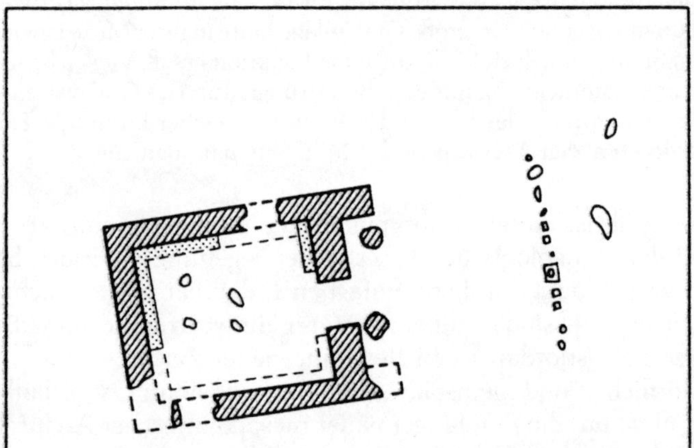


*Abb. 45: Stelenreihe vor dem mittelbronzezeitlichen Heiligtum von Tell Mūsā (Eisenberg, BA 40, 1977, S. 80)*

(z.B. in 'Adēr, Tf. 10), manche sind mannshoch oder kleiner. Eine ganze Stelenreihe (10) mit Trögen und Becken für Opfer (?) ist in Geser entdeckt worden (Abb. 44). Selbst kleine Dorfanlagen, wie z.B. in Tell Mūsā, hatten einen heiligen Tempelbezirk mit einer Reihe von Miniaturstelen davor (Abb. 45).

Während einer archäologischen Oberflächenforschung ist 1983 in Jordanien in dem unwegsamen Gelände der Gebirgsabhänge zum Toten Meer ein »offenes« Heiligtum entdeckt worden. Große Steinblöcke liegen in unregelmäßiger Kreisform (Durchmesser 19 m) um eine aufgerichtete Steinsäule mit einem rechteckigen Grundriß (0,80 x 0,60 m) und einer Höhe von 2,10 m (Tf. 11). Auf der Oberseite befindet sich eine schalenartige Vertiefung, die vermutlich Libationsopfer (Gieß- oder Trankopfer: Wasser, Wein, Öl) aufgenommen hat.

Ein weiteres Steinobjekt, das ebenfalls einem alten Stelenheiligtum zugeordnet werden muß, ist 1985 in der Nähe des kleinen jordanischen Dorfes el-Faqūʿ entdeckt worden. Der 2,90 m lange behauene Basaltblock liegt neben den Resten einer Steinpflasterung. Seine Standseite ist flach und glatt. Der ovale bis runde Durchmesser variiert zwischen 0,45-0,80 m. Die Dorfbewohner berichteten, daß man vor ca. 30 Jahren die Inschrift auf dem Stein entfernt habe, weil sie »jüdischen« Ursprungs gewesen sei; daher wird dieser Stein noch heute als Haǧǧār el-Yahudīeh (»Judenstein«) bezeichnet. Trotz intensiver Befragungen waren die Teile der abgeschlagenen Inschrift nicht mehr zu beschaffen – wenn es sie überhaupt gegeben hat.

Diese und auch die bereits oben erwähnten »offenen« Heiligtümer werden einer nomadischen Gesellschaft zugeschrieben, die, nicht ortsgebunden, ihre Heiligtümer und Altäre überall dort errichtet hat, wo die wandernden Familien und Sippen einen vorübergehend festen Wohnsitz gewählt hat-

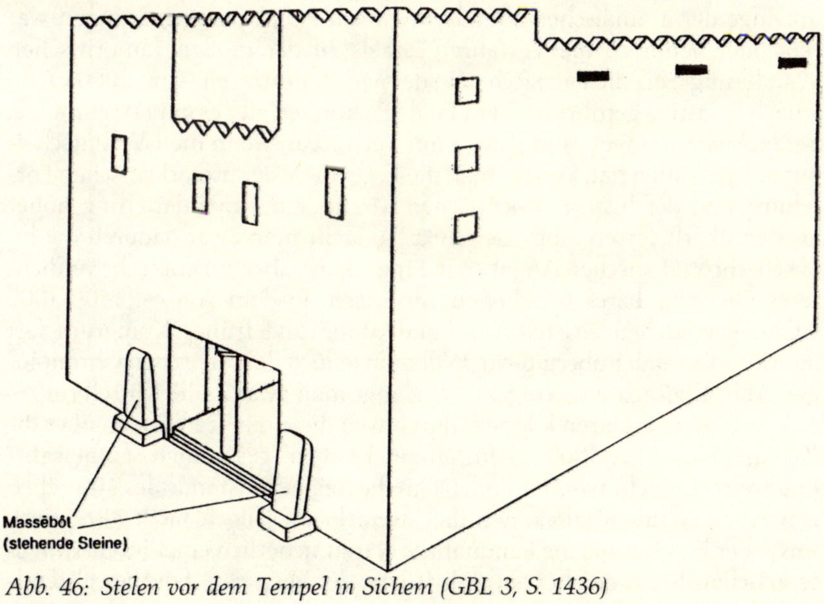


*Abb. 46: Stelen vor dem Tempel in Sichem (GBL 3, S. 1436)*

ten. In der späteren Mittelbronzezeit (ab ca. 2000 v.Chr.) haben sich dann auch Tempel des syrischen Langhaus-Typus, dessen Eingang an der Schmalseite des Gebäudes lag, diesen offenen Heiligtümern hinzugesellt. Der Tempel wurde von der späteren, inzwischen seßhaft gewordenen Bevölkerung errichtet. Die alten Sinnbilder für die Gottheiten blieben jedoch erhalten und wurden, wie in Sichem, an dem Tempeleingang aufgestellt (Abb. 47).

Aus dem Gesamtbefund der offenen und nicht stationären Kultstätten der Mittelbronzezeit ergibt sich, daß Traditionen unterschiedlicher Art und Herkunft hier miteinander verschmolzen sind. Frühbronzezeitliche Traditionen, syrische Tempeltypen und religiöse Vorstellungen und Praktiken aus dem Nomadenmilieu sind um 2000 v.Chr. zusammengeflossen und prägten in der Folgezeit die kanaanäische Religion und den kanaanäischen Lebensstil, den Israel, Ammon, Moab und Edom angenommen, aber auch abzuwehren versucht haben.

## Das religiöse und soziale Milieu der Patriarchen Israels

Bei der Antwort auf die Frage nach der Historizität der Erzväter Abraham, Isaak, Jakob und Josef sind die Atl. Wissenschaft und die Biblische Archäologie immer noch in zwei Lager gespalten. Waren die Patriarchen frühe Angehörige der »wandernden Aramäer« (5Mo 26,5), die um 1400 v.Chr. im Zuge der aramäischen Wanderung nach Palästina eingedrungen waren, oder gehörten die Vorfahren Israels zu der großen »amoritischen Wanderung«, die die Patriarchen in der Mittelbronzezeit – um 2000 v.Chr. – nach Palästina geführt hat? Für beide Positionen gibt es gute Argumente. Beide Anschauungen sind jedoch nur vertretbar, wenn man Vorentscheidungen getroffen hat. Wertet man die Ergebnisse der literarkritischen Forschung und der historisch-kritischen Methode der Spätdatierung höher als den überlieferten biblischen Text, so stellt man zwar dadurch die biblisch-chronologischen Angaben in Frage, kann aber auf ein recht verdichtetes überschaubares Geschehen verweisen, in dem von ca. 1400-1000 v.Chr. Patriarchenzeit, Exodus, Landnahme und frühes Königtum fast nahtlos ineinander übergingen. Will man jedoch der biblischen Chronologie (Abb. 47) Rechnung tragen, so gelangt man zwar in die Mittelbronzezeit, muß aber erklären können, durch wen die alten Traditionen über die Patriarchen bis ca. 1000 v.Chr. aufgeschrieben, gesammelt, aufbewahrt und weitergereicht worden sind. Denn die Begleitumstände des 400-jährigen Ägyptenaufenthaltes, den die Literarkritik jedoch nicht akzeptiert, sowie der Exodus und die Landnahme waren sicherlich einer intensiven literarischen Tätigkeit eher abträglich. Und der Verweis auf die bewahrende

| | |
|---|---|
| ca. 965 v.Chr. | Beginn des Tempelbaus im 4. Jahr Salomos, dem 480. Jahr des Exodus: 1Kön 6,1 |
| ↓ 480 | |
| 1445 v.Chr. | Exodus Israels aus Ägypten |
| ↓ 430 | |
| 1875 v.Chr. | Die Söhne und Stämme Jakobs leben 430 Jahre in Ägypten: 2Mo 12,40; 1Mo 15,13 |
| ↓ 130 | Jakob ist 130 Jahre alt, als er 1875 v.Chr. nach Ägypten kam: 1Mo 45,6; 47,9 |
| 2005 v.Chr. | Jakobs Geburt |
| ↓ 60 | Isaak war 60 Jahre alt, als Jakob geboren wurde: 1Mo 25,26 |
| 2065 v.Chr. | Isaaks Geburt |
| ↓ 100 | Abraham war 100 Jahre alt, als Isaak geboren wurde: 1Mo 21,5 |
| 2165 v.Chr. | Abrahams Geburt<br>Abraham war 75 Jahre alt, als er und Lot nach Kanaan kamen: 1Mo 12,4 (2090 v.Chr.) |

Diese Angaben der biblischen Chronologie erheben keinen Anspruch auf eine dem Jahr exakte Entsprechung. Jedoch datieren sie die Patriarchenzeit früh – in die Mittelbronzezeit – was den historisch-archäologischen Erkenntnissen von Nomadenleben, Infiltration und Einfluß mesopotamisch-syrischer Kulturen bzgl. Ostjordanland und Palästina nicht widerspricht.

(nach J. H. Walton, Chronologische Tabellen)

*Abb. 47: Angaben zur biblischen Chronologie der Patriarchenzeit*

Hand Gottes verdient zwar Respekt als Glaubenszeugnis, beantwortet aber nicht die legitimen Fragen der Wissenschaftler. Es wird daher wohl noch einige Zeit dauern, bis man überzeugend eine der beiden Positionen als nicht haltbar ablegen kann. Hier haben wir aber das a priori der Entscheidung zugunsten der biblischen Chronologie getroffen.

Jene Forscher, die für eine Frühdatierung der Patriarchen eintreten, haben sich inzwischen von der Auffassung gelöst, daß die Erzväter im Zuge einer großen »amoritischen Wanderung« nach Palästina gelangt sind. Um ca. 2600 v.Chr. hat im ganzen Vorderen Orient eine ständige Infiltration von semitischen Nomaden in das Kulturland begonnen, durch die offenbar viele Fremdeinflüsse aus Nordmesopotamien und Syrien zunächst nach Transjordanien und dann nach Kanaan mitgebracht worden sind. Dieser Vorgang ist im Rahmen des sozio-ökologischen Milieus des Nomadenlebens zu deuten, wonach größtenteils friedliche Stämme in den Nischen der Lebensräume des Kulturlandes sich niedergelassen haben (vgl. Kap. I, S. 21f.). So sind beispielsweise die späteren Hyksos, die »Herrscher der Fremdländer« in Ägypten, zusammen mit anderen Völkern (z.B. Hetiter) zur Ruhe gekommene Nomaden, die in Ägypten ein Weltreich regierten.

Der aus dem AT bekannte Begriff »Amoriter« bezeichnet eine westsemitische Bevölkerungsgruppe, die bereits vor den palästinischen Kleinstaaten in Palästina gelebt hat. Der Name »Amoriter« stammt aus dem Akkadischen *amurru* (oder sumerisch MAR.DÚ) mit der Bedeutung »Westliche«, daher west-semitische Volksstämme. Man traf auf die Amoriter besonders im Ostjordanland (4Mo 21,13; 32, 33-39; 5Mo 4,46; 31,4; Ri 11, 19-23), auf dem westpalästinischen Bergland (5Mo 1,7.19.20) und im südl. Westpalästina (5Mo 1,27.44). Um 2100 v. Chr, hatte man in Mesopotamien eine Mauer gegen die MAR.DÚ-Beduinen gebaut; ebenfalls in Ägypten, wie der Bericht des Sinuhe zeigt.

Die Amurru/Amoriter waren nicht kriegerisch. Sie hatten den Vorteil des nomadischen Alltags, als in Palästina gegen Ende der Frühbronzezeit die Stadtkulturen zusammenbrachen. Der Zugang der Amurru-Nomaden nach Palästina erfolgte somit über das Nomadentum. Fremde Kulturelemente wurden mitgebracht.

Bemerkenswert ist noch, daß uns viele dieser Amurru bekannt sind, von denen einige bekannte biblische Namen trugen: A-bi-ra-mi (Abram), Ya-ʿqb-ʾil (Jakobel), Beni-Yamina (Benjamin). Die Verbreitung dieser Namen um 2000 v.Chr. ist ein Hinweis auf die Anwesenheit des westsemitischen Bevölkerungselements im Vorderen Orient, zu dem auch die Patriarchen gehörten.

Zeitgleich mit der amoritischen Infiltration nach Transjordanien und Westpalästina ist das Auftreten der oben beschriebenen neuen Haus- und Tempeltypen, neuer Bestattungsriten und »offener« Kultplätze. Diese »fremdkultischen« Elemente sind in dem Milieu der Patriarchen selbstverständlich. Die Erzväter Israels lebten als Nomaden in Zelten und bauten Altäre als »offene« Kultstätten (1Mo 12,7.8; 13,18; 26,25; 33,20); sie errichteten Steine (*maṣṣebōt*) als Orte der Anbetung ihres Gottes (1Mo 28,22; 31,45-54; 35,14). Auch Bäume waren Teil der »offenen« Kultanlage und wurden bei Vertragsabschlüssen gepflanzt, wenn die Gottheit angerufen wurde (1Mo 21,33; 12,6). Die oben skizzierte nachweisbare Ankunft neuer Kult- und Lebenselemente in der nicht-urbanen Mittelbronzezeit entspricht somit durchaus der biblisch-chronologischen Fixierung der Patriarchen lange vor dem Exodus und der Landnahme. Die Beziehung zum nordwestsemitischen Raum (Haran), von woher auch die »Amurru« stammen, dem Ausgangspunkt der Wanderung Abrahams nach Palästina, wird noch dadurch betont, daß Isaak seine Frau von dort her bekommt, und Jakob bei Laban in Haran Zuflucht sucht. Josua weiß noch von der ursprünglichen Heimat der israelitischen Erzväter, die »jenseits des Euphrat« gelebt hatten (Jos 24,2).

Die Beziehungen der Patriarchen zum Ostjordanland sind jedoch nicht sehr intensiv gewesen. Außer Lot und seinen Nachkommen, den Moabitern und Ammonitern, sowie Jakob, der kurzzeitig im N zu lokalisieren ist (s.u.) und seinem Bruder Esau, dem Stammvater der Edomiter, finden sich keine Bezüge der Patriarchenzeit zum Ostjordanland. Hingegen sind die judäischen Berge und vor allem das Südland (Negeb) um Beerscheba Zentren der Patriarchenfamilien. Die Verbindungen zum Ostjordanland sind in der Frühzeit der biblischen Geschichten nur indirekt im Rahmen der Loterzählungen nachweisbar.

## Lot im Ostjordanland

Nach der Rückkehr aus Ägypten kam es zwischen Abraham und Lot zu einem Streit über Weidegebiete. Dies war und ist noch immer ein häufiges Problem in nomadischen Gesellschaften, vor allem dann, wenn die Herden der Familien zu groß geworden waren (vgl. Laban und Jakob, 1Mo 30,30.43; 31,1.2.). »Steht dir nicht alles Land offen? Trenne dich von mir!«, sagte Abraham zu Lot (1Mo 13,9). Lots Wahl fiel auf die wasserreiche Gegend der Jordanebene (*kikar hayyarden,* »kreisrundes Gelände des Jordan«) bis Zoar/Bela. Lot lebte zunächst in Zelten entsprechend seiner Tätigkeit als Kleinviehzüchter, die ihn zu einer nomadischen Lebensweise zwang. Zunächst wanderte er am unteren Jordan (1Mo 13,12) bis er schließlich nach S an das Salzmeer zog, zu seinem Unglück bis nach Sodom (1Mo 14,12).

Welche Gegend ist nun mit der »Jordanebene« gemeint? Wo lagen Sodom und Gomorra? Diese Fragen haben Wissenschaftler und kundige Laien seit der Erforschung des Ostjordanlandes immer wieder gestellt. Endgültiges läßt sich dazu immer noch nicht sagen. Aber das in den Lotgeschichten durchleuchtende Lokalkolorit einer zunächst wasserreichen, dann, nach der Katastrophe, erbarmungslos wüsten Gegend, ist gerade für dieses Gebiet des Jordangrabens am Südende des Toten Meeres sehr treffend wiedergegeben.

Trotz einiger Versuche, Sodom und Gomorra am Nordende des Toten

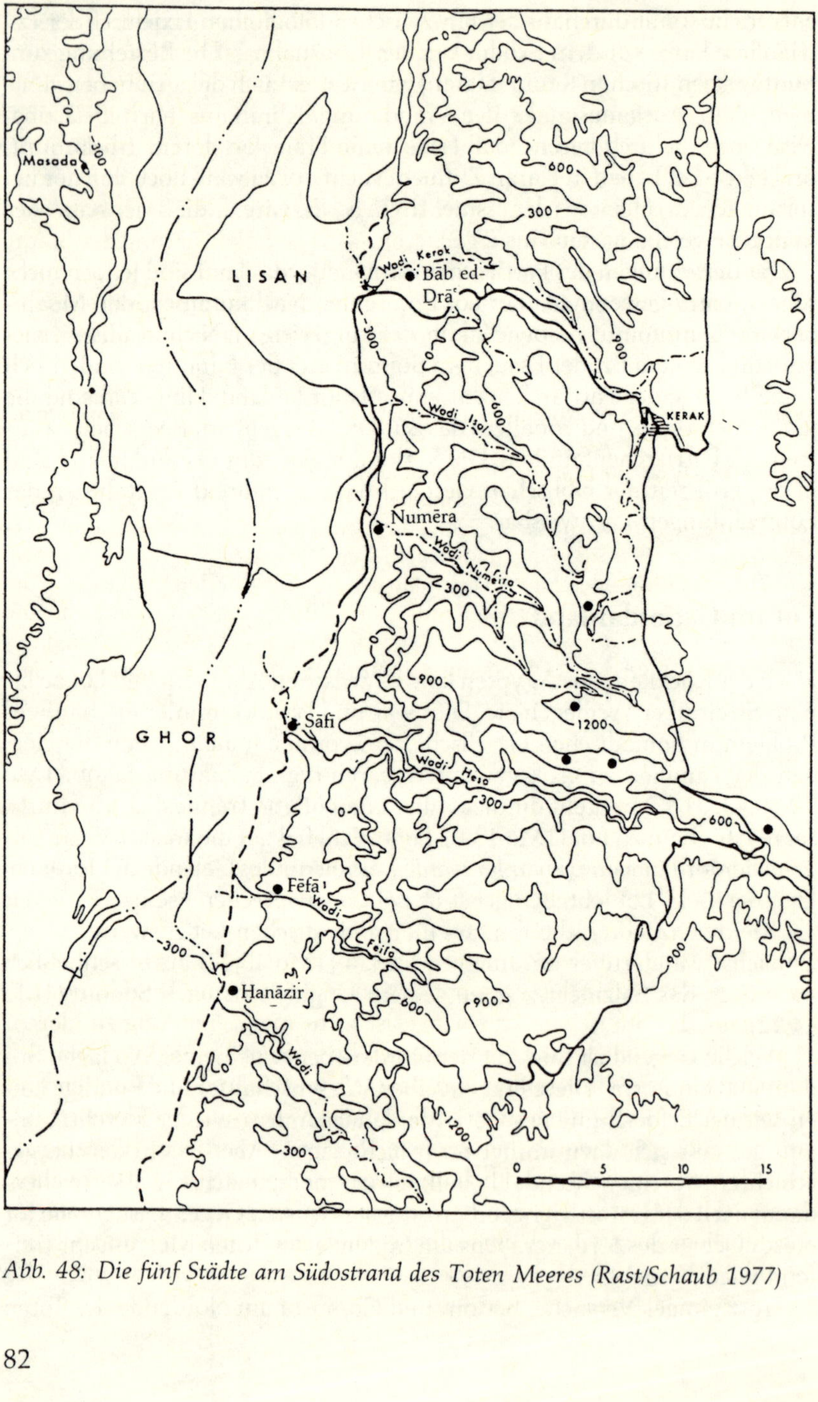


*Abb. 48: Die fünf Städte am Südostrand des Toten Meeres (Rast/Schaub 1977)*

Meeres zu lokalisieren, hat sich inzwischen die Auffassung durchgesetzt, daß diese Städte und der Schauplatz der Katastrophe ihres Untergangs am Südrand des Toten Meers, im ehemaligen Tal Siddim, gelegen haben (1Mo 13; 19). Diese Meinung wurde noch vertieft, als man im Jahre 1972 während einer archäologischen Oberflächenuntersuchung fünf frühbronzezeitliche Städte am Südrand des Toten Meeres entdeckte, die alle etwa zur selben Zeit existierten und zerstört worden sind, wie dicke Brandschichten in den Bewohnungsflächen zeigen (Abb. 48). Die Lokalisierung der Städte der Jordanebene, dem »kreisrunden Gelände« an der Südseite des Toten Meers, trifft somit in der Tat den geographischen und historischen Sachverhalt: Lot wohnte bei den Städten am Jordan bis er sich in Sodom niederließ.

Wie bereits oben (S. 64) zu Bāb eḏ-Ḏrāʿ bemerkt, lohnt sich ein Besuch im Jordangraben am Südende des Toten Meeres nur für den, der archäologisch interessiert ist und den alten, noch nicht vollständig ausgegrabenen Ruinen etwas abgewinnen kann, und wenn es nur der verständliche Wunsch ist, einmal »dort gewesen zu sein«. Mit einem arabischen Führer sind die Städte Bāb eḏ-Ḏrāʿ, Numēra, Ṣāfī, Fēfā und Ḫanāzir leicht zu finden und zu besuchen. Die Lage dieser fünf frühbronzezeitlichen Städte auf Bergkuppen oberhalb der gut asphaltierten Straße durch das Wādī ʿAraba hat neuerdings zu der Auffassung geführt, daß es sich um jene fünf Städte handelt, die von den vier mesopotamischen Invasoren geplündert und zerstört worden sind (1Mo 14,2: Sodom, Gomorra, Adma, Zeboim und Bela/Zoar): die Lokalität dieses Geschehens ist das Tal Siddim, »wo nun das Salzmeer ist« (1Mo 14,3). Demnach könnte man durchaus an die Gegend am Südende des Toten Meeres denken und die Ruinen als archäologische Zeugnisse dieser Auseinandersetzung betrachten. Als problematisch erweist sich nur die chronologische Ansetzung; die Städte sind vermutlich bereits um 2100 v.Chr. verlassen worden. Folgt man der frühestmöglichen Datierung der Patriarchen, so könnten Abraham und Lot an diesem Geschehen nach dem biblischen Bericht teilgenommen haben, obwohl die Zeitklammer sehr eng ist.

Die Zerstörung von Sodom und Gomorra wird biblisch-chronologisch nach dem Kriegszug der mesopotamischen Könige angesetzt. Was den Untergang der Städte verursacht hat, ist nicht mehr eindeutig zu klären. Man hat immer wieder auf die Existenz schwefel- und asphalt(»erdharz«-)-haltiger Massen von Knollen und Brocken im Boden, in Erdspalten und im Toten Meer selbst hingewiesen, die mit der Vernichtung Sodoms in Zusammenhang gestanden haben mögen. Die »Erdharzgruben« (Bodenspalten) werden ja auch ausdrücklich im biblischen Text (1Mo 14,10) erwähnt. Dieses Material ist in Gruben bzw. Erdspalten aufgestiegen, was solange ungefährlich war, bis durch ein Erdbeben die Spalten aufrissen und Schwefel und Asphalt mit großem Druck an die Erdoberfläche gepreßt und in die Atmosphäre geschleudert wurden.

»Solche großen tektonischen Beben geben nun den in der Tiefe eingeschlossenen Gasen, Thermen, petroleum- und asphaltartigen Massen ebenso wie auch den etwaigen feuerflüssigen Lavamassen besonders günstige Gelegenheit, durch die frisch geöffnete Gasse der Spalten emporzudringen zum Lichte des Tages ...

... Ein zündender Blitzstrahl, wie er durch Psalm 11,6, sowie TACITUS hist. V 5, und JOSEPHUS bell.jud.IV, 8.4 nahegelegt wird, ist nicht unbedingt nötig, um die Flamme hervorzurufen, wenn auch das Auftreten eines Gewitters keineswegs ausgeschlossen sein soll, wie solches ja oft mit Erdbeben und vulkanischen Eruptionen (am Vesuv) gleichzeitig verbunden ist. Jedenfalls konnte die ganze Luft über der geöffneten Spalte leicht plötzlich in Flammen stehen, und die verheerende Katastrophe brach mit doppelter Gewalt über die unglücklichen ›Einwohner der Städte und was auf dem Lande gewachsen war‹ herein. Mit den Gasen aber mochte ganz wie auch bei den heutigen Erdbeben zugleich Asphalt und vielleicht Petroleum emporgestiegen sein, was natürlich ebenfalls in Brand geriet. Bei deren Verbrennung stieg Rauch auf, den Abraham vom Judäaplateau her erblickt haben soll, und der aussah wie ein ›Rauch vom Ofen‹.

Zugleich wird sich ein starker Schwefelgeruch entwickelt haben, Schwefeldioxydgase oder schweflige Säure, die bei der Verbrennung des Schwefelwasserstoffs entstand. Da nun die sonstigen atmosphärischen Erscheinungen, wie Regen, Hagel und Schnee von oben herabzukommen pflegen, so sagt die Erzählung Gen. 19,24, daß es Schwefel und Feuer ›vom Himmel herab‹ auf Sodom und Gomorrha ›geregnet‹ habe. (Blankenhorn, 1896, S.58)

Vermutlich ist die Katastrophe kurze Zeit nach dem Krieg mit den mesopotamischen Königen eingetreten, denn Sodom wird noch als eine befestigte Stadt mit Tor geschildert (1Mo 19,1), was sie jedoch mit dem Beginn der nicht-urbanen Zwischenzeit, spätestens um 2050 v.Chr., nicht mehr gewesen sein dürfte. Allerdings muß bedacht werden, was oben über die weiterbestehenden Stadtkulturen im Ostjordanland auch während der nicht-urbanen Zwischenzeit gesagt wurde: städtische, bäuerliche und nomadische Gesellschaften haben in ihren dörflichen und städtischen Zentren länger existiert als in Westpalästina. Daß Lot, der Wanderhirte, plötzlich in Sodom seßhaft wurde, widerspricht ebenfalls keineswegs der nomadisch-halbnomadischen Lebensweise, denn bis heute ist es in den Randgebieten des Kulturlandes und der Steppe üblich, daß die Stammeselite seßhaft ist, während die Unterstämme und deren Familien saisonal bedingte Wanderungen durchführen. So wohnen z.B. die gegenwärtigen Scheichfamilien des Stammes der Meǧāli in el-Qaṣr und er-Rabbā, während andere Stammesmitglieder bis zum Fluß Zered (Wādī el-Ḥesā) mit ihren Herden und in Zelten witterungs- und klimaabhängige Wanderungen auf der Suche nach Weideland unternehmen (vgl. auch Abraham, der in Gerar wohnte, als seine Hirten mit den Hirten Abimelechs über Wasserbrunnen im Weidegebiet in Streit gerieten, 1Mo 21,22-34).

Auf Anweisung der Engel floh Lot aus Sodom nach Zoar (1Mo 19,17-

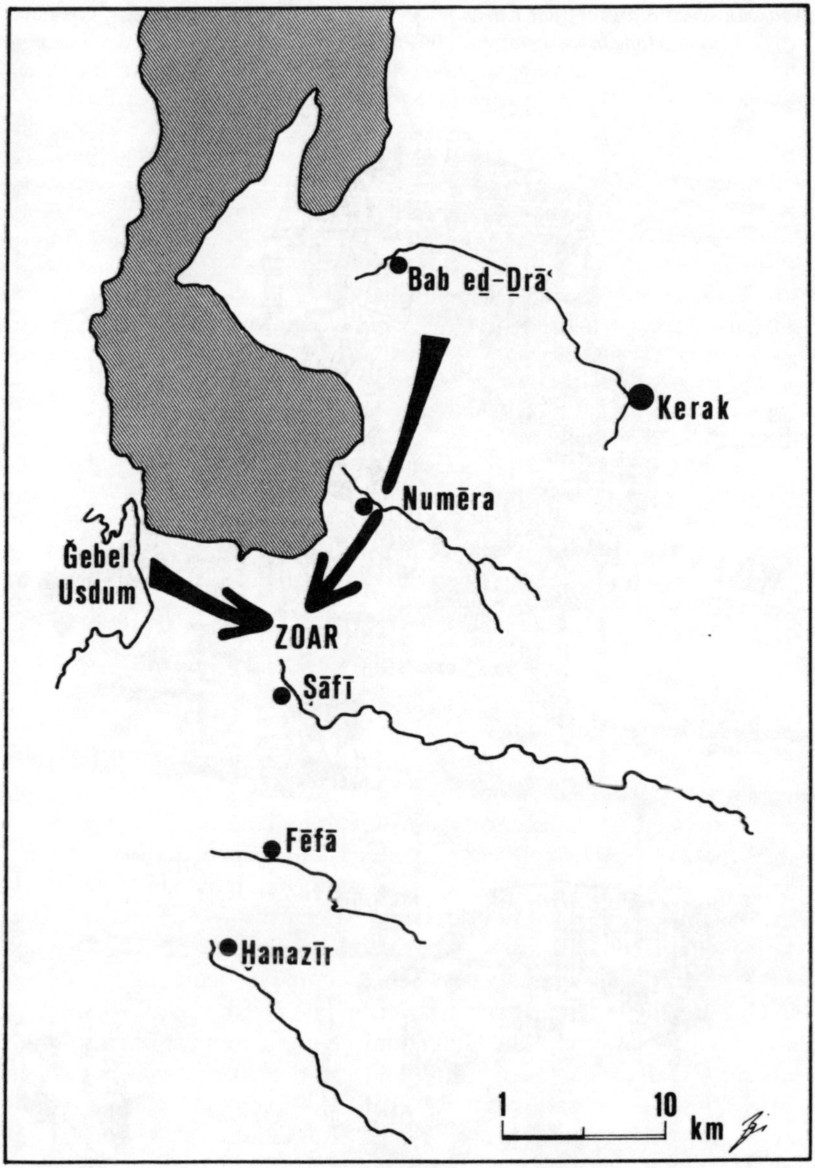


*Abb. 49: Mögliche Fluchtwege Lots nach Zoar*

*Abb. 50: Gesamtansicht der Karte von Madeba*

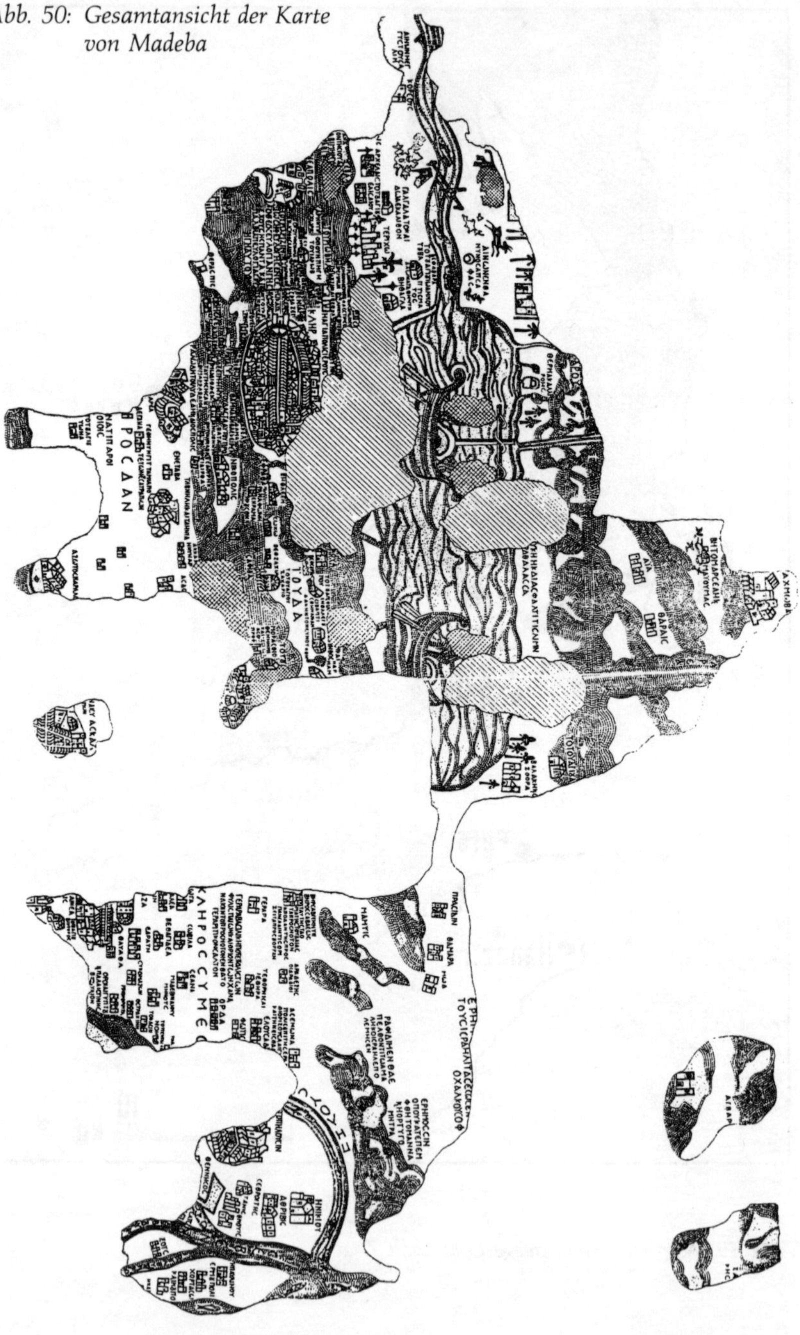

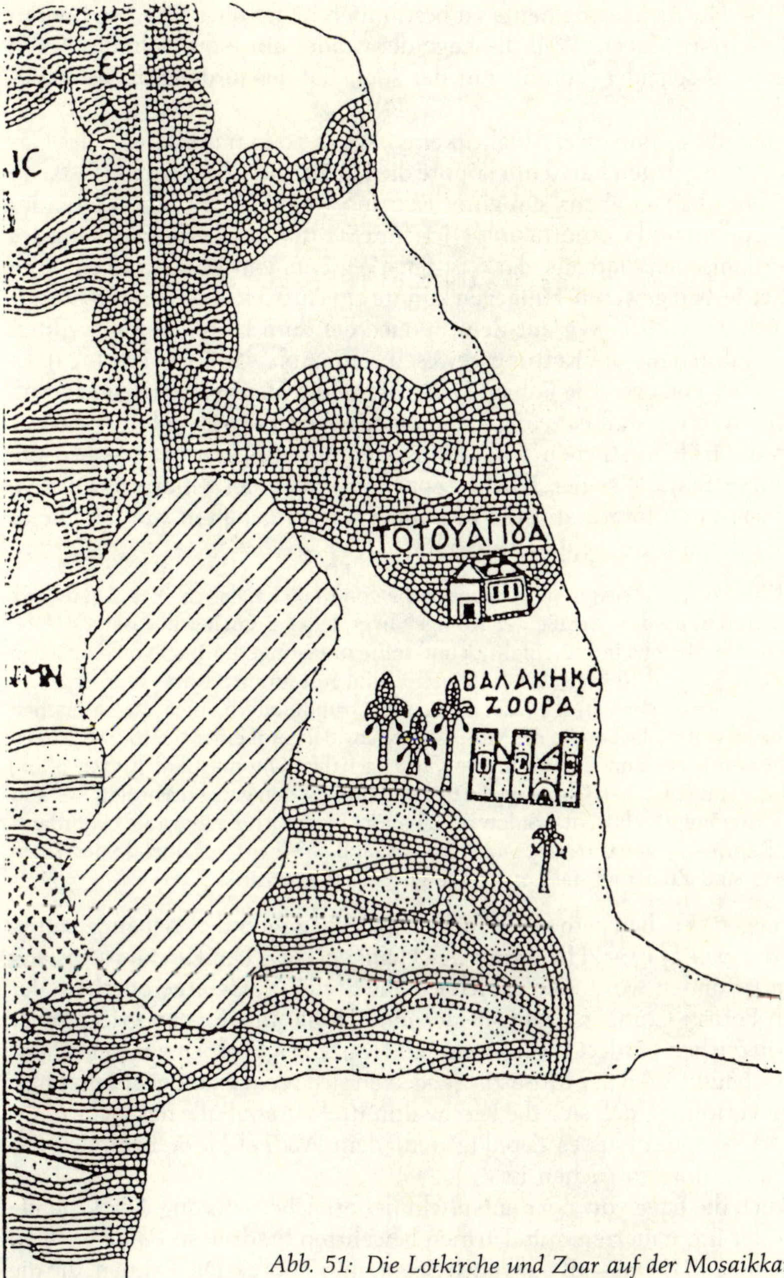


*Abb. 51: Die Lotkirche und Zoar auf der Mosaikkarte von Madeba (Donner/ Cüppers, Abb. 6)*

23). Die Fluchtrichtung heute zu bestimmen hängt davon ab, wo Sodom und Gomorra lagen. Weil die Lage der Städte am Nordende des Toten Meeres ausscheidet, kommt nur der südl. Teil des Jordangrabens in Betracht.

Hier gibt es nun zwei Möglichkeiten: wenn Sodom im Bereich des Ǧebel Usdum gelegen hat, dann könnte die Flucht nach Zoar, an die Ostseite des Tote Meer-Grabens, ein guter Rettungsweg gewesen sein. Waren jedoch Sodom und Gomorra unter den fünf Städten am Gerbirgsabhang des ostjordanischen Plateaus, dann ist der Weg Lots von W nach O ein Weg ins Verderben gewesen. Hingegen könnte ein Ausweichen Lots von N nach S, nach Zoar also, weg aus dem Bereich der zum Untergang geweihten Städte, durchaus die Rettung gewesen sein (Abb. 49; 1Mo 19,21-23). Es gibt daher Forscher, die Bāb eḏ-Ḏrāʿ mit Sodom gleichsetzen. Jedoch muß betont werden, daß es dafür keine eindeutigen Beweise gibt.

In der frühchristlichen Tradition ist der Aufenthaltsort Lots sowie die vorletzte Station seiner Flucht, Zoar, auf einer der eindrucksvollsten, schönsten und informativsten Mosaikkarten festgehalten worden, die es im Vorderen Orient gibt (Abb. 50).

Die Karte befindet sich in der Georgskirche von Madeba, das ca. 30 km südwestl. von Amman an der »Straße der Könige« liegt. Jeder Besucher des Berges Nebo muß durch Madeba hindurchfahren und sollte unbedingt die 1965 von deutschen Archäologen und Restauratoren gerettete und restaurierte Karte betrachten.

Die Georgskirche wurde im 19. Jh. auf den Grundmauern einer byzantinischen Kirche errichtet, die bereits die Mosaikkarte enthielt. Auf einer 6 x 15,5 m großen Fläche wurde etwa um 550 n.Chr. die Karte nach dem Onomastikon (Ortslexikon) des Eusebius (ca. 320 n.Chr.) angefertigt und umfaßt den ganzen Vorderen Orient von Unterägypten bis nach Sidon im Libanon. Leider ist der zentrale ostjordanische Raum sehr zerstört, fast gar nicht vorhanden. Aber am Südende des Toten Meeres sind Zoar und die Lot-Kirche gut zu erkennen (Abb. 51).

Die Legende neben dem als einfache Kirche zu deutenden Gebäude lautet: *to tou agiou L[ot]* – »Heiligtum des Heiligen Lot«. Die Kirche ist bislang nicht gefunden worden, obgleich es eine Stelle im Gebirge oberhalb der Arab Potash Company gibt, in der eine Höhle mit Resten griechischer Schriftzeichen entdeckt worden ist. Die Karte zeigt jedoch ein freistehendes Gebäude. Weil der Mosaizist jedoch an sich recht exakt gearbeitet hat, ist zu vermuten, daß sich die Kirche unmittelbar am Fuße des Gebirgsabhanges südl. des Flusses Zered (Zared), dem Wādī el-Ḥesā, befunden hat und auch dort zu suchen ist.

Auch die Lage von Zoar entspricht der atl. Überlieferung. Die Legende über der ummauerten, mit Türmen bewehrten Stadt liest: *Balak g e k[ai] S[egor e nun] Zoora* – »Balak, auch Segor, nun Zoora«. Die Palmen, die die Stadt umgeben, deuten auf eine Oase hin, die sich heute noch recht ausgedehnt südl. des Toten Meere befindet und die in einem krassen Gegensatz zu der heißen, feindseligen und unfruchtbaren Gebirgslandschaft steht, die sich beiderseits des Südteils des Toten Meeres nach N und S hin ausdehnt.

Zoar, das frühere Bela, ist vermutlich mit der Ḫirbet eš-Šēḫ ʿIsa identisch. Die Ruine liegt etwa 9 km südöstl. des Toten Meeres inmitten einer grünen Oase, dem heutigen eṣ-Ṣāfī. Die topographischen Angaben in 1Mo 19,17.30, wonach Lot mit den Seinen auf das Gebirge floh und zunächst in einer Höhle wohnte, entsprechen den tatsächlichen Gegebenheiten. Offenbar verließ er Zoar in Richtung O und gelangte bald in die Gebirgsabhänge des jordanischen Plateaus. Seine Töchter wurden von ihm schwanger; sie gebaren die Stammväter der Moabiter und Ammoniter, deren Nachfahren sich in diesem Gebiet bis zum Nordende des Toten Meeres im Verlauf einiger Jahrhunderte ausgebreitet und zu Kleinstaaten formiert hatten.

## Die Rastorte Jakobs in Gilead

In der Mittelbronzezeit II (ca. 2000-1550 v. Chr.) nahm die Besiedlung früherer und der Aufbau neuer Orte an Quellen, Bächen und Flüssen in ganz Palästina wieder zu. Schon um 1900 v. Chr. waren die Stadtkulturen vor allem in Westpalästina erstarkt und das typisch orientalische Gesellschaftsbild war wieder vorhanden: Städter, Bauern und Nomaden.

Das Land Gilead im N des Ostjordanlandes war zu jener Zeit noch recht dünn besiedelt, ebenso der S. Bei seiner Heimreise von Haran durch das ostjordanische Territorium hat Jakob daher die inzwischen etablierten Stadtstaaten in Kanaan gemieden (Abb. 52). Auf dem Gebirge Gilead (bei Ramot in Gilead?) schlug Jakob sein Zeltlager auf. Hier holte ihn auch Laban ein, der von seinen Töchtern die gestohlenen Hausgötter zurückforderte (1Mo 31). Der Ort dieses Zusammentreffens ist nicht bestimmbar. Lediglich der Vertragsabschluß zwischen den versöhnten Parteien hatte namensgebenden Charakter und war von daher bedeutungsvoll: Gilead – das »Steinzeugnis« Jakobs (hebr. *gal ʿēd,* »Hügel des Zeugnisses«, 1Mo 31,47f) gab diesem Landstrich von jenem Ereignis her seinen Namen. Die begleitenden rituellen Handlungen des Vertragsabschlusses, der ja auch ein religiöser Akt war, sind typisch für die oben erwähnten »neuen« Religionspraktiken in Palästina: ein Steinmal wird aufgerichtet, ein Steinhaufen wird aufgeschichtet (1Mo 31,51.52), und der persönliche Gott der beiden Vertragspartner wird angerufen (1Mo 31,53.54). Im nomadischen Milieu galten und gelten die Zeichenhandlung und das diese Handlungen be-

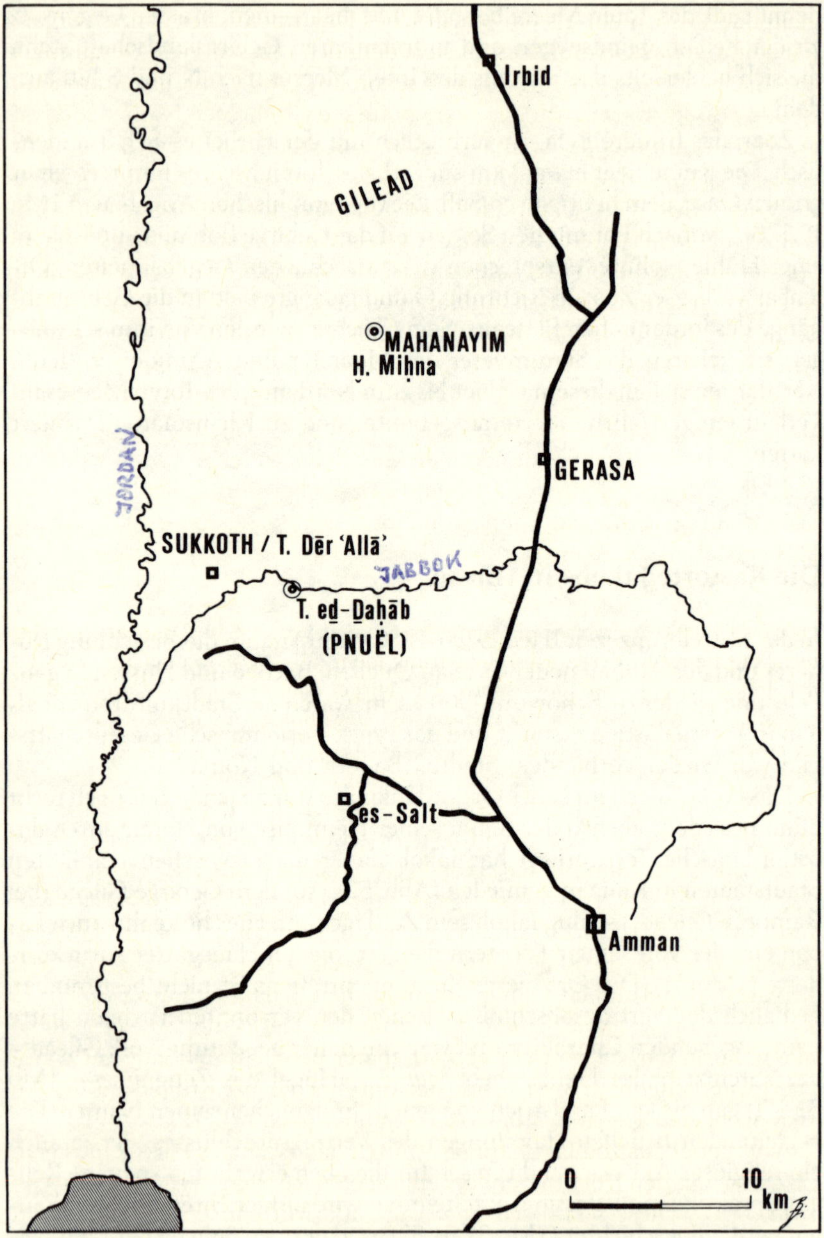


*Abb. 52: Stationen der Wanderung Jakobs durch das Ostjordanland*

gleitende Wort mehr als ein schriftliches Dokument. Der ganze Vorgang hat somit etwas Urtümliches an sich; dennoch müssen viele Detailfragen offenbleiben. So ist z.B. ungelöst, ob schon um 1900 v.Chr. die Aramäer in Syrien präsent waren, was der Text voraussetzt, denn den Namen, den der aus Haran stammende Aramäer Laban dem Steinhaufen gibt, ist ein aramäisches Wort: »Jegar-Sahadutha« (aram. *y^e gar sah^a dūta'*, »Steinhaufen-Zeugnis«, 1Mo 31,47). Auffallend ist auch, daß die Steinzeugen als Vertragssymbole in späterer Zeit wieder verschwunden sind, denn es fehlt die Formel »bis auf diesen Tag«, die zumeist die Nachfahren über die Herkunft solcher markanten Zeichen aufklären will (vgl. 1Mo 35,20b). Was jedoch bei der Begegnung Jakobs mit Laban bleibt, ist der Name für einen ganzen Landstrich: Gilead.

Nach diesem Ereignis erlebt Jakob wenig später eine Gottesoffenbarung: es wird ihm das Heerlager (hebr. *maḥ^a neh,* »Lager«) Gottes gezeigt (1Mo 32,3). Wiederum hält Jakob dieses Erlebnis in einer Ortsbenennung fest, die sich aber keinesfalls an eine damals bewohnte Siedlung binden lassen muß, wie manche Forscher meinen. Dennoch kann es sein, daß die Ḫirbet Maḥne, ca. 20 km nördl. des Jabbok (Nahr ez-Zerqā), im Bereich jenes Geschehens liegt.

Der in spätere kriegerische Auseinandersetzungen verwickelte Ort Mahanajim ist nicht mit dem Ort der Gottesoffenbarung identisch. Dieses Mahanajim ist wohl der Tell el-Ḥeǧāǧ, südl. des Jabbok. Die Ḫirbet Maḥne selbst ist aufgrund des Scherbenbefundes erst seit dem Mittelalter bewohnt gewesen. Jedoch ist an der Quelle des Wādī Maḥne auch frühbronzezeitliche Keramik gefunden worden.

Vor Jakobs Begegnung mit Esau, der aus Seīr/Edom (1Mo 33, 14.16) entgegenzog, kommt es in der Nacht zu dem geheimnisvollen Kampf zwischen Jakob und dem Mann an der Jabbokfurt (1Mo 32, 23-33). Auch hier gibt das Ereignis dem Ort seinen Namen: Pnuël (hebr. *p^e nu'el,* »Angesicht Gottes«, 1Mo 32,31). Der Ort dieses Ereignisses ist nicht überliefert. Lediglich der Hinweis, daß die Begegnung am Jabbok stattfand, hat einige Forscher bewogen, den Tulūl eḏ-Ḏahāb als möglichen Schauplatz des Ringens Jakobs mit Gott zu identifizieren. Der Grund für diese Annahme besteht vor allem darin, daß diese wichtige Furt später bereits durch eine Burg gesichert war (Gideon: Ri 8,9.17), und daß dort noch heute Ruinen aus der Antike an beiden Ufern des Jabbok vorhanden sind (Tf. 12).

Von Pnuël aus zog Jakob hinab – durch das Wādī des Jabbok, des Nahr ez-Zerqā – in den fruchtbaren Jordangraben nach Sukkot (hebr. »Hütten«, 1Mo 33,17). Diese schon seit der Früh- und Mittelbronzezeit bewohnte Stadt ist wohl mit dem Tell Dēr ʿAllāʾ zu identifizieren, der unmittelbar am Bergausgang des Jabbok liegt (s. Abb. 52). Zwischen Pnuël und Sukkot liegen nur etwa 6-8 km. (Dieselbe Route, nur von Sukkot »hinauf« nach Pnuël, zog einige Jahrhunderte später auch Gideon, Ri 8,8). Das ostjordanische Itinerar Jakobs ist damit beendet. Von Sukkot zog er dann auf das judäische Gebirge nach Sichem (1Mo 33,18).

Tell Dēr ʿAllā' ist leicht zu erreichen. Man verläßt Amman in Richtung Suwēle/es-Salt, passiert diese Städte und gelangt nach ca. 45 Min. in den Jordangraben. Tell Dēr ʿAllā' liegt wenige Kilometer entlang der gut ausgebauten Straße in nördl. Richtung auf der linken Straßenseite. Der Tell (mit Hinweisschild) ist nicht zu übersehen. Mit einem Geländewagen ist es ebenfalls möglich, Pnuël zu erreichen. In dem Dorf Dēr ʿAllā' biegt man rechts ab und folgt einer asphaltierten aber schmalen Straße ca. 6-8 km nach O bis man auf die Ruinen von Tulūl eḏ-Ḏahāb trifft (es ist hilfreich, einen arabischen Führer mitzunehmen).

Auffallend ist an dem Jakobitinerar, daß bei allen Stationen in dem fremden Land Zeichen und Offenbarungen den Ort namentlich erklären. Diese Vorgänge sind typisch im Leben der Nomaden, die ja größtenteils schriftlos waren und ihre Weide-, Rast- und Wohnplätze durch solche Symbolhandlungen markierten. Hier hat man sich dann später an diese Erlebnisse der Vorfahren erinnert und ihre Geschichten erzählt. Zugleich ist die Namengebung der vorher wahrscheinlich namenlosen Territorien ein Zeichen für die »Inbesitznahme« des Landes durch die Jakobfamilie, die ihr Territorium absteckte. Der Vorgang ist auch ein Teil des religiösen Lebens (Gottesoffenbarung!), denn die Landnahme Jakobs im Ostjordanland gilt als Erfüllung der Verheißungen an Abraham, auf die sich die späteren Stämme Manasse, Gad und Ruben sicherlich berufen haben.

In der Zwischenzeit von ca. 1850 v.Chr. bis zum frühen Exodus haben sich einige Veränderungen im Ostjordanland ergeben, die in der Mittelbronzezeit ihren Anfang nahmen und auf die das Volk Israel stieß, als es um 1400 v.Chr. in das Ostjordanland eindrang.

## Stadtstaaten, Dörfer und Nomaden – viele Herren, kein Staat

»[Verflucht sei] der Herrscher von Jerusalem, Jagar -ʿAmmu, mit allen Vertrauten, die bei ihm sind . . .«

Diese unfreundlichen Worte gegen den Stadtfürsten von Jerusalem und anderer palästinischer Stadtstaaten befinden sich auf Schalen oder menschenähnlichen Tonmodellen (Abb. 53), die rundum mit derartigen Fluchsprüchen beschrieben sind. Man hat diese Texte »Ächtungstexte« genannt, weil durch diese Fluchworte die von Ägypten abtrünnig gewordenen Stadtkönige Palästinas geächtet werden sollten. Denn alle Tonmodelle und Schalen sind zunächst beschrieben und dann in einer rituellen Handlung zerbrochen worden, um den Garaus der eigenmächtigen Stadtkönige endgültig zu machen.

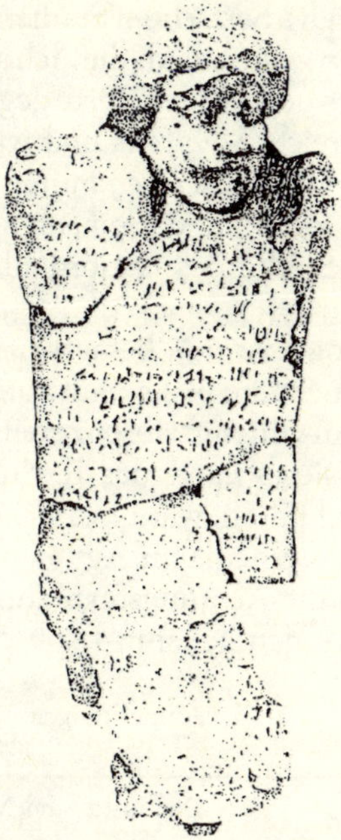

*Abb. 53: Menschliches Tonmodell mit Ächtungstext*

Die zwei Gruppen der Ächtungstexte stammen aus der Zeit der 12. Dynastie (ca. 1990-1780 v.Chr.) In der älteren Gruppe, den Berliner Texten, finden sich wenige, in der jüngeren Gruppe, den Brüsseler Texten, sind dagegen weitaus mehr Städte und Stämme Palästinas aufgeführt. Dieser Tatbestand belegt die Feststellung der Archäologen, daß in der Mittelbronzezeit IIA (ca. 2000-1800 v.Chr.) die Stadtgründungen in Palästina zugenommen haben. Bemerkenswert ist, daß bereits um 1900 v.Chr. viele der späteren israelitischen Hauptstädte gegründet worden sind: z.B. Jerusalem, Sichem, Akko, Hazor, usw. Auch aus dem Ostjordanland werden Städte und ihre Fürsten sowie nomadische Stämme genannt.

Diese für die ostjordanische Archäologie und Geschichte wichtigen Hinweise aus den Ächtungstexten sind natürlich viel geringer an Umfang als für Westpalästina. Aber auch für die wenigen Orte gilt, daß sie in der späteren biblischen Zeit immer noch von Bedeutung waren. Zu nennen sind:

| Ortsname (Umschrift nach W. Helck) | Biblischer Name | Stadtfürst |
|---|---|---|
| *ʿa-š-[ta-]r-tum* | *Aštarot* | *ya-[. . ..]-en* |
| *b-u-s-r-nu* | *Bezer* | *ya-mu-ru* |
| *p-a-ḥ () l-u-m* | *Pella* | *ʿpr-u-ʿ-nu* |
| *ḥ-r-mu* | *Bet Ḥoram* | *yat-tin-h-d-d-u* |

In den genannten Städten des Ostjordanlandes herrschten Stadtkönige, deren Namen – es sind westsemitische Namen – uns durch die Ächtungstexte bekannt geworden sind. Sicherlich hat es noch andere Orte gegeben, aber diese lagen wohl nicht im Interessenbereich Ägyptens und wurden somit nicht erwähnt. Auch haben die Stadtfürsten der genannten Orte häufig über ein größeres Gebiet mit anderen Dörfern und Kleinstädten geherrscht. Deshalb sind nur die wichtigsten Städte des Ostjordanlandes aufgelistet worden.

Für die biblische Geschichte und Archäologie ist nun bemerkenswert, daß aus dem Raum südl. von Bet Horam keine Städte in den Ächtungstexten genannt werden, obwohl wir eine ganze Anzahl mittelbronzezeitlicher Anlagen auch dort antreffen (vgl. Abb. 41). Dieses Land, das Territorium der späteren Kleinstaaten Ammon, Moab und Edom, war um 1900 v.Chr. vor allem das Land der Nomaden und Kleinbauern, die für Ägypten recht uninteressant gewesen sind. Dennoch halten die Ächtungstexte ihre Existenz fest. Sogar die Namen der Scheichs werden genannt (Abb. 54).

| Stammesname (nach W. Helck) | Scheich | Anmerkungen |
|---|---|---|
| oberes und unteres *šu-tu* | *š-u-mu-ab-u*<br>*ya-k[. . . .]-mu*<br>*ay-b-m*<br>*k-u-š-r*<br>*s-b-( ) l-n-nu* | Die šu-tu sind Moabiter. In 4Mo 24,17 steht der Ausdruck »Söhne Sets« (*šet*) parallel zu Moabiter. Die Scheichs tragen westsemitische Namen, vergleichbar mit israelitischen: Hiob, Sebulon |
| *k-u-š-u* | . . . *-a-ya* | Die *k-u-š-u* sind die Ahnen der Midianiter. Sinuhe, der Ägypter, erwähnt sie, und Hab 3,7 stellt sie mit Midian gleich |
| *šu-su* | *yaq-k-m-s-ʿ-mu* | Sie sind identisch mit den oben (Kap. I, S. 24ff) erwähnten Schasu-Nomaden. Aber erst um 1400 v.Chr. werden die Schasu/šu-su in Ägypten differenziert dargestellt. |

Aus dieser Übersicht wichtiger ostjordanischer Stämme in der Mittelbronzezeit geht hervor, daß es dort und im Lebensraum der späteren ost-

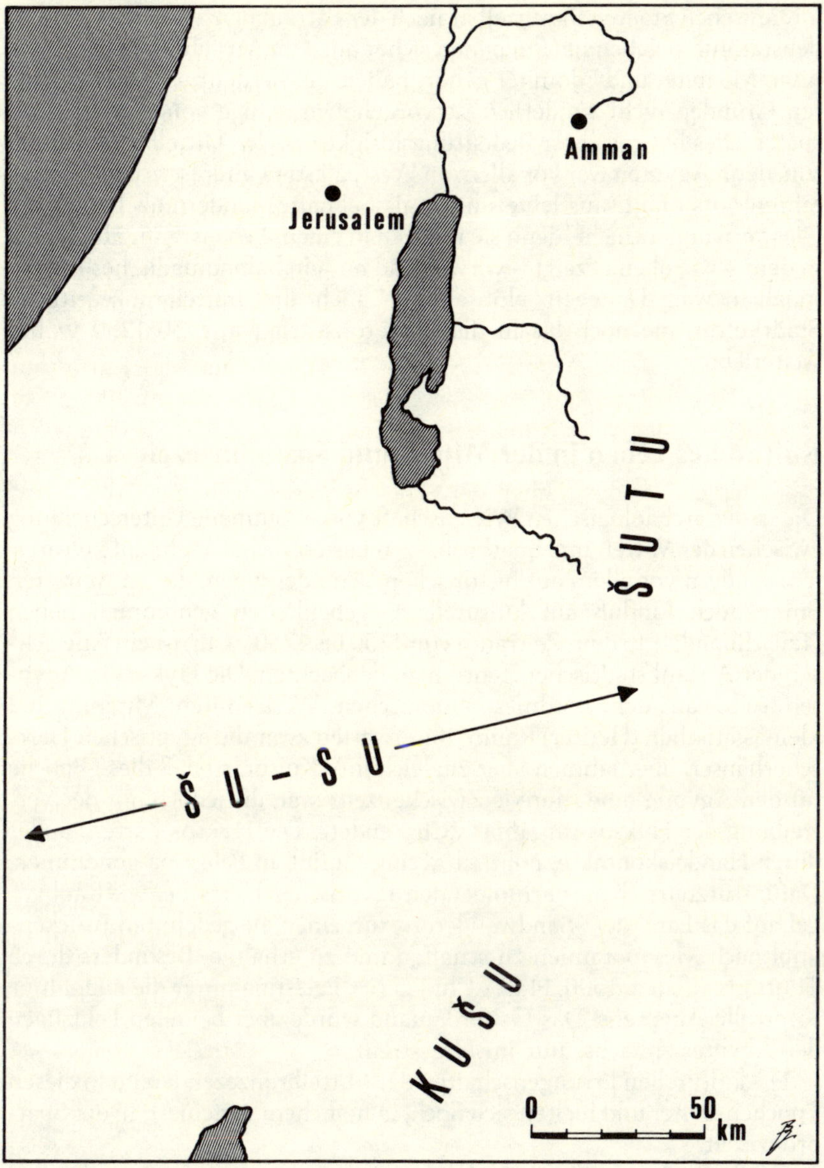


*Abb. 54: Die Stammesgebiete der in den Ächtungstexten genannten šusu, kušu und šutu*

jordanischen Staaten unmittelbar nach der Patriarchenzeit bereits Nomadenstämme gegeben hat, zu denen sicher auch die Vorfahren der Ammoniter, Moabiter und Edomiter gehört haben. Sie werden aus oben genannten Gründen nicht sonderlich hervorgehoben, einige von ihnen jedoch später. Dies hat mit ihrer Bedeutungslosigkeit in der Mittelbronzezeit zu tun, denn Ägypten war vor allem an Westpalästina interessiert. Die Nachfahren Lots und Esaus lebten nicht als Seßhafte, sondern als Nomaden. Dies verwundert nicht, denn sie mußten in einem Lebensraum überleben, in dem – wie oben gezeigt – vorwiegend nur ein halbnomadisches Dasein möglich war. Daneben blühte aber auch die mittelbronzezeitliche Stadtkultur, die noch bis in die Spätbronzezeit (ca. 1550-1250 v.Chr.) weiterlebte.

## Kulturelles Leben in der Mittel- und Spätbronzezeit

Die in der archäologischen Wissenschaft vorgenommene Unterscheidung zwischen der Mittel- und Spätbronzezeit basiert nicht so sehr auf kulturellen, sondern vor allem auf historischen Veränderungen, die im weitesten Sinne auch Einfluß auf kulturelle Gegebenheiten genommen haben (Tauschhandel). In dem Zeitraum von 1750 bis 1250 v.Chr. ist ein Anwachsen der Anzahl städtischer Zentren zu beobachten. Die Hyksos in Ägypten, selbst aus dem nordmesopotamischen (Westsemiten, Mitanni) und kleinasiatischen (Hetiter) Raum, unterwarfen zwar die ägyptischen Herrscherhäuser, übernahmen aber zugleich ihre Kultur, so daß diese Epoche für den Ägypter eine »dunkle Zwischenzeit« war, die jedoch mit der Vertreibung der Hyksos um 1550 v.Chr. endete. Die Hyksos hatten, außer durch Handelskontakte, politisch wenig Einfluß in Palästina genommen. Dafür stürzten sich die nachfolgenden ägyptischen Herrscher wie Raubvögel auf das Land der »Sandwanderer«, um einen ausgedehnten Brückenkopf nach Mesopotamien zu schaffen und zu erhalten. Besonders durch Thutmose III. (ca. 1500-1445 v.Chr.) geriet Palästina unter die endgültige Kontrolle Ägyptens. Das Ostjordanland wurde aber bei allen Feldzügen der Ägypter zunächst nur im N gestreift.

Die kulturellen Errungenschaften der Mittelbronzezeit lebten in diesen Epochen weiter und hielten sich noch, in manchem verfeinert, in der Spätbronzezeit.

Große Stadtzentren wie in Westpalästina gab es in der ausgehenden Mittelbronzezeit im Ostjordanland nur wenige. Kenntnisse über diese Städte, von denen kaum welche ausgegraben worden sind, stammen nur aus Pella, Amman, Tell Dēr ʿAllāʾ, Tell el-ʿUmēri und Ḫirbet Iskander, um einige der wichtigsten zu nennen. Von siedlungsarchäologischer Bedeutung ist, daß die Städte im Jordangraben um 1800-1600 v.Chr. zahlreicher waren als auf dem jordanischen Plateau, wo erst in der späten Mittelbronzezeit und in der Spätbronzezeit die Stadtgründungen zugenommen haben. Dabei bestanden erhebliche kulturelle Unterschiede, wenn man z.B. Ḫirbet Iskander mit Pella vergleicht.

Pella ist leicht zu erreichen. Nach der Einmündung (von es-Salt kommend) auf die nach N führende Hauptstraße im Jordangraben sind es bis zur Abfahrt nach Pella, das hier als Ṭabaqāt Faḥīl ausgeschildert ist, ca. 50 km. Auf einer recht schmalen asphaltierten Straße in östl. Richtung erreicht man nach ca. 6 km das ausgedehnte Siedlungsgebiet des alten Pella (Tf. 13). Das Tal, die Abhänge und die Hochflächen des Pella-Bezirkes sind seit dem Natufium besiedelt gewesen. Von großer Bedeutung war Pella in der Mittel- und Spätbronzezeit; danach erst wieder unter griechischer und römischer Herrschaft. In der Eisenzeit, der »biblischen Epoche«, war Pella ein unbedeutender Ort, der deshalb auch nicht im AT erwähnt wird. Vermutlich stand Pella im Schatten des auf israelitischer Seite liegenden Bet-Schean.

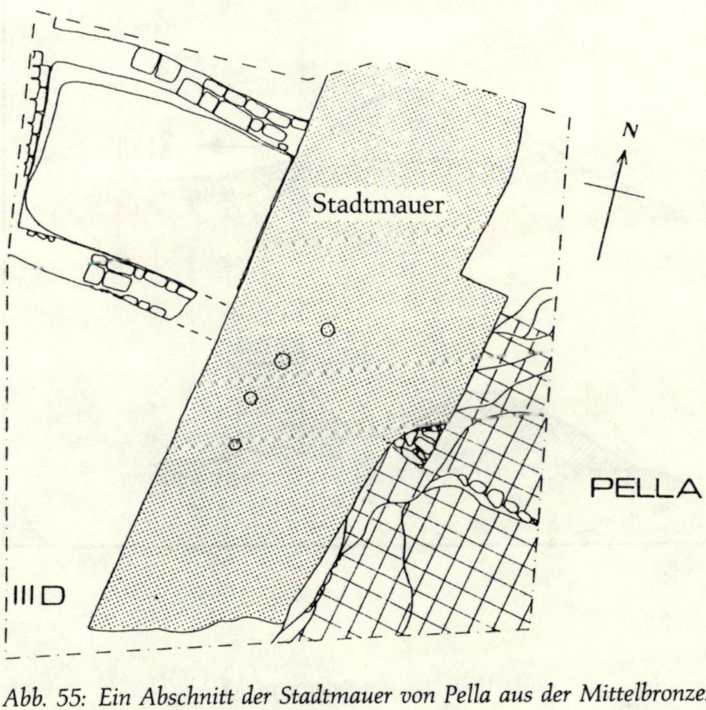


*Abb. 55: Ein Abschnitt der Stadtmauer von Pella aus der Mittelbronzezeit (Potts, ADAJ 29, 1985, 191)*

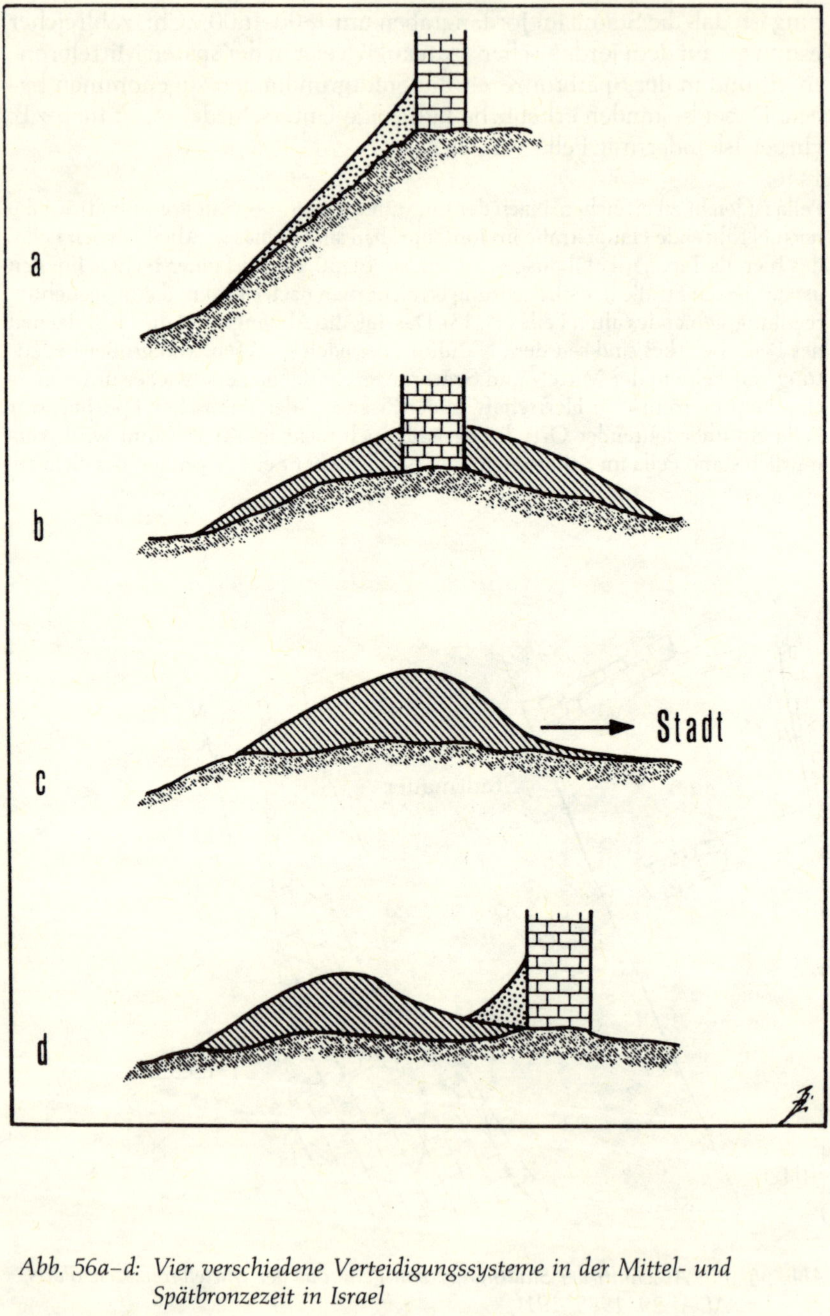


*Abb. 56a–d: Vier verschiedene Verteidigungssysteme in der Mittel- und Spätbronzezeit in Israel*

Um 1850 v.Chr. ist Pella bereits als *p-a-ḥ ( )- l-u-m* oder *piḥil* den Ägyptern bekannt gewesen. Dieser westsemitische Wortstamm ist noch in dem Namen »Pella« (arab. *faḥil*) erhalten geblieben. Ein fast 4000 Jahre alter Stadtname also! Die Grundform des Wortes *pḥl* begegnet uns in vielen semitischen Sprachen mit der Bedeutung »Pferd«, bzw. »wilder Esel«, der offenbar als ein wichtiges Handelsobjekt Pellas der Stadt den Namen gab (oder das Pferd, das von den Hyksos, den Streitwagentechnikern und Pferdezüchtern, in Pella eingeführt wurde?). In der Spätbronzezeit hat man in Pella vielleicht auch Streitwagen hergestellt, auf jeden Fall aber das Holz dafür geliefert, wie der ägyptische Papyrus Anastasi (um 1216 v.Chr.) zu berichten weiß. Vermutlich stammte das Holz aus Gilead, das zu jener Zeit noch nicht von den Stämmen Gad und Manasse besiedelt war.

In der Mittel- und Spätbronzezeit diente eine gewaltige Stadtmauer Pella zur Verteidigung. Die aus Lehmziegeln errichtete Mauer hatte eine durchschnittliche Breite von ca. 3,30 m und besaß Bastionen und Vor- und Rücksprünge, die die Mauerstärke an gewissen Stellen über 4-5 m Breite anwachsen ließen. Die bislang ausgegrabene Höhe der Mauer beträgt 5 m. An einer Stelle, wo sich ein bastionsartiger Rücksprung befindet, hatte man wohl Pfähle zur Verstärkung des Mauerwerkes eingerammt (Abb. 55).

Derartige mittelbronzezeitliche Verteidigungswälle sind bisher in anderen Grabungen im Ostjordanland nicht freigelegt worden. Von Grabungen aus Israel wissen wir aber, daß es in der Mittel-und Spätbronzezeit vier verschiedene Verteidigungssysteme gegeben hat (Abb. 56): a) die freistehende Mauer mit einem Glacis; b) ein Mauerkern mit Aufschüttung an beiden Seiten; c) ein einfacher Erdwall; d) die Kombination Mauer, Erdwall und Glacis. Die im Stadtmauerring liegenden Stadttore sind weitere eindrucksvolle Bauwerke, die uns vor allem aus Westpalästina bekannt sind (Abb. 57 a und b). Es verwundert daher nicht, wenn die von Mose ausgesandten Kundschafter nach ihrer »Spionagetätigkeit« in Kanaan zu Mose zurückkehren und ausrufen: »Stark ist das Volk, das darin wohnt, und die Städte sind befestigt und sehr groß« (4Mo 13,28). Viele der gewaltigen Stadtmauern und -tore bestanden noch in der Spätbronzezeit, als Israel das Land einnehmen wollte. Die Grundkonzeption der Stadttore blieb sogar bis in die Eisenzeit hinein erhalten.

Die aus Anatolien und Nordsyrien stammende schnelldrehende Töpferscheibe hat in der Mittel- und Spätbronzezeit in Transjordanien zu einer verfeinerten Keramikherstellung geführt. Als eine eigene jordanische Schöpfung gilt heute jene Keramik, die einen glatten weißen Überzug trägt und mit einem braunen, rötlich braunen oder schokoladenbraunen geometrischen Dekor bemalt wurde (»Chocolate-on-white ware«, Abb. 58). Die Vorliebe für diese elegante Keramik aus dem Ostjordanland ist

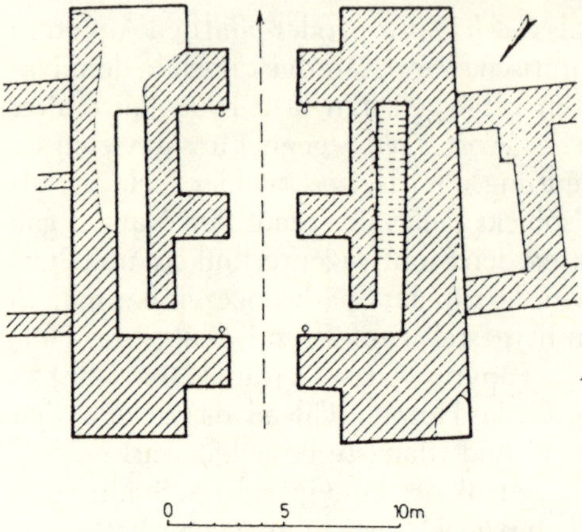


*Abb. 57a: Grundriß des Stadttores von Sichem aus der Patriarchenzeit (Fritz, 1987, S. 173)*

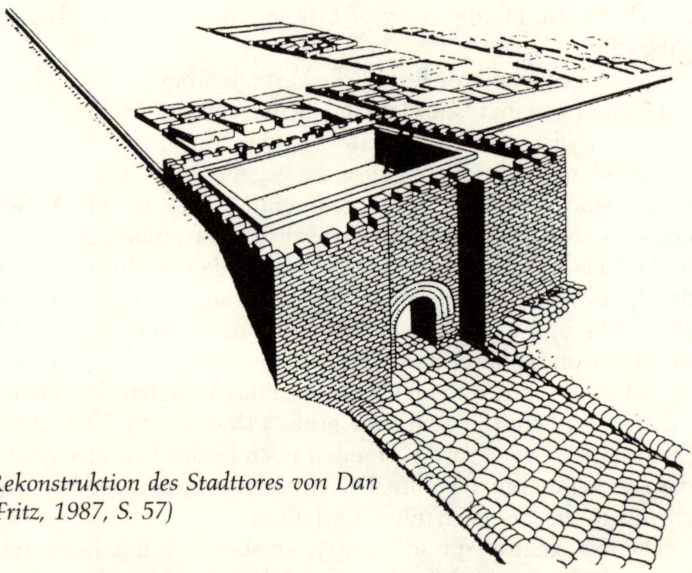

*Abb. 57b: Rekonstruktion des Stadttores von Dan (Fritz, 1987, S. 57)*

daran erkennbar, daß sie ihren Weg bis an die Küste Palästinas gemacht hat und dort als »Leitfossil« für die frühe Spätbronzezeit gilt.

Aber auch in umgekehrter Folge lassen sich in der Mittel-bis Spätbronzezeit Kultureinflüsse nachweisen. Neben der zypriotischen Importkeramik sind besonders die ägyptischen Imitationen, z.B. eines ägyptischen

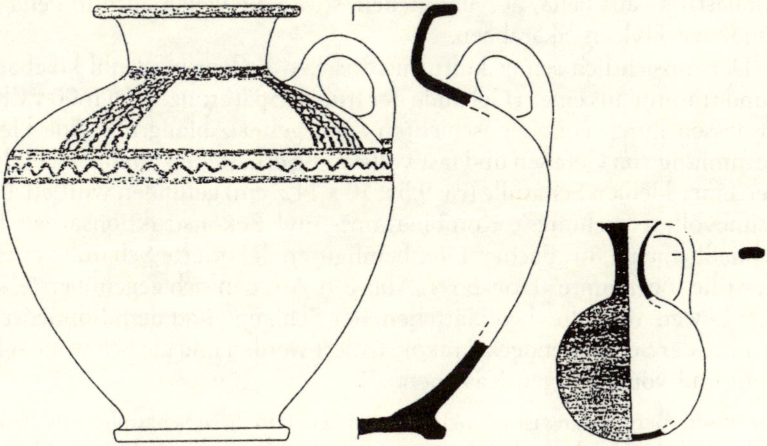

*Abb. 58: Keramikzeichnungen aus Pella, Mittelbronze-Spätbronzezeit (ADAJ 29, 1985, 207)*

*Abb. 59: Die »Löwenschatulle« aus Pella.*

Alabastrons aus Pella, hervorzuheben, sowie die vielen auch in Pella gefundenen Hyksos-Skarabäen.

Der hinsichtlich seiner kulturhistorischen Bedeutung wohl kostbarste Fund stammt aus einem Gebäude der frühen Spätbronzezeit (1600 v.Chr.), in dessen durch Fußbodenschichten versiegelter Abfallgrube eine kleine Sammlung von Gefäßen und fast vollständig erhaltenen Elfenbeinbeschlägen einer kleinen Schatulle (ca. 9,5 x 10 x 14,7 cm) gefunden wurden. Eine mühevolle Forschungs-, Kombinations- und Rekonstruktionsarbeit ließ schließlich eine mit flachen Elfenbeinfiguren dekorierte Schatulle entstehen (die sogenannte »Lion-box«, Abb. 59). Aus den sich gegenüberstehenden Löwen, den Elfenbeinplättchen, der Schlange und dem Sonnenrelief konnte der Schatullendeckel rekonstruiert werden und die Schatulle selbst aufgrund von analogen Kästchen.

Für unsere Betrachtung ist es wichtig zu wissen, daß diese Schatulle wohl bereits in der ausgehenden Mittelbronzezeit gefertigt worden ist und stilistische Elemente der ägyptischen (Djed-Pfeiler, Flügelsonnen) und kanaanäischen (antithetische Löwen) Kunst trägt. Die Archäologen sind sich über diesen Mischstil einig. Fraglich ist jedoch der Herstellungsort dieses Kunstwerkes. Dazu gibt es zwei Thesen: das eindeutig »Ägyptische« an der Schatulle weist generell nach Ägypten, die kanaanäischen Elemente in das Nildelta, wo zu jener Zeit die westsemitischen Hyksos saßen. Das Nildelta wäre somit ein möglicher Ort dieser Stilmischungen. Andererseits ist die »Heimat« aller wertvollen Elfenbeinschnitzereien Syriens Westküste, der heutige Libanon (Phönizien), gewesen. Auch dort könnte man die Heimat der Schatulle vermuten, zumal Ägypten schon damals Handelskontakte zum Libanon besessen hatte. Schließlich kann aber auch eine lokale (Pella), d.h. palästinische Herkunft der Schatulle nicht ganz ausgeschlossen werden, weil Pella an einer wichtigen Durchgangsstraße des ägyptischen Heeres und der ägyptischen Handelskarawanen nach Damaskus lag.

Eines scheint jedoch ganz sicher zu sein: Das Motiv der antithetischen Löwen hat die Schöpfer des mykenischen Löwentores auf Kreta zwar nicht von der Schatulle her, wohl aber aus kanaanäischen Motiven angeregt. Denn das Löwenmotiv auf der Schatulle ist 400 Jahre älter als das mykenische Löwentor.

Handel und Kulturaustausch im Ostjordanland, wie sie sich für Archäologen und Historiker an einem solchen Kästchen ablesen lassen, haben sich noch in der Spätbronzezeit intensiviert. Mit dazu beigetragen haben auch die ägyptischen Expansionsbestrebungen, die vor allem nach der Hyksosvertreibung in Thutmose III. (1483-1445 v.Chr.) ihren mächtigsten Vertreter fanden.

Zwei historische Entwicklungen haben hier zu einer verstärkten militärischen Präsenz der Ägypter in Palästina geführt: das gesteigerte Selbstbewußtsein der palästinischen Stadtstaaten während der Hyksoszeit und, etwas später, die Formierung der ostjordanischen Kleinstaaten Ammon, Moab und Edom sowie Israels – Vorgänge, die jedoch in ihren Einzelheiten noch nicht geklärt sind. Diesen Aspekten wollen wir uns nun zuwenden und die möglichen biblisch-historischen und biblisch-archäologischen Hintergründe dazu untersuchen.

## Thutmose III. im Ostjordanland ?

Dieser äußerst aktive und unternehmungslustige Pharao hat bei seinen Feld- und Streifzügen mehrfach Palästina besucht und ist weit in den NO bis nach Damaskus (das Land Upe) vorgestoßen. Mehrfach berichten seine Annalen über diese Unternehmungen, die nicht nur kriegerisch waren. Aus den langen Orts- und Namenslisten, die Thutmose III. uns hinterlassen hat, ist anzunehmen, daß er auch unter anderem den nördl. und mittleren Jordangraben kannte, denn es werden folgende Städte aus diesem Bereich erwähnt:

| | | |
|---|---|---|
| *ha-ṣe-r(a)* | Hazor | Tell el-Qedāḥ |
| *ki-na-ra-tu* | Kinneret | Tell el-ʿOrēme (hier fand man auch das Bruchstück einer Stele von Thutmose III.) |
| *pa-ḥi-l* | Pella | Ṭabaqāt Faḥil (s.o.) |

Weshalb Pella hier auftaucht, das abseits der Marschroute liegt, wie aus den anderen Namen hervorgeht, ist unklar. War Pella vielleicht doch so bedeutsam, daß Thutmose III. für einen Besuch dieser Stadt auf der ostjordanischen Seite einen Umweg in Kauf genommen hat? Wollte er vielleicht seinen Bestand an Pferden und Maultieren auffrischen?

Während eines anderen Feldzuges erkundete Thutmose III. sogar das mittlere Ostjordanland. Die Identikifation dieser Orte war in der Vergangenheit recht schwierig gewesen, weil man wenig über die Ortslagen im mittleren Jordanien wußte. Und die Ortsnamen ließen sich nicht so recht in die bekannte Geographie Palästinas einordnen. Die folgende Deutung und Zuweisung der Ortschaften wird keinesfalls von allen Forschern geteilt, stellt aber einen wichtigen Interpretationsversuch dar, der immer mehr an Wahrscheinlichkeit gewinnt.

Nach dem Besuch des Landes Upe und des nördl. Palästina überschritt Thutmose III. den Jordan und erwähnt folgende Orte, die nach unserer Deutung im Ostjordanland liegen (Abb. 60):

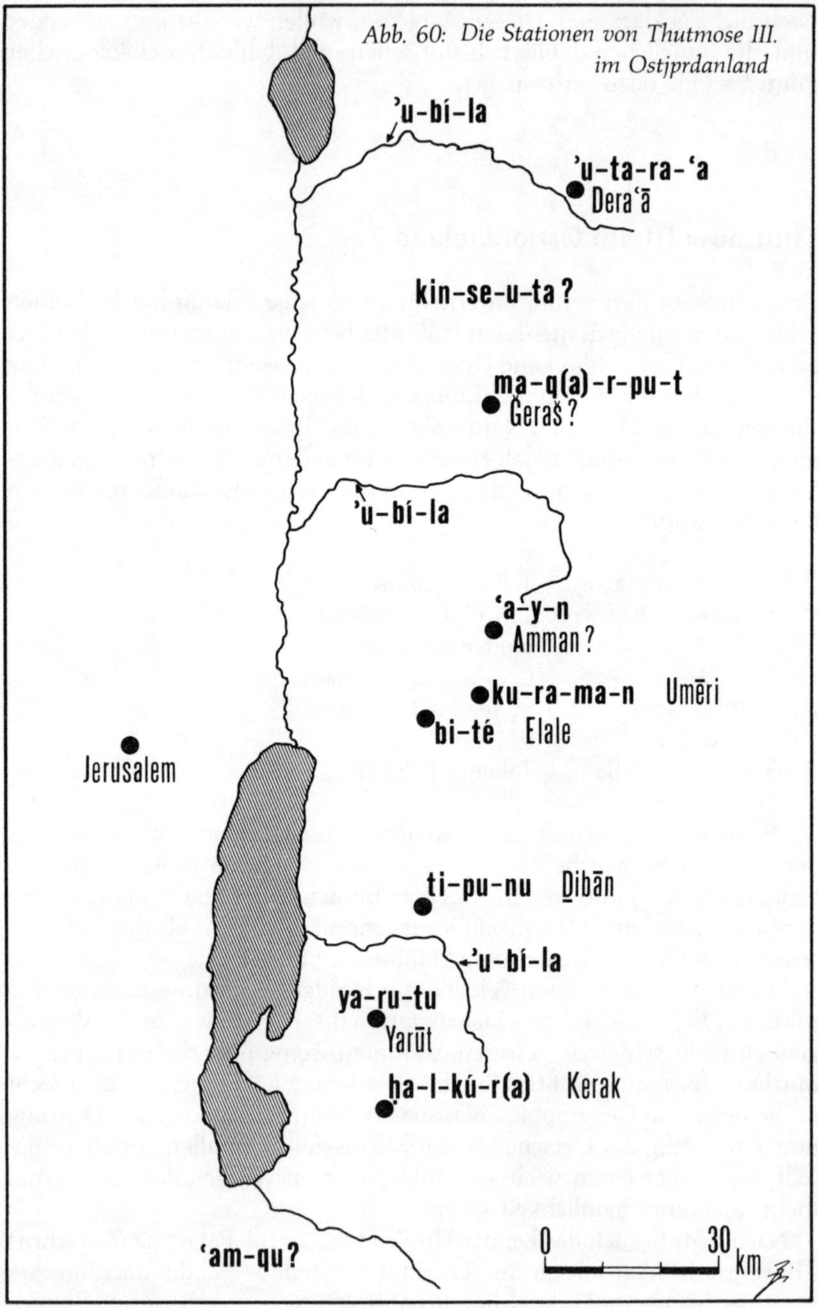


*Abb. 60: Die Stationen von Thutmose III. im Ostjprdanland*

| Bezeichnung der Orte in der Thutmose-Liste (nach Helck) | Arabischer Name heute | Biblischer Name |
|---|---|---|
| ʾu-ta-ra-ʿa | Derʿa | Edreï: 4Mo 21,33; 5Mo 1,4 |
| ʾʾu-bi-l(a) | Wasserlauf | Jabbok ? |
| kin-se-u-ta | unbekannt | |
| ma-q(a)-r-pu-t | unbekannt | Gerasa ? |
| ʿa-y-n | ʿĒn (Quelle) | Amman |
| ku-ra-ma-n | ʿUmēri ? | Keramim: Ri 11,33? |
| bi-té | Elāle ? | Elāle: Jes 15,4 |
| ti-pu-nu | Diban | Dibon |
| ʾʾu-bi-l(a) | Wasserlauf | Arnon |
| ya-ru-tu | Yarūt | |
| ḥa-l-ku-r(a) | Kerak | Kir: Jes 15,1 |

An 5. Stelle nach *ḥa-l-kú-r(a)* wird noch *ʿam-qu*, eine »Ebene« genannt. War damit vielleicht die Ebene südl. des Toten Meeres gemeint, die in 1Mo 14,3 den Namen »Tal Siddim« (hebr. *ʿemaeq hassidīm*) trägt? Thutmose wäre dann nach der vierten Station hinter Kerak in den Graben des Toten Meeres nach W und weiter in das südl. Palästina gezogen. Aber die hier vorgenommene Deutung läßt sicher noch viele Fragen offen. Diese Orte sind jedoch in dieser Abfolge eher im Ostjordanland lokalisierbar als in irgendeinem anderen Teil Palästinas oder Syriens. Bemerkenswert sind die exakten Angaben der Flüsse Jabbok und Arnon, die zwar nur durch *ʾu-bí-l(a)*, »Wasserlauf« wiedergegeben werden, topographisch trennen sie jedoch an entsprechenden Stellen die Ortsreihen voneinander, so daß der Eindruck einer ortskundigen Aufzeichnung der Ägypter entsteht.

Der Weg Thutmoses III. durch das Ostjordanland war sicher nicht mehr als ein Reconnaissancefeldzug gewesen. Die Ortsangaben zeigen jedoch auch, daß er auf Ansiedlungen oder bewohnte und auch von Nomaden (*šutu*, Schasu und *Kašu*) frequentierte Gebiete gestoßen ist. Diese Erkenntnis und die Tatsache, daß es auch spätbronzezeitliche Ansiedlungen um 1400–1200 v.Chr. im Ostjordanland gegeben hat, machen daher einen Zug israelitischer Stämme und Kundschafter durch das Ostjordanland nach biblisch-chronologischen Angaben um 1400–1300 v.Chr. sehr wahrscheinlich. In einem gewissen Sinne hat Thutmose III. den Israeliten den Weg gewiesen.

## Der Weg Israels durch das Ostjordanland

Das AT überliefert zwei Wanderwege der Israeliten. In der kritischen Bibelwissenschaft hat man daher auf zwei Quellen und somit auch auf zwei verschiedene, chronologisch auseinanderliegende Ereignisse geschlossen. Dies ist hypothetisch, ebenso, wie der hier vorgetragene Vorschlag, den längeren Weg als das Itinerar der größeren Stämme und den kürzeren Weg durch Moab als den Weg der Späher oder der Vorhut zu betrachten. Eine Gegenüberstellung der einzelnen Stationen der Wanderung zeigt für beide Routen denselben Anfangs- und Endpunkt.

| *4Mo 33,41-49* | *4Mo 21,4-20* |
| --- | --- |
| Berg Hor | Berg Hor |
| Zalmona | Punon |
| Obot | Obot |
| Ijjim Abarim (im Gebiet der Moabiter) | Ije Abarim (in der Wüste östl. Moab) |
| Dibon-Gad | Sered |
| Almon-Diblatajim. | Arnon |
| | Beer |
| Abarim | Mattana |
| – | Nahaliel |
| ..-.. | Bamot |
| ..-.. | Jordantal (4Mo 22,1) |

Die Karte (Abb. 61) zeigt, daß nach 4Mo 21 eine Gruppe des Volkes weiter draußen in der Wüste ihren Weg suchte. Sie hielt sich mehr im Quellgebiet der Flüsse Sered und Arnon auf und drang anschließend von O in das Jordantal vor. Die andere Gruppe spaltete sich am Berg Hor ab und ging offenbar direkt durch Moab (Dibon-Gad!) in das Jordantal.

Natürlich sind einige Namen Bezirksbezeichnungen, andere sind nachträgliche Fixierungen (z.B. »Gad« hinter Dibon, das Thutmose III. allerdings schon als *ti-pu-nu* bekannt war). Obot und Ijjim Abarim tauchen zweimal auf. Es handelt sich dabei wohl um verschiedene Distriktbezeichnungen gleichen Namens. Die Karte (Abb. 61) zeigt ferner, daß es für einige der hebräischen Ortsbezeichnungen auch entsprechende arabische Namen gibt, mit denselben Wortwurzeln, was eine Identifikation erleichtert und auch anzeigt, daß diese Orte eine lange Tradition besitzen.

Das Ostjordanland war also auch in seinem Südteil nicht menschenleer, was auch Thutmose III. erfahren hat und was heute durch archäologische Oberflächenerforschungen und Grabungen bestätigt wird: In der Spät-

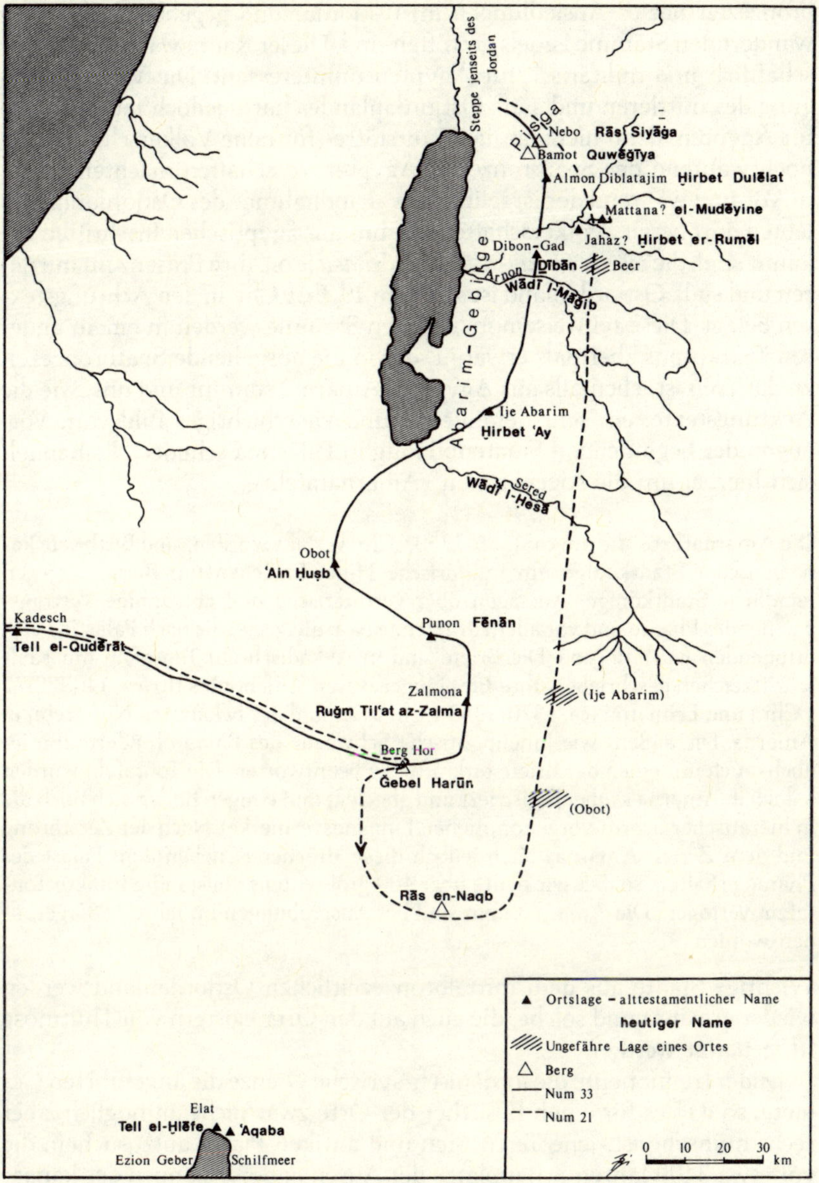


*Abb. 61: Die Wanderwege Israels durch das Ostjordanland*

bronzezeit hat es Ansiedlungen im Ostjordanland gegeben, auf die die wandernden Stämme Israels getroffen sind. Dieser Raum war jedoch wirtschaftlich und militärisch für Ägypten uninteressant. Die Vernachlässigung des mittleren und südl. Ostjordanlandes hatte jedoch fatale Folgen für Ägypten, denn hier war die »Brutstätte« für neue Völkerschaften, die noch während der Spätbronzezeit Ägypten zu schaffen machten.

Vor und während der israelitischen »Landnahme« des Ostjordanlandes lebten dort bereits Völkerschaften, die uns aus ägyptischen Inschriften bekannt sind: die *šu-su, šu-tu, ka-šu* und *Schasu* (s.o.). Ihre Präsenz im mittleren und südl. Ostjordanland ist seit dem 19. Jh. v.Chr. in den Ächtungstexten belegt. Diese teilweise nomadischen Stämme werden in einem anderen Textkorpus abermals erwähnt, der in die ausgehende Spätbronzezeit zu datieren ist, ebenfalls aus Ägypten (Amarna) stammt und uns, wie die Ächtungstexte, ein sehr detailliertes und vielschichtiges Bild vom Vorabend der beginnenden Staatenbildung in Palästina schildert. Es handelt sich hierbei um die sogenannten »Amarnatafeln«.

Die Amarnatexte, die um ca. 1385-1350 v.Chr. verfaßt wurden, sind Bittbriefe kanaanäischer Stadtkönige um militärische Hilfe, Ersuchen um Beistand gegen feindliche Stadtkönige, Aussagen über verräterische und abtrünnige Vertragspartner des Pharao und vor allem dringende Notrufe gegen die nach Palästina eindringenden *ḫab/piru* (s.o.). Die Briefe sind in Akkadisch auf Tontafeln mit Keilschriftzeichen geschrieben. Ihre Empfänger waren Amenophis III. (ca. 1408-1372 v.Chr.) und Echnaton (ca. 1370-1353 v.Chr., Gemahl der bekannten Nofretete) in Amarna. Die außen- wie innenpolitische Schwäche des Pharao hinderte ihn jedoch, auch nur einen der Briefe tatkräftig zu beantworten. Die Tontafeln wurden jedoch in Amarna sauber registriert und abgelegt (auf einigen finden sich noch die in hieratischer Schrift vorgenommenen Eingangsvermerke). Nach der Zerstörung und dem Zerfall Amarnas blieb jedoch diese »Bücherei« neben dem Palast des Pharao erhalten, so daß wir heute über 400 größtenteils vollständig intakte Tontafeln verfügen. Die Amarnatafeln sind bei Ausgrabungen im Jahre 1887 gefunden worden.

Wichtige Städte aus dem mittelbronzezeitlichen Ostjordanland werden wieder erwähnt und solche, die auch auf den Ortsregistern von Thutmose III. genannt werden.

Leider trennt heute die jordanisch-syrische Grenze die angeführten Gebiete, so daß es für einen Besucher der Orte zwar nicht unmöglich, aber recht mühselig ist, jene Territorien und antiken Plätze aufzusuchen, die vor etwa 3400 Jahren Schauplätze der Auseinandersetzungen der kanaanäischen Stadtkönige waren. Obgleich es Provinzquerelen waren, die vermutlich Echnaton ohnehin kalt ließen, ist es doch reizvoll, einmal kurz von den Sorgen der damaligen Stadtkönige im Ostjordanland zu hören (Abb. 62).

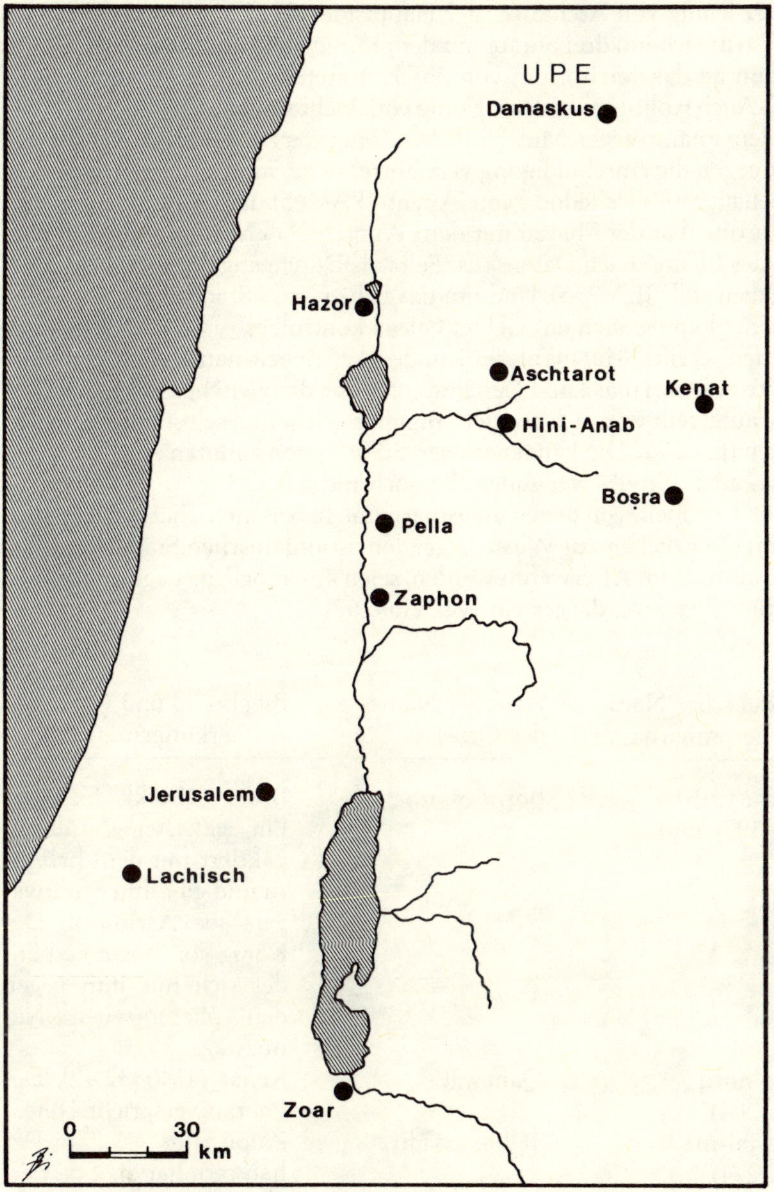


*Abb. 62: Die ostjordanischen Stadtstaaten in der Amarnazeit*

Der König von Aschtarot, der Hauptstadt Baschans (s.o. S. 15ff; 5Mo 1,4), stritt sich um drei Städte mit dem König von Hazor, dessen Kleinkönigtum an das Territorium von Baschan grenzte (EA = El-Amarnabrief 364). Auch wollte ein anderer König von Aschtarot namens ʾAyyub (Hiob) vor dem Pharao gegen Mut-baʿal, den König von Pella, intrigieren, der sich aber gegen die Anschuldigung verwahrte, seine Stadt verlassen zu haben; er behauptete dies jedoch von ʾAyyub (EA 265). In dieses Hin-und-Her platzt offenbar der Pharao mit dem Wunsch, daß Mut-baʿal die Karawanen des Pharao nach Damaskus (Pella als Durchgangsstation!) besser beschützen solle (EA 255). Und um das Leben eines Stadtkönigs von Pella, der offenkundig auch das Gebiet Gilead kontrollierte, wirklich schwer zu machen, ereilte Mut-baʿal die Kunde, daß sieben namentlich genannte Städte aus Gari (das Land Geschur, Jos 12,5), das zwischen Aschtarot und Pella aufgeteilt war, sich aus dem Bündnis gelöst und selbständig gemacht hatten (EA 256). Die kanaanäischen Stadtfürsten kannten zwar nicht das Wort, aber »Streß« war ihnen dennoch nicht fremd.

Die Unruhen, von denen die Amarnatafeln berichten, hatten aber auch die im Grenzgebiet zur Wüste liegenden ostjordanischen Städte ergriffen. Weil auch sie im AT erwähnt werden, seien ihre mögliche Lage und Identifikation hier kurz dargestellt (vgl. Abb. 62):

| Akkadischer Name auf der Amarnatafel | Heutiger Name des Ortes | Bibelstelle und Anmerkungen zu EA |
|---|---|---|
| $^{alu}$bu-uṣ-ru-ni (EA 197; 199) | Boṣra eski Šām | Boṣra (1Makk 5,26-28): Ein gewisser Biridašwa paktiert mit dem ḫab/piru und gibt ihm Streitwagen aus Aschtarot. Der König von Boṣra verbündet sich mit ihm gegen den pharaotreuen Namiawaza. |
| $^{alu}$qa-nú-u (EA 204) | Qanawāt | Kenat (4Mo 32,42): Der Pharao verspricht Hilfe. |
| $^{alu}$sa-pu-ma$^{ki}$ (EA 274) | Tell es-Saʿīdīye | Zafon (Jos 13,27): Der ḫab/piru hat die Stadt erobert. |
| $^{alu}$su-Uḫ-ru (EA 334; 335) | Tell eš- Šēḫ ʿIsa | Zoar (1Mo 19,30): Zoar und Lachisch sind verfeindet. |

In Westpalästina waren die Unruhen viel intensiver als im Ostjordanland, wo nur der N betroffen war. Der *ḫab/piru* kämpfte gegen alle, und die kanaanäischen Stadtkönige schlossen Bündnisse: jeder mit jedem und manchmal jeder gegen jeden. Der Pharao saß weit ab, und es schien, als hätte der *ḫab/piru* endgültig die Oberhand gewonnen.

Biblisch-chronologisch entspricht die Zeit der Unruhen der Epoche der Landnahme und der Auseinandersetzungen Israels mit den kanaanäischen und amoritischen Stadtkönigen (ca.1400-1300 v.Chr.). Einige Forscher hatten daher auch schon bald nach Erscheinen der Amarnatafeln den *ḫab/piru* mit den nach Kanaan und in das Ostjordanland eindringenden Israeliten identifiziert. Sprachlich ist dies auch möglich: das hebr. Wort *ʿābar* (hindurchziehen), »Hebräer«, entspricht dem akkadischen Wort *ḫb/pr.* Jedoch stellte sich bald heraus, daß der *ḫab/piru* fast überall im alten Vorderasien anzutreffen war (z.B. im Hetiterreich), wo er besonders einer unteren sozialen Schicht als Dienender in verschiedenen Kapazitäten angehörte. Eine völlige Identität des *ḫab/piru* mit den Hebräern war somit ausgeschlossen. Der *ḫab/piru* war ein Gesetzloser, ein »outlaw« – so wird er heute definiert – was die Hebräer vom Standpunkt der kanaanäischen Stadtfürsten aus allerdings auch waren. Heute gilt daher: die Hebräer/Israeliten gehörten sicherlich zu dem *ḫab/piru,* aber nicht jeder *ḫab/piru* war ein Israelit.

Noch einmal, um 1310 v.Chr., versuchte ein Pharao, Sethos I. (1319-1302 v.Chr.), Kanaan unter seine Gewalt zu zwingen und die streitbaren Stadtfürsten und die Unruhestifter, die *ḫab/piru,* zu bändigen. Dies war ihm auch in Westpalästina teilweise gelungen; im Ostjordanland jedoch nur mäßig. Nachdem Sethos I. in Bet-Schean eine Rebellion niedergeschlagen hatte, marschierte er in das nördl. Ostjordanland und besiegte die dort lebenden nomadischen Semiten. Waren es die Vorläufer der Stämme Manasses und Gads? In Baschan, dem Land Geschur – in den Amarnatafeln »Ga-(schu-)ri« (EA 256), kam es bei *ḫi-ni-a-na-bi* (Kirjat Anab) zur Schlacht. Dieser Ort ist sehr wahrscheinlich mit dem heutigen eš-Šihāb im Yarmuktal identisch. Denn seinen Sieg über die Schasu ließ Sethos I. auf einer Siegesstele darstellen und feiern (Abb. 63). Diese Stele wurde in Tell eš-Šihāb gefunden!

Seit den Ächtungstexten und Thutmose III. bis Sethos I. gibt es Zeugnisse über das Interesse der Ägypter am nördl. Ostjordanland, das als Durchgangsgebiet für die Verbindung zwischen Ägypten und Damaskus (Upe) genutzt wurde. Entsprechend ihrem Verhalten wurden die an dieser Route wohnenden Stadtkönige entweder verflucht und bekriegt oder, im Falle ihrer Unterwürfigkeit, gefördert. Was war aber mit dem mittleren und südl. Ostjordanland in der Amarnazeit und danach? Welche Entwicklung haben dieser Landesteil östl. des Jordan und seine Bewohner genommen? Wie sahen die ersten Schritte zur Staatenbildung aus und welche biblisch-historischen und biblisch-archäologischen Aspekte und Erkenntnisse können wir am Morgen der palästinischen Staaten skizzieren? Im folgenden Kapitel wollen wir versuchen, uns diesen Fragen zu stellen.

*Abb. 63: Sethos I.*

# IV. Ammon, Moab, Edom

## Die Geschichte des Ostjordanlandes in der Frühen Eisenzeit

Die ausgehende Spätbronze- und die beginnende Eisenzeit waren von 1400 bis 1200 v.Chr. durch recht turbulente politische und militärische Unternehmungen, Völkerverschiebungen und Stämmeinfiltrationen gekennzeichnet. Das voraufgegangene Kapitel wollte dazu einen Eindruck vermitteln.

Aber kulturelle Entwicklungen und kulturelles Erleben waren in jener bewegten Zeit keineswegs erstickt, denn die archäologischen Zeugnisse lassen erkennen, daß in der Spätbronzezeit ein reger Austausch zwischen O und W stattgefunden hat. In Kanaan kam es zu landwirtschaftlicher Überproduktion, was einen ausgedehnten Handel von Wein und Öl nach Ägypten, Zypern, den ägäischen Inseln und Griechenland zur Folge hatte. Bei Ausgrabungen in diesen Ländern hat man mehrfach große Vorratskrüge kanaanäischer Herkunft gefunden (Abb. 64). Auch Gewürze und Harze hatte Palästina reichlich. Wahrscheinlich haben die steinernen

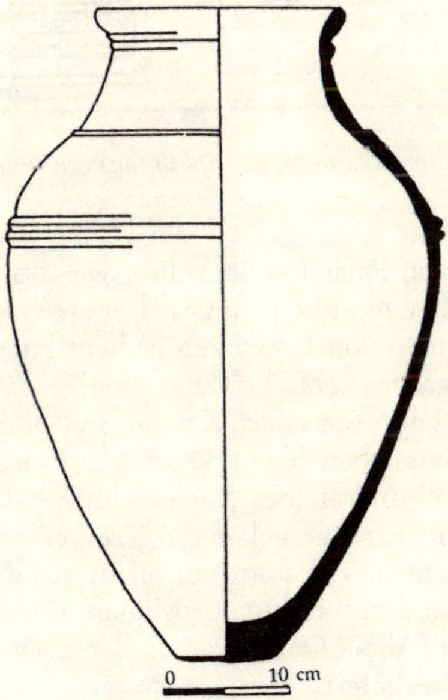


*Abb. 64: Vorratskrug kanaanäischer Herkunft (Weippert 339)*

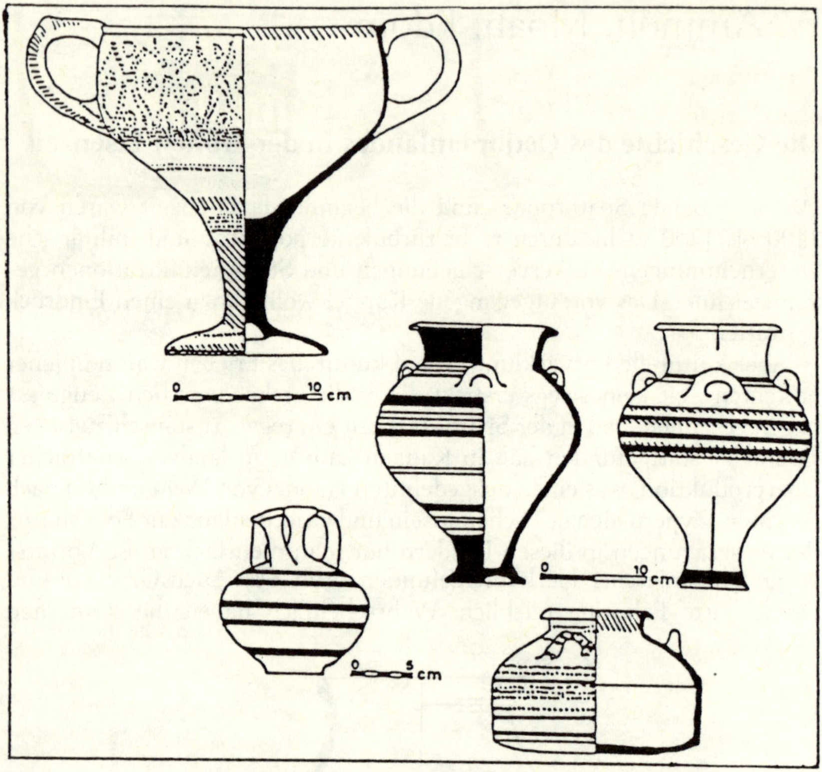


*Abb. 65: Mykenische Importkeramik der Spätbronzezeit (nach Weippert 320)*

Dreifußschalen, die von Palästina über die Ägäis bis nach Griechenland gelangten, den Gewürzexport begleitet; sie könnten als Reibeschalen zum Stampfen und Zerreiben von Gewürzen gedient haben.

Umgekehrt gelangte mykenische Keramik über Zypern als Zwischenstation von Kreta und der Ägäis nach Kanaan. In Pella, Tell es Saʿīdīye und Tell Dēr ʿAllāʾ fand man neben den mykenischen Tongefäßen auch zypriotische Keramik, Siegel und »feines Tafelgeschirr« (Abb. 65).

Über die »Weihrauchstraße« gelangten Kräuter und Gewürze von O nach Amman und Aqaba. Von dort, vor allem aus dem Raum östl. von Aqaba wurden die Landesprodukte aus Midian in Gefäßen von eigenem Aussehen und Dekor (Abb. 66), die sog. midianitische oder Ḫēǧaz-Keramik, nach N und W geliefert.

Die ägyptischen Vorratskrüge, die auf einen Handel zwischen Palästina und Ägypten schließen lassen, sind vorwiegend in Garnisonsstädten ge-

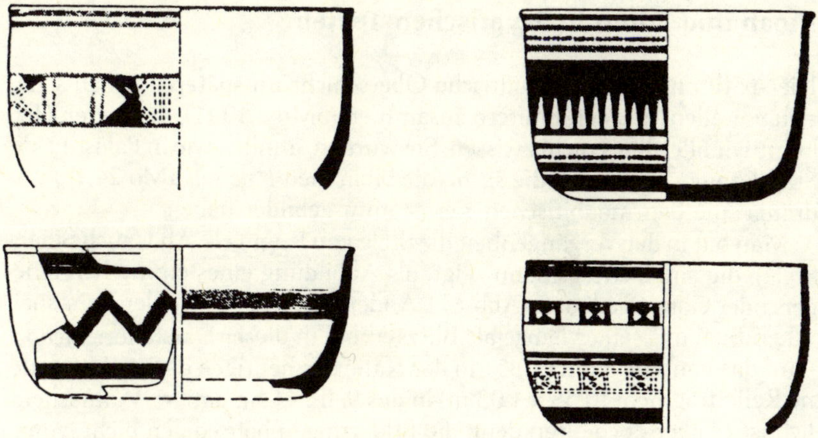

*Abb. 66: Tiefe Schalen aus Midian*

funden worden. Daraus läßt sich schließen, daß die hier gelieferten Vorratsgüter in erster Linie der Versorgung der ägyptischen Heere galten, die in Palästina stationiert waren.

Aus noch nicht eindeutig erklärbaren Ursachen brach zwischen 1400 und 1300 v.Chr. die spätbronzezeitliche Kultur zusammen. Die einheimische Herstellung handwerklicher Produkte sank auf ein niederes Niveau, obwohl die importierte Ware ihren hohen Standard beibehielt. Die Lebensbedingungen bildeten sich zurück, nur die städtische Oberschicht konnte ihren Lebensstandard einigermaßen halten. Palästina verarmte langsam, weil die Handelsbeziehungen zu Ägypten nachließen; die machtvolle politische Position eines Thutmose III. hat keiner seiner Nachfolger mehr erreicht. Klimaschwankungen werden von vielen Forschern als weitere Ursache für den kulturellen Niedergang Palästinas betrachtet.

Einen entscheidenden Beitrag zur Schwächung des ägyptischen Einflusses in Palästina und zum kulturellen Niedergang des Landes leisteten die in babylonischen Texten als Ḫapiru (s.o. Kap. III, S. 108), in ugaritischen Texten mit *ʿprm* und in ägytischen Texten mit *ʿpr.w* bezeichneten Individuen oder Gruppen, die in Palästina selbst ein instabiles Element darstellten, ebenso die zwischen Palästina, dem Ostjordanland und Ägypten nomadisierenden Schasu (s.o. Kap. III, S. 105). Aus diesen »Unruhestiftern« um 1350 v.Chr. sind dann aber jene Nationen hervorgegangen, die sich zuerst im Ostjordanland als kleine politische Größen gebildet haben.

## Moab und Edom in ägyptischen Texten

Die spätbronzezeitliche städtische Oberschicht im späteren Moab setzte sich vor allem aus den Emitern zusammen (5Mo 2,10.11), von deren Herkunft wir allerdings nichts wissen. Sie wurden, ähnlich wie in Palästina die Stadtkönige, hier durch die *šu-tu* (die biblischen *b*[e]*nē šēt:* 4Mo 24,17) verdrängt, die den moabitischen Kernstamm gebildet haben.

Man hat in der Vergangenheit die Stele von Ruğm el- ʿAbd (auch Šīḥān-Stele), die einen Kriegsmann zeigt, als Abbildung eines emitischen Kriegers oder Gottes gedeutet (Abb. 67). Andere Forscher sehen den kanaanäischen Baal mit seiner Lanze als Blitzsymbol in dieser Darstellung. Jedoch wird das von F.de Saulcy 1851 in der Nähe des heutigen el-Fāqūʿ gefundene Relieffragment (0,58 x 1,03 m) in das 9. Jh. v.Chr. datiert. Wahrscheinlich ist es aber doch älter, denn die Erklärungen befriedigen nicht, zumal die Figur auch an einen »hetitischen Krieger« (um 1300 v.Chr) erinnert. Unglücklicherweise handelt es sich bei dieser Stele um einen Oberflächen-

*Abb. 67: Relief on Ruğm el-ʿAbd (Weippert 667)*

*Abb. 68: Reliefstele von el-Bāluʿ (Weippert 667)*

fund, der daher keiner archäologischen Schicht zugeordnet und damit auch nicht datiert werden kann.

Ganz anders verhält es sich mit der Stele von el-Bālūʿ (0,70 x 1,69 m), die 1931 in der Nähe der als Qaṣr bezeichneten Palastburg der eisenzeitlichen Stadtanlage von el-Bālūʿ gefunden worden ist (Abb. 68).

»Die Stele von el-Bālūʿ besitzt einen unregelmäßig geformten konischen oberen Abschluß. Auf ihm ist, wie es scheint, eine vierzeilige Inschrift eingemeißelt, deren schlechter Erhaltungszustand keine sichere Deutung zuläßt. Unter der Inschrift ist eine rechteckige Bildfläche eingetieft, auf der drei im Flachrelief ausgeführte, ungefähr gleich große Personen abgebildet sind. Ihre Anordnung erinnert an die sogenannten ›Einführungsszenen‹, bei denen eine niedere Gottheit einen Herrscher einem höher gestellten Gott zuführt. Rechts steht eine Göttin im langen Hängerkleid, mit der Osiriskrone auf dem Kopf und einem ʿnḫ-Zeichen in ihrer rechten Hand. Ihr Körper ist frontal mit seitlich herabhängenden Armen wiedergegeben. Ihr Gesicht wendet die Göttin zur Bildmitte, einer wohl als Herrschergestalt zu deutenden Person zu. Der Mann trägt ein langes Gewand, dessen Faltenwurf ramessidischen Gewanddarstellungen ähnelt. Er ist im Profil dargestellt mit kurzem, unter dem Kinn vorragendem Bart und einer leicht nach hinten geschobenen, ungefähr rechteckigen Kopfbedeckung. Mit beiden erinnert er an ramessidische Darstellungen von *š3św*-Kriegern. Im Gruß- oder Bittgestus hebt der Mann beide Hände dem Gott entgegen, der auf der linken Bildseite steht. Auch er ist in Seitenansicht, der Herrschergestalt zugewandt, wiedergegeben und streckt ihr mit beiden Händen ein *w3ś*-Szepter entgegen. Er trägt einen Hüftschurz, die doppelte ägyptische Krone und vielleicht einen Halsschmuck.« (Weippert, S. 666)

Das Relief geht auf eine Vorlage aus der Spätbronzezeit zurück, wenn es nicht gar selbst aus dieser Epoche stammt. Es handelt sich bei der eben beschriebenen Einführungsszene wohl um die Inauguration eines Schasu-Scheichs, der hier im moabitischen Raum zum »König« unter ägyptischer Oberaufsicht gesetzt wird: er empfängt das Königszepter von der ägyptischen Gottheit. Als nämlich Ägypten nach Amenophis II. seine Kontrolle über Westpalästina mehr und mehr verlor, hat es sich offenbar verstärkt dem Ostjordanland zugewandt, um hier die Kontrolle über die Königsstraße nach N zu gewinnen. Moabitische Vasallen haben Ägyptens Interessen sichern müssen.

In dieses Bild paßt nun auch der Kriegszug von Ramses II., der um 1285 v.Chr. in das auf ägyptischen Reliefs bereits mit dem Volksdeterminativ geschriebene Moab eindringt, um die Stadt *bwtrt* zu erobern. Hat er hier die emitische Stadtkultur schwächen wollen, um die Seßhaftwerdung der Schasu/Schutu zu beschleunigen? Diese erste außerbiblische Erwähnung

MOʾAB

*Abb. 69: Moab*

EDOM

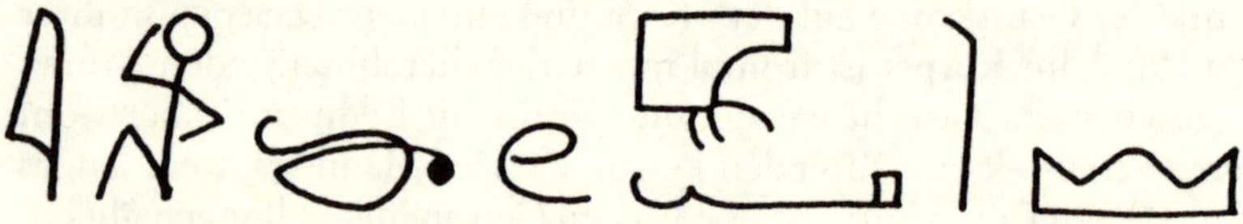

*Abb. 70: Edom*

des Landes Moab (Abb. 69) findet sich im Ramsestempel von Luxor in Ägypten.

Während einer archäologischen Oberflächenerforschung wurden 1988 auf dem Ǧebel Batrā, ca. 17 km südöstl. von Kerak, eisenzeitliche Scherben gefunden. Bis dahin galt dieser Berg als Siedlungsort der Römer und Byzantiner. Es hat nun den Anschein – aus sprachlichen (Batra/Bwtrt) und archäologischen Erwägungen – daß dieser Ort, der weithin das südl. Moab überschaut, als möglicher Kandidat für das ägyptische *Bwtrt* in Moab in Frage kommt.

Hinsichtlich der Entstehung Edoms als ostjordanische Nation ist zunächst anzumerken, daß die im AT vorgenommene Gleichsetzung mit Seīr (= Edom, 1Mo 32,4; 36,8) durchaus den ägyptischen Ortsbestimmungen entspricht. Zwischen den Schasu-sʿrr (s. Kap. II), die mehrfach im Gebiet des späteren Edom lokalisiert werden, bis zu der ersten Erwähnung Edoms als Nation, liegen nur etwa 150 Jahre. Edom wird erstmals außerhalb der Bibel in einem Modellbrief, dem Papyrus Anastasi VI: 51-61 aus dem Jahre 1216 v.Chr., erwähnt (Abb. 70). Das bedeutet aber auch, daß sich Edom, mit dem ägyptischen Determinativ für »Volk« gekennzeichnet, schon *vor* diesem Datum als Nation formiert hatte. Dies gilt auch für Moab. Im Rahmen der biblischen Chronologie könnten daher beide ostjordanischen Nationen, wenn auch nicht als Staaten, so doch als große feste Stammesverbände schon im 14. Jh., dem Jahrhundert des frühen biblischen Exodus, existiert haben. Bemerkenswert ist in diesem Zusammenhang auch die biblische Notiz in 1Mo 36,31, wonach Könige in Edom regierten, »ehe denn Israel Könige hatte«.

Israel wird in dem Siegeslied des Merenptah erstmals im Jahre 1219 v.Chr. erwähnt. Auf der sogenannten »Israel-Stele« wird die Unterwerfung der Städte Gaza, Aschkelon, Geser und Jenoam gefeiert, dann mit einem Satz auf Israel (mit Volksdeterminativ geschrieben) Bezug genommen: »Israel liegt krank und hat kein Saatkorn«. Um 1220 v.Chr. hatte sich Israel also bereits als Nation formiert, ebenso wie Moab und Edom, jedoch war Israel zu jener Zeit ohne Monarchie, wie 1Mo 36,31 sagt. Es war die Zeit der Richter (vgl. das atl. Buch Richter als Quelle für die unstabilen politischen und sozialen Verhältnisse in Westpalästina zu jener Zeit).

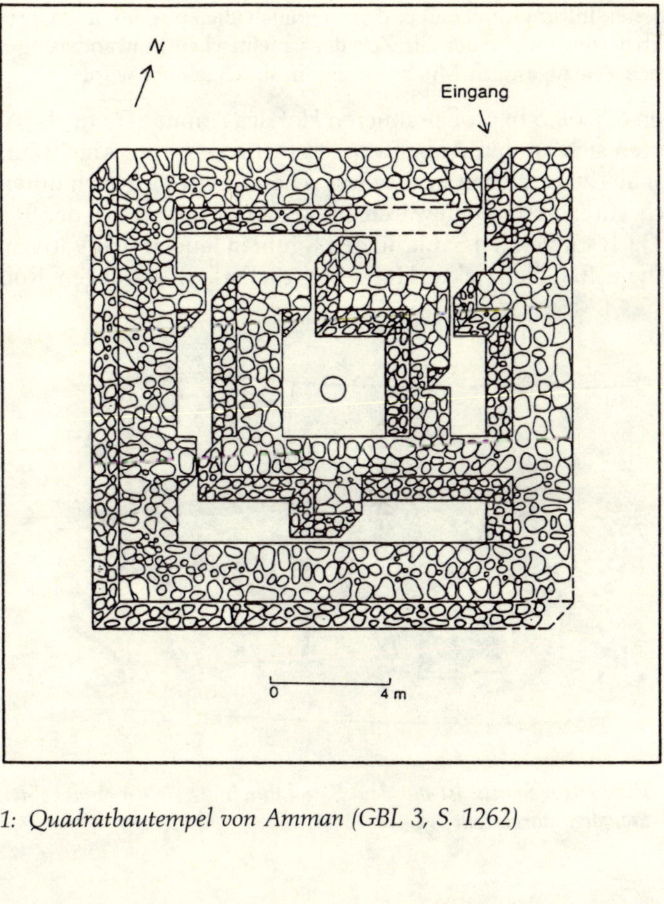


*Abb. 71: Quadratbautempel von Amman (GBL 3, S. 1262)*

Auffallend ist, daß die ägyptischen Quellen nichts von den Ammonitern wissen. Hatten die Ammoniter sich noch nicht als Nation formiert oder waren sie einfach zu unbedeutend und daher nicht erwähnenswert? Der rätselhafte Tempel bei Amman könnte auf diese Frage anregende Antworten geben.

## Der Quadratbau-Tempel bei Amman und die Ammoniter

Bislang sind drei wichtige Baustrukturen in Palästina als Quadratbau-Tempel identifiziert worden. Sie datieren alle in die Spätbronzezeit B, liegen aber als isolierte Gebäude in der Nähe kleiner spätbronzezeitlicher Ansiedlungen und weisen ungefähr die gleichen Maße auf: Tannanir (18 x 18m) auf dem Berg Garizim, Hazor (18 x 18m) und der Amman-Airport-Tempel (15 x 15m), der nun leider unter der verlängerten Rollbahn des Stadtflughafens von Amman liegt.

Der quadratische Tempel wurde 1955 entdeckt und 1966 ausgegraben. Er liefert uns die besten Informationen über den Gebrauch, die Funktion und Gottheit des hier praktizierten Kultes, der zur Zeit der israelitischen Einwanderung und der ägyptischen Feldzüge nach Moab und Edom durchgeführt wurde.

Um einen 6,5 x 6,5 m großen inneren Hof des Amman-Tempels (Abb. 71) gruppierten sich an den Außenwänden mehrere rechteckige Räume, die vom Hof aus zu erreichen und, wie es scheint, teilweise auch untereinander durch Türen verbunden waren. Im Zentrum befand sich der Sockel einer das Dach stützenden Säule. In den Räumen fanden sich Votivgaben an die Gottheit: 40 Goldobjekte, Hunderte von Perlen, Skarabäen, Rollsiegel,

*Abb. 72: Die Göttin Sibittu ist auf dem Siegel durch die sieben Kreise (Sterne der Plejaden) dargestellt*

Knochen- und Elfenbeinstücke. Weil aber insbesondere eine enorme Anzahl von Tier, Vogel- und Menschenknochen in den dicken Ascheschichten zutage kam, haben die Ausgräber den Tempel mit dem Feuerkult (Moloch) assoziiert, bei dem Menschenopfer dargebracht worden sind.

Die Verehrung dieses »greulichen Götzen der Ammoniter« (1Kön 11,7) wurde durch einen Fund im Amman-Tempel indirekt bestätigt. Auf einer aus Mesopotamien (Kassitenzeit) stammenden vierzeiligen Inschrift auf einem zylindrischen Kettenglied (vgl. Abb. 72) erwähnt der Text eine Anat-Banitu, die Tochter Sapittus. Die babylonische Sapittu ist die Göttin der Totenwache und der Klage. Dies ist eine nur allzu passende Gabe an diese Göttin in einem Tempel des Todes. Denn nach den anthropologischen Untersuchungen der vielen Menschenknochen stellte sich heraus, daß 90 % von ihnen von jungen Menschen im Alter zwischen 12 und 14 Jahren stammten (vgl. 5Mo 12,31b). Der Quadratbau-Tempel zeigt uns jedenfalls, daß schon vor der späteren ammonitischen Monarchie Menschen um Amman gewohnt haben.

Über die Seßhaftwerdung der Ammoniter ist uns nichts bekannt. Ob einige der spätbronzezeitlichen Orte (z.B. Amman oder Tell es-Ṣafūt) bereits ammonitisch oder von den Samsumitern, den Vorbewohnern Ammons (5Mo 2,20-21; 37), besiedelt waren, ist nicht mit Sicherheit zu sagen. Wahrscheinlich ist aber, daß die ammonitischen Familien und Stämme Rabba, das heutige Amman, eroberten und in Stadtnähe den oben beschriebenen Tempel als Zentralheiligtum der Ammoniter errichteten. Dies wird um 1400 v.Chr. geschehen sein. Im W stieß das ammonitische Land an das der Amoriter mit ihrer Grenzstadt Jaza (Ḫirbet eṣ-Ṣār). Nördl. von Rabba oder Rabbat-Ammon, in Gilead, dem heutigen ʿAǧlūn, siedelten nur wenige Menschen. Nach biblischer Aussage hatte Gott den Ammonitern das Land der Urbewohner, der Samsummiter, geschenkt (5Mo 2,21.22). Jedoch wurde den Ammonitern ein Teil ihres Landes von den Amoritern wieder entrissen, denn das ammonitische Territorium war auf das Gebiet um Rabbat-Ammon und östl. davon beschränkt (4Mo 21,24; Jos 12,2).

## Die Begegnung Israels mit den ostjordanischen Stadtkönigen

Als die Söhne Ammons in einem relativ schmalen Streifen fruchtbaren Ackerlandes westl. von und um Rabba seßhaft wurden, waren die israelitischen Stämme auf dem Weg nach Kanaan. Dabei stellte sich ihnen Sihon von Hesbon, Og von Baschan und der Moabiterkönig Balak mit Bileam in den Weg. Auch kam es zu ersten Begegnungen mit einer Israel fremden Religion, dem Baal-Peor-Kult. Weil die Ammoniter erst später wieder in der unmittelbaren biblisch-historischen Überlieferung eine Rolle spielen, wollen wir hier nach den archäologisch-historischen und biblisch-archäologischen Aspekten fragen, die uns evtl. über die eben genannten Episoden aufklären können.

Manche Forscher sind der Meinung, daß die Eroberung des Ostjordanlandes von W nach O erfolgt ist. Die Begründung dafür sehen sie in jenen biblischen Texten, die nach der Niederwerfung von Og und Sihon die Landzuteilung an Manasse, Gad und Ruben von W her erfolgen lassen (Jos 22,7-9). Die »Landnahme« wäre demnach von NW her vor sich gegangen. Dies widerspricht jedoch dem biblischen Ablauf, denn die Wanderung Israels endete in den Gefilden Moabs am Nordende des Toten Meeres (4Mo 33,49).

*Sihon*

Das Herrschaftsgebiet des Amoriterkönigs Sihon umfaßte das ganze Land zwischen dem Arnon in S und dem Jabbok im N (4Mo 21,24). Fünf midianitische Fürsten waren seine Vasallen (Jos 13,21). Vor der Begegnung Israels mit Sihon hatte dieser das gesamte Territorium den Moabitern entrissen, die zunächst auf das moabitische Kernland südl. des Arnon beschränkt blieben (4Mo 21,26-30; 48,45). Nach seiner Weigerung, die Israeliten durch sein Land ziehen zu lassen (4Mo 21,21f; 5Mo 2,26-28), besiegte Israel Sihon, besetzte sein Land und tötete ihn bei Jahaz (4Mo 21,21-31). Ruben und Gad wurde das Land zugeteilt (4Mo 32,33-38; Jos 23,10). Das Lied über den Untergang Heschbons, der Hauptstadt Sihons (4Mo 21,27-30), ist sehr alt und geht auf den aktuellen Vorgang der Zerstörung zurück. Auch in späterer Zeit wird die Niederlage Sihons besungen und in Erinnerung gerufen (5Mo 31,4; Jos 2,10; 9,10; Ri 11,19-21; Neh 9,22; Ps 135,11; 136,19). Es ist daher doch recht schwierig zu glauben, wie einige Forscher annehmen, daß die Person Sihons und die Eroberung Heschbons unhistorisch sind.

Allerdings haben die Ausgrabungen von Heschbon (Tell Ḥisbān) in den Jahren 1968-1976 nicht jene Schichten freigelegt, die aus der Zeit Sihons stammen und die nachweislich einen Brand in der Stadt erkennen lassen. Jedoch ist deutlich geworden, daß Heschbon in der ausgehenden Spätbronzezeit (ca. 1250 v.Chr.) bewohnt gewesen war. Diese Zeit ist aber für die biblische Chronologie zu kurz, denn die Daten von 1400 bis 1390 v.Chr. wären nach biblischer Zählung die besseren Daten, die in diesen historisch-chronologischen Rahmen passen würden. Zu jener Zeit war Heschbon aber nicht besiedelt, wie die Ausgrabungen ergeben haben. Während auf der Akropolis des Tell Ḥisbān vor allem islamische, byzantinische, römische und hellenistische Überreste gefunden wurden, zeigte es sich, daß am westl. Abhang in der Nähe des kleinen Wādī Ḥisbān noch Mauerzüge aus der Frühen Eisenzeit existierten. Diese Reste lassen erkennen, daß die eisenzeitliche, vielleicht auch die früheisenzeitliche Stadtanlage am westl. Abhang unmittelbar in Wādīnähe angelegt worden war.

Das zeitliche Problem kann nur durch weitere Grabungen auf anderen Tells in der Nähe von Heschbon gelöst werden. So ist auf el-ʿAl, ca. 2 km nördl. von Tell Ḥisbān, spätbronzezeitliche Keramik gefunden worden, ebenso auf dem großen Tell von el-Ǧalūl, der 5 km östl. von Heschbon liegt und auch als Ort des spätbronzezeitlichen Heschbon somit in Frage kommen könnte. Vielleicht haben sich die Gaditer statt auf dem zerstörten el-Ǧalūl (Heschbon um 1400 v.Chr.?) um 1300 bis 1200 v.Chr. auf dem Tell Ḥisbān niedergelassen.

## *Og*

Der Refaïter Og von Baschan, »ein Riese«, regierte über 60 Städte mit »hohen Mauern, Toren und Riegeln« (5Mo 3,4.5). Sein Territorium reichte vom Hermon im N bis an den Jabbok, den Grenzfluß zum Reich Sihons. Nachdem Israel Sihon beseitigt hatte, stellte sich Og von Baschan ihm in den Weg (4Mo 21,34; Jos 13,12). Jedoch gelang es Israel, ihn bei Edreï zu beseitigen und zu töten (5Mo 3,11). Der halbe Stamm Manasse erhielt das Land Ogs im Gebiet des späteren Gilead, dem heutigen Aǧlūn-Gebirge im nördl. Jordanien.

Bei dem ammonitischen Rabba soll sich der steinerne Sarg Ogs (5Mo 3,11) befunden haben. Vermutlich handelt es sich dabei um ein Dolmengrab, in dem man Og bestattet hatte. Dolmengräber sind in der Umgebung von Amman recht zahlreich. Die Größe dieser Gräber verführte dazu, sich die darin begrabenen Menschen als Riesen vorzustellen, was dann auch zu der Bezeichnung Ogs als Riesenrefaïter geführt haben mag.

Nachdem Israel diese beiden Königtümer besiegt hatte, lagerte sich das Volk in den Gefilden Moabs am Nordende des Toten Meeres.

In diesem Bereich an der Nordostseite des Toten Meeres erhebt sich das jordanische Tafelland auf eine Höhe von ca. 1000 m. Hier ist nach der Überlieferung Mose auf den Berg Nebo gestiegen, hier hat er nach einer nicht biblischen Tradition zuvor den Fels geschlagen, um Wasser hervorzubringen, und hier sind auch die Israeliten dem Götzendienst des Baal-Peor erlegen (4Mo 25,3.5.18; 5Mo 34,6; Ps 106,28; Hos 8,10).

Bet Baal-Peor *(bēt baʿal pᵉʿōr,* »Haus des Baal-Peor«) verweist auf ein Zentralheiligtum, das am Wādī ʿAyūn Mūsā gelegen hat und von den umliegenden amoritischen, ammonitischen und moabitischen Stämmen aufgesucht worden ist. Eine genaue Lokalisation des Heiligtums ist nicht möglich, aber es wird sich um eine der Höhen handeln, die man vom Berg

Nebo aus sieht. Bei Ausgrabungen auf dem Berg Nebo hat man ein Siegel aus dem 8. Jh. v.Chr. gefunden, das eine Kultszene zeigt: die Anbeter stehen vor einer Mondsichelstandarte, rechts ein Baum, links ein Stern (Abb. 73). Das Motiv deutet auf den Astralkult hin – hatte er mit Baal-Peor zu tun (2Kön 21,5; Jer 7,17f; 19,13)? Die Mosequelle liegt unweit vom Gipfel

*Abb. 73: Siegel (mit Mondsichelstandarte) von Nebo (Weippert 627)*

des Berges Nebo (4Mo 23,28). Lag Baal-Peor in der Nähe der heute noch Wasser spendenden Kalkabbrüche, aus denen das Wasser in starkem Strom hervorschoß, als Mose – nach arabischer Tradition – den Felsen schlug und wo er nach 5Mo 34,6 seine letzte Ruhe fand: im Tal gegenüber Bet-Peor?

*Abb. 74: Tempelwand mit Inschrift von Tell Dēr ʿAllā (Rekonstruktion nach MB 1986)*

Man erreicht die Mosequelle auf einem serpentinenreichen, schmalen Fahrweg, der etwa 1,3 km nach Verlassen des Berges Nebo nach N abbiegt und in das Tal zur Mosequelle, die von vielen Büschen, hohem Schilfgras und Eukalyptusbäumen umstanden wird, hinabführt (Tf. 14 und 15).

*Bileam*

Die biblische Geschichte weist im Zusammenhang mit dem Götterseher Bileam ebenfalls in diese Gegend. Berge und Hügel, kleine und große Quellen sowie Wasserläufe sind in der Fruchtbarkeitsreligion Baals für die Anlage von Heiligtümern sehr wichtig gewesen. So darf es nicht verwundern, daß Bileam von Petor (4Mo 22,5) nach dem Sieg Israels über Sihon und Og von dem Moabiterkönig Balak zur Verfluchung Israels bestellt wurde (4Mo 22-24). Balak kam ihm am Arnon entgegen, und sie gelangten zunächst nach Bamot-Baal, das bei Dibon liegt und auch in der Mescha-Stele 500 Jahre später noch genannt wird. Bamot-Baal (die »Höhen des Baal«) war wohl ein wichtiges Heiligtum, in dem Bileam Israel verfluchen sollte (4Mo 22,41; Jos 13,17). Offenbar konnte man von dort das Volk Israel überschauen. Als der Fluch nicht ausgesprochen wurde, versuchte Balak es mit einem anderen Heiligtum: er ging mit Bileam nach Bet Baal-Peor (4Mo 23,28), welches wohl oberhalb der Mosequelle in Sichtweite des Berges Nebo gelegen war. Auch von hier aus konnten sie auf das Volk hinuntersehen, das sich in der Ebene am Nordende des Toten Meeres niedergelassen hatte. Aber auch in Baal-Peor wollte die Verfluchung Israels nicht gelingen. Bileam zog unverrichteter Dinge wieder nach Petor zurück.

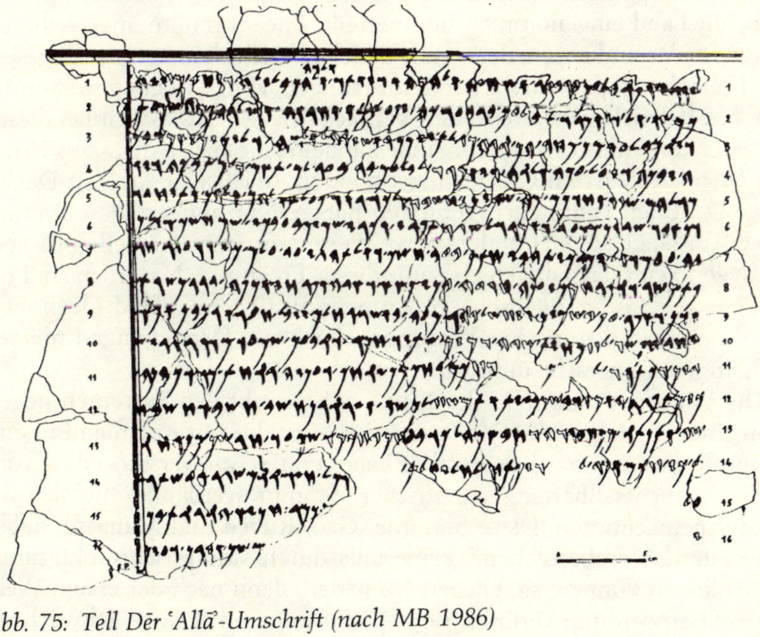

*Abb. 75: Tell Dēr ʿAllā-Umschrift (nach MB 1986)*

Von Bileam, dem Götterseher, dem Sohn Beors, berichtet auch eine Inschrift auf einer mit Kalk verputzten Wand eines Heiligtums in Tell Dēr ʿAllā', die 1967 freigelegt wurde (Abb. 74). Man hat den in schwarzer und roter Tinte geschriebenen 16-zeiligen Text (Abb. 75) abgelöst und bewahrt ihn nun in einem Schaukasten im Archäologischen Museum von Amman auf.

Diese und eine andere schwer zu identifizierende Tontafel mit eigenwilligen Schriftzeichen bestärken manche Forscher in der Überzeugung, daß Tell Dēr ʿAllā' die Heimat Bileams gewesen ist, denn auf der genannten Tontafel ist von dem Ort Petor (*ptr*) die Rede, der von einem Unglück betroffen worden ist. Dieser Ort war Tell Dēr ʿAlla', der nach diesem Text mit Petor aus 4Mo 22,5, der Heimat Bileams, gleichzusetzen ist.

In der fragmentarischen Bileaminschrift aus dem 8. Jh. v.Chr. geht es um eine Offenbarung Bileams, in der er eine Katastrophe verkündet. Beachtenswert ist noch, daß in diesem Text die Schaddaj-Gottheiten genannt werden, eine Gottesbezeichnung, die auch der Gott Abrahams, El-Schaddaj, trug (1Mo 17,1). Der aramäische Text selbst geht wohl auf ein »Buch Bileams« aus dem 10. Jh. v.Chr. oder noch früher zurück.

## Auseinandersetzungen im Ostjordanland während der Richterzeit

Sihon und Og, diese beiden Feinde Israels, wurden in kürzester Zeit besiegt, ihr Land eingenommen und verteilt. Bileam mußte unverrichteter Dinge wieder umkehren, denn statt Israel zu verfluchen hatte er es gesegnet. Die Schnelligkeit dieser Landeroberungen, »Blitzkriege« gewissermaßen, hat bei vielen Forschern den Verdacht erregt, daß es sich bei diesen Episoden um unhistorische Vorgänge handelte, die erst später – aus Gründen einer idealisierten Geschichtsschreibung – vielleicht zur Zeit Davids Eingang in den Pentateuch gefunden haben. Nun mögen diese literarischen Vorgänge so oder anders gewesen sein, in Frage zu stellen ist aber deswegen keinesfalls die Historizität dieser Ereignisse. Natürlich sind die Berichte der fast mühelosen Eroberungen in Ostjordanland idealisierte Überhöhungen historischer Vorgänge, aber diese Darstellungen müssen deshalb im Kern nicht unhistorisch sein.

Die Wahrheit könnte in der Mitte zwischen beiden Extremen liegen: Historisch ist, daß in der Spätbronzezeit auch das Ostjordanland in eine kulturell wie wirtschaftlich instabile Lage geraten war, verstärkt durch den Ansturm nichtseßhafter (israelitischer) Stammesverbände, die sich des Landes bemächtigten. Diese Stämme, Gad, Ruben und Manasse, haben ihrerseits das eroberte Land keinesfalls durch starke Stadtkönigtümer kontrollieren können; sie blieben Nomaden, denn nach der ersten Welle der Seßhaftwerdung verloren sie den Zusammenhalt. Ihre Schwäche in der Richterzeit (ca. 1300-1100 v.Chr.) verlockte die besiegten Staaten Moab und Ammon zu kriegerischen Unternehmungen gegen die israelitischen Verbände.

Der fette Moabiterkönig Eglon (Ri 3,12-30) hatte offenbar keine Mühe, das gaditische Territorium nördl. des Arnon zu durchziehen, um das Land östl. des Jordan zu erobern. Die Gaditen waren augenscheinlich zu schwach, um sich ihm in den Weg zu stellen. Wahrscheinlich war der feste Stammesverband zerbrochen und für den moabitischen Staat eine leichte Beute. Der ohnehin hauptsächlich nomadische Stamm Ruben hat wohl weggeschaut, als Eglon nach N zog. Sein Ziel war das benjaminitische Territorium um Jericho, die Palmenstadt (Ri 3,13). Achtzehn Jahre lang plagte er die Benjaminiten, Gad und Ruben. Die Ammoniter und Amalekiter unterstützten ihn dabei. Erst Ehud, einem Benjameniten, gelang es durch eine List, Eglon zu töten, als dieser auf dem Abort saß. Die bedrückten Stämme wurden befreit (Ri 3,17-30).

Von einer anderen Auseinandersetzung zwischen israelitischen Stämmen und den Ammonitern berichtet die Jeftah-Geschichte (Ri 11). Jeftah aus Gilead wird nach seiner Flucht in das Land Tob nach Gilead zurückgeholt. Ihm wird die Führungsrolle in Gilead angeboten, wenn er Manasse und Gilead zum Streit gegen die Ammoniter führen würde (Ri 11,1-11). Jeftah versuchte zunächst den ungenannt gebliebenen Ammoniterkönig davon zu überzeugen, daß Israel nicht sein Land, sondern das Land der Amoriter erobert hatte (Ri 11,23). Die ganze Argumentation half jedoch wenig. Von Mizpe aus (Ri 11,11.29) zog Jeftah in den Krieg gegen Ammon und schlug die Ammoniter »von Aroër an bis hin nach Minnit . . . und bis nach Abel Keramim« (Ri 11,33).

Die Kämpfe wurden von Mizpe aus nach SO geführt. Mizpe ist vermutlich el-Mišrēfe, wenige Kilometer nördl. von Gilead (Ḫirbet Ğel ʿad), der Heimat Jeftahs. Der Text erwähnt Aroër, das mit dem Aroër am Arnon identisch ist, als fernste Ausdehnung des zurückeroberten Territoriums und schließt mit Minnit, dem heutigen Umm el-Basātin, östl. von Heschbon und Abel-Keramim, das heute als el-Yağūz (mit Scherben aus der Eisenzeit I) nördl. von Ammon liegt. Die genannten Orte beschreiben die äußersten Grenzen Ammons (Abb. 76).

Im Zusammenhang mit dem oben beschriebenen ammonitischen Heiligtum, dem Amman-Tempel, ist von einigen Forschern bereits angemerkt worden, daß die recht eigentümliche Opferung der Tochter Jeftahs durch ihren Vater vielleicht doch einen recht realen Hintergrund haben könnte. Die grausige Tatsache der Kinderopfer im ammonitschen Heiligtum wirft ein trauriges Licht auf die Begebenheit mit Jeftahs Tochter, eine Darstellung, die rätselhaft und schwer deutbar ist. Wenn die Erfüllung seines Gelübdes (Ri 11,30-36) wirklich darin bestanden hat, daß Jeftah seine Tocher

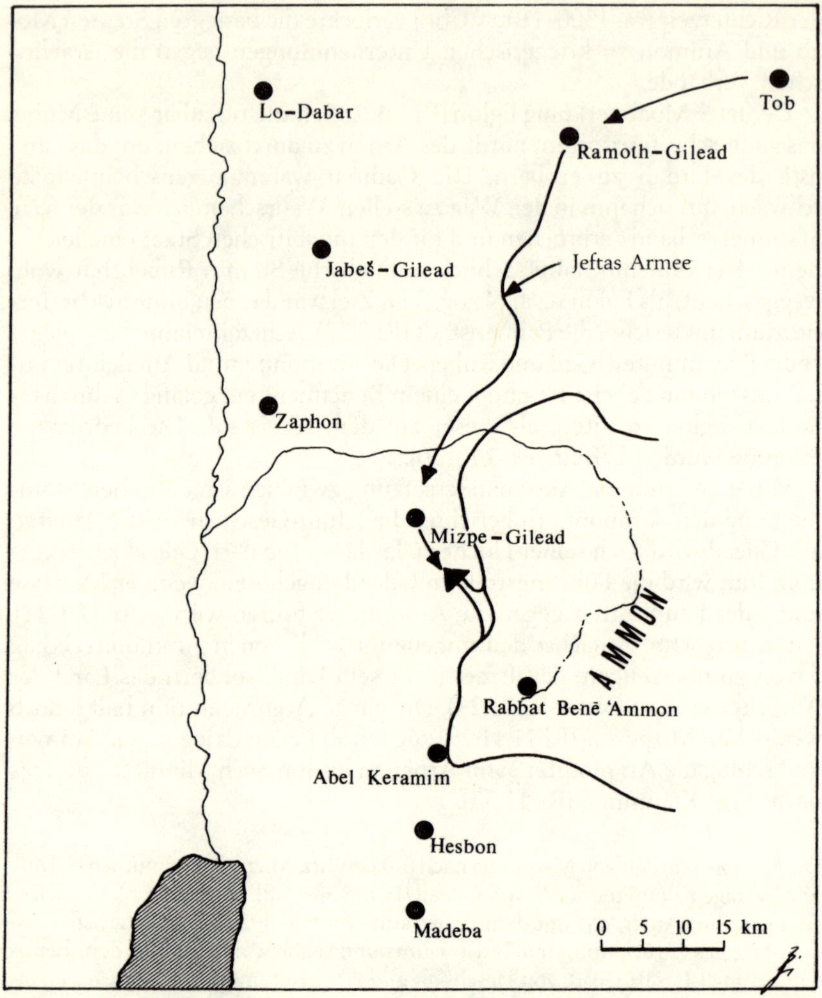


*Abb. 76: Orte der Kämpfe Jeftas*

opferte, so ist zu vermuten, daß diese furchtbare Tat vielleicht im Amman-Tempel stattgefunden hat. Gilead lag nur etwa 20 km nordwestl. des spätbronzezeitlichen Amman. Daß dieser Tempel als das Zentralheiligtum von Stammesverbänden des Umkreises von vielen Forschern betrachtet wird, erhärtet nur die Wahrscheinlichkeit, daß Jeftahs Tochter hier ihren Tod fand. Merkwürdig ist, daß sich das AT an den entscheidenden Textstellen in Ri 11,37-40 sehr unpräzise über die Art und Weise der Erfüllung des Gelübdes ausläßt. Hat es dem Verfasser widerstrebt, diese entsetzliche Tat zu schildern?

## Edom

Während im nördl. Ostjordanland um 1300-1100 v.Chr. bereits Kriege und Scharmützel um die Grenzen und Ländereien geführt wurden, blieben das Land Edom und Zentralmoab von diesen Geschehnissen in jener Epoche relativ unberührt. Sicherlich wurde auch dort »Geschichte« gemacht, aber sie bleibt uns wegen fehlender außerbiblischer Quellen verborgen. Auch die biblischen Texte sagen über jenen Zeitraum wenig aus, weil Israel noch gar nichts mit Edom zu tun hatte. Das änderte sich erst zur Zeit Sauls und Davids (um 1000 v.Chr.).

Die Edomiter haben die Voreinwohner Seīrs, die Horiter, vertrieben (5Mo 2,12). Die als Schasu-Nomaden geschilderten Edomiter wurden um 1300 bis 1200 v.Chr. seßhaft. Vermutlich war die Auseinandersetzung mit den Horitern doch nicht so kriegerisch wie zwischen den kanaanäischen Stadtfürsten und den Ḫapiru im N und W, denn die Horiter erscheinen in 1Mo 36,21-29 als Könige, die im Lande Edom regiert haben »ehe denn die Kinder Israel Könige hatten« (1Mo 36,31). Es bleibt aber unklar, ob die Könige in Edom ein Wahlkönigtum kannten oder als dynastische Thronfolger zu gelten haben. Eher ist wahrscheinlich, daß es sich um lokale Herrschergestalten handelt, die später von den seßhaft gewordenen Edomitern entmachtet wurden.

Zu Esau gehörten drei Stämme, die aus den Ehen mit Ada und Oholibama, beide Hetiterinnen, und Basmat, einer Ismaeliterin, hervorgegangen waren. Jeder Stamm bestand aus etwa neun bis zehn Clans. Über Elifas, den Sohn Adas, sind durch Amalek noch die im W nomadisierenden Amalekiter mit Edom verbunden. Als Nomaden an Raubzüge gewöhnt und an solchen interessiert, hatten sich die Amalekiter mit den Ammonitern gegen Gilead verbunden.

Die Städte, eigentlich Stadtstaaten, die von edomitischen Königen regiert wurden, sind in 1Mo 36,31-39 erwähnt, können aber leider nicht exakt identifiziert oder lokalisiert werden. Vielleicht ist Bosra mit Buṣēra (ca.

60 km nördl. von Petra) identisch und Teman mit dem Teman an der Westseite von Wādī-Mūsa vor Petra. Sicher ist das aber nicht.

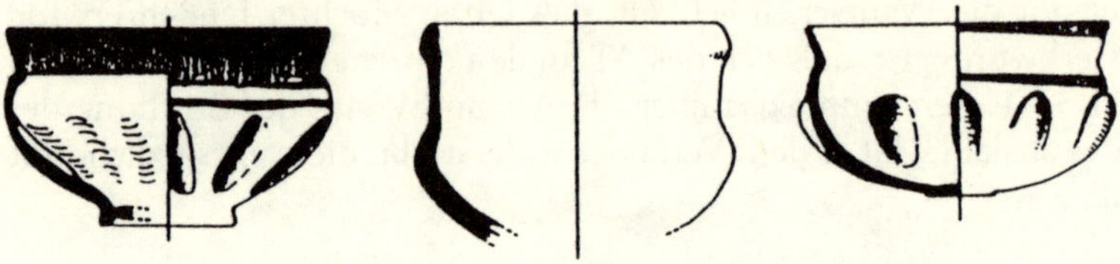

*Abb. 77: Keramik aus Teman – 7. Jh. v.Chr.*

Die Königsliste zeigt, daß es wechselnde Königsresidenzen gegeben hat und daß diese Wohnorte der Könige waren (ähnlich Saul, der von seinem Wohnort aus regierte). Der König, oder besser der Scheich, denn mehr wird er nicht gewesen sein, stützte sich daher auf seinen eigenen engen Familienverband (Sippe/Clan), auf seinen Hof und seinen Besitz. Wir haben ähnliche Verhältnisse in einigen modernen arabischen »Staaten«: eine Familie mit ihren vielen verwandtschaftlichen Verbindungen regiert; wird sie gestürzt, so bricht zunächst das ganze System zusammen und es kommt zu Stammeskämpfen um die Vorherrschaft.

Für die biblische Chronologie ist schwierig, daß in Edom nachweislich keine großen oder kleineren spätbronzezeitlichen Stadtanlagen durch Ausgrabungen freigelegt wurden. Es wäre aber möglich, daß die als Städte bezeichneten Wohnorte nur Wohn- bzw. Wandergebiete der ohnehin primär halbnomadischen Sippen gewesen sind. Als sie um 1300 bis 1100 v.Chr. seßhaft wurden, ist der Name des Stammlandes zum Stadtnamen geworden. Derartige Vorgänge sind im nomadischen Leben nicht ungewöhnlich. Auch können Städte nach Stammesnamen benannt werden.

Der Prozeß der Seßhaftwerdung läßt sich heute archäologisch im großen Rahmen nachvollziehen. Dies gilt vor allem für das westpalästinische Gebirgsland. In begrenztem Umfang können ähnliche Verhältnisse auch für das Ostjordanland angenommen werden.

## Vom Zelt zur Dorfsiedlung

Man hat noch vor zwei Jahrzehnten einen Haustypus, der zunächst in Israel ausgegraben wurde, als typisch »israelitisches Vierraumhaus« bezeichnet. Hierbei handelte es sich um gewöhnlich zwei oder drei Breiträu-

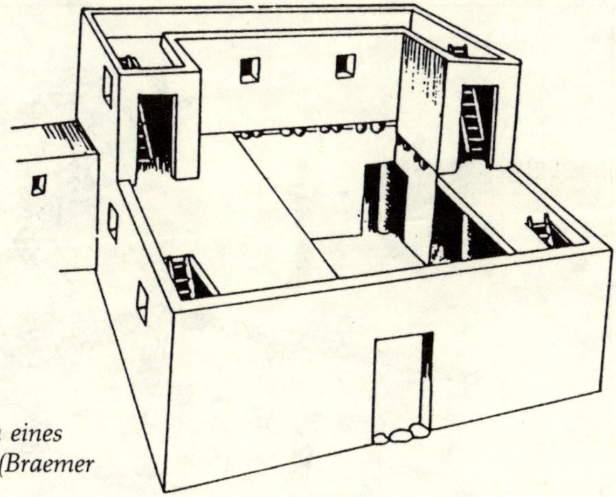

*Abb. 78: Rekonstruktion eines Vorratshauses (Braemer 152)*

me, die sich um einen Hof gruppierten (Abb. 78). Der Hof, der gelegentlich auch zur Hälfte überdacht sein konnte, wird dabei als Raum mitgezählt, weil seine Fläche etwa der der Breiträume entspricht.

Dieser Haustypus hatte weder spätbronzezeitliche Vorläufer noch beeinflußte er die umliegenden Kulturen in späterer Zeit. Er gilt als typisch

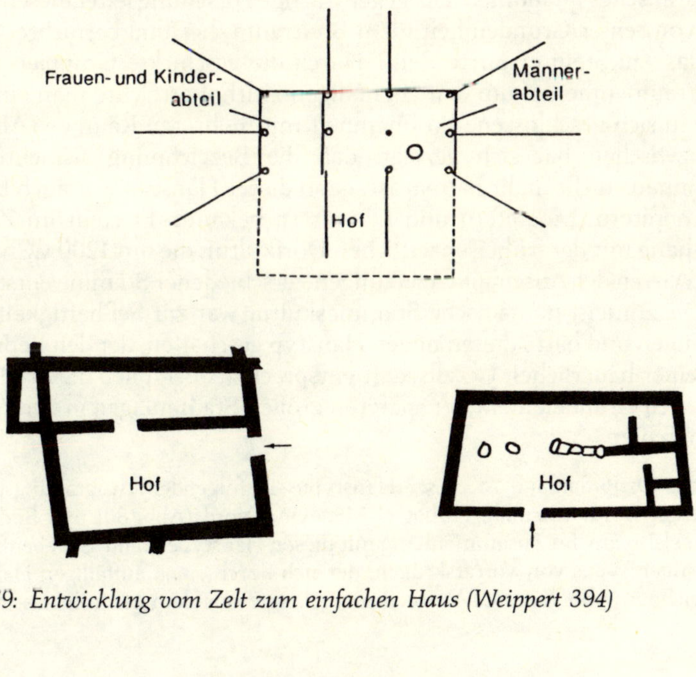


*Abb. 79: Entwicklung vom Zelt zum einfachen Haus (Weippert 394)*

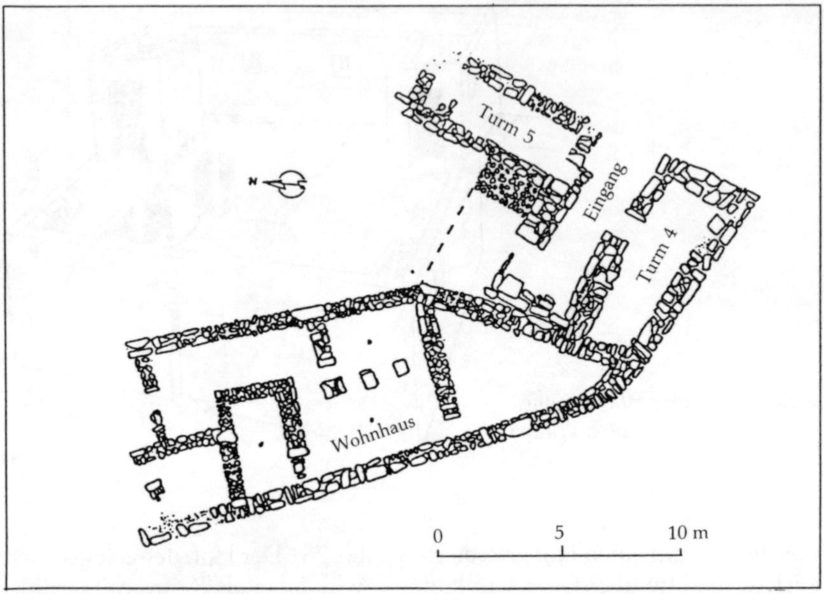


*Abb. 80: Wohnhaus und Festungstor in el-Medēyīne – Nord (Olavarri, ADAJ 27, 1983, 171)*

palästinisches Phänomen. Die gegenwärtige Forschung leitet diesen Haustyp von seiner Grundeinheit, dem Breitraum, her und betrachtet diesen als das »zu Stein erstarrte Zelt«. Durch die geschickte Gruppierung der Breitraumeinheiten um den ehemaligen Zelthof erreichte man eine größere in sich geschlossene Wohneinheit mit mehreren Räumen (Abb. 79).

Inzwischen hat sich gezeigt, daß die Bezeichnung »israelitisches« Wohnhaus nicht mehr haltbar ist, denn dieser Haustyp war auch bei den Ammonitern, Moabitern und Edomitern bekannt. Er steht im Zusammenhang mit der früheisenzeitlichen Dorfkultur, die um 1200 v.Chr. nach den Wirren der Auseinandersetzungen verschiedener Stämme entstanden ist. Die zumeist nomadische Stammeskultur war zur Seßhaftigkeit übergegangen und hatte diesen neuen Haustyp geschaffen, der den Bedürfnissen einer bäuerlichen Gesellschaft entsprach. Jedoch blieb dieser Haustypus auch Grundelement der späteren großen Stadtanlagen in der Zeit der Monarchien.

Für das Ostjordanland ist dieser Haustypus in folgenden Ausgrabungsplätzen freigelegt worden: Saḥāb, Ḫirbet el-Medēyīne Nord (Abb. 80) und Süd sowie Umm el-Biyāra. Im Zusammenhang mit diesen Haustypen fand sich ebenfalls ein neuartiger Typus von Vorratskrügen, der sich durch einen auffälligen Halswulst auszeichnet (Abb. 81). Der Vorratskrug gelangte aus dem zentralpalästinischen

Raum auch in das Ostjordanland (Ḫirbet el-Ḥēdamus, Tell el-Mazār, Tell Dēr-ʿAllā', Amman, Ḫirbet el-Haǧǧār und Saḥāb), hat aber weder im S noch im N besondere Verbreitung gefunden. Bemerkenswert sind die Menschen-, Pflanzen- und Tierdarstellungen von Stempelsiegeln auf den Rändern oder Henkeln einiger dieser Vorratskrüge (Abb. 82).

Die agrarisch strukturierte Gesellschaft um 1200 v.Chr. lebte in zunächst noch unbefestigten offenen Siedlungen. Erst mit der Konsolidierung der Stämme und der Herausbildung monarchischer Strukturen wurden einige Dörfer an besonders wichtigen Handelslinien zu Stadtzentren. Jedoch gilt auch hier das bereits im ersten Kapitel gesagte: zu einer fruchtbaren Symbiose verschmolzen, blieben Nomaden, Bauern und Städter auch weiterhin die bestimmenden sozialen Schichten im West- wie im Ostjordanland.

*Abb. 81: Sogenannter »collared-rim jar« (Krug mit Halswulst; Weippert 396)*

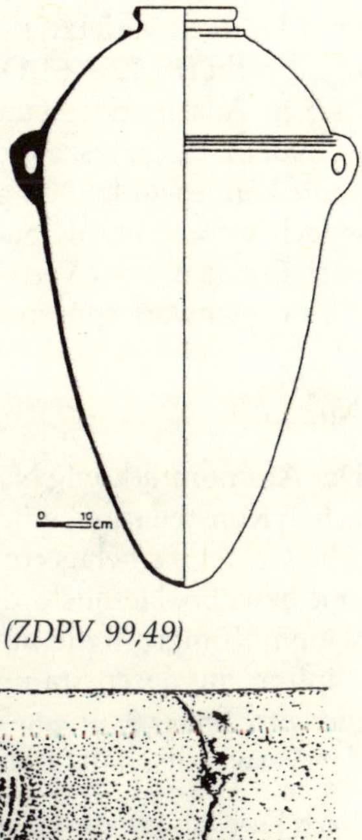


*Abb. 82: Stempelabdrücke auf einem Krug von Saḥab (ZDPV 99,49)*

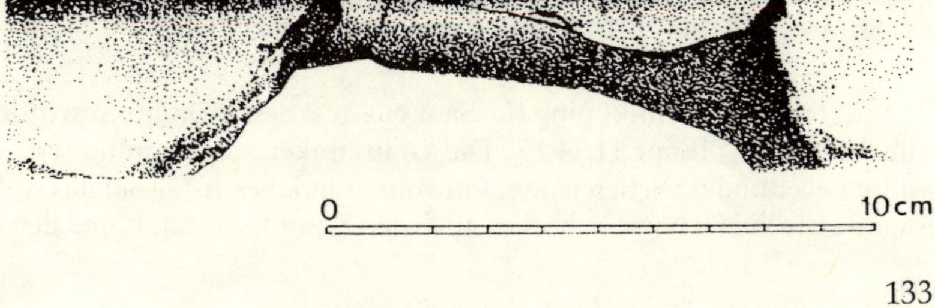

# V. Könige und Kriege

## Die ostjordanischen Staaten im Aufbruch

Um 1050 v.Chr., gegen Ende der Richterzeit, und zu Beginn der israelitischen Monarchie, hatten sich bereits die ostjordanischen Staaten Ammon, Moab und Edom formiert und bildeten eine starke Front gegen die junge israelitische Nation. Die Uneinheitlichkeit der israelitischen Stämme war noch einmal z. Zt. Jeftahs deutlich geworden, als die Ephraimiter sich um 1080 v.Chr. gegen Jeftah und gegen die Gileaditer mit der Anschuldigung gewandt hatten, Jeftah habe sie verachtet, weil er sie am Kriegszug gegen Ammon nicht um Unterstützung gebeten hatte. Die Ephraimiter waren in ihrer Eitelkeit verletzt, sahen sich aber sicherlich auch um ihre Kriegsbeute gebracht (Ri 12,1-6). Der Streit entwickelte sich zu einer harten kriegerischen Auseinandersetzung, die 42000 Ephraimitern den Tod brachte.

In der Übergangszeit (ca. 1080-1050 v.Chr.) bis zum kleinen Königtum Sauls kam es zu keinen größeren militärischen Konflikten. Diese setzten jedoch sofort ein, als Saul (ca. 1050-1010 v.Chr.) mit Eroberungszügen nach O und mit der Verteidigung der israelitischen Grenzen seine militärische Gegenwart spüren ließ.

### *Nahasch*

Der Ammoniterkönig Nahasch versuchte in dieser neuen, für ihn bedrohlichen Konstellation, einen Vorstoß in das zentrale gileaditisch-manassitische Gebiet: Er belagerte Jabesch in Gilead. Vermutlich war dies ein Test, eine bewußte Herausforderung Sauls, um zu sehen, wie ernst dieser es mit seinem Königtum meinte. Denn zwischen Jabesch-Gilead und den Benjaminiten, aus deren Stamm Saul kam, bestanden seit langem Beziehungen, die zum Teil erzwungen worden waren (Ri 21,9-14), dann aber, aufgrund der Verwandtschaft, freundlich blieben (1Sam 11,4; 31,11-13).

Nach Eusebius (Onomastikon 110,12) war Jabesch zu seiner Zeit (350 n.Chr.) ein Dorf auf einem Hügel am Wege von Gerasa nach Pella. Heute ist der alte Name noch in Wādī el-Yābis erhalten. Auf dem Tell el-Maqlūb (Jabesch) sind Scherben aus der Eisenzeit und der römisch-byzantinischen Epoche gefunden worden (Abb. 83).

Der militärische Konflikt ging für Saul gut aus: Sein Königtum wurde in Gilgal erneuert (1Sam 11,14.15). Die Grausamkeit der Ammoniter – sie wollten als Bundeszeichen jedem Einwohner in Jabesch-Gilead das rechte Auge ausstechen – hatte sicherlich auch den Kampfgeist Sauls und den der

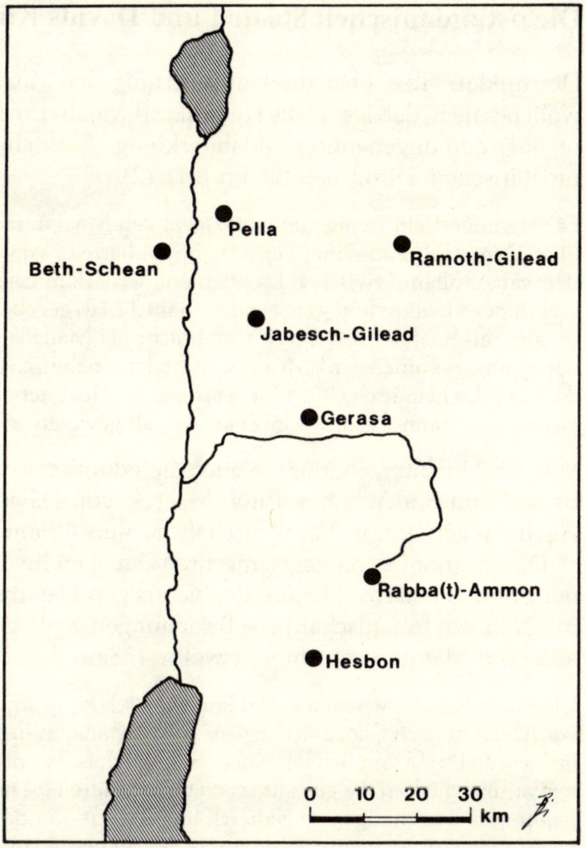


*Abb. 83: Jabesch etwa auf halben Weg zwischen Gerasa und Pella*

anderen Stämme beflügelt (1Sam 11,2.7.8). Nahaschs Heer wurde völlig aufgerieben (1Sam 11,11).

Die sehr summarische Angabe in 1Sam 14,47 über weitere Kriege Sauls gegen die Moabiter, Ammoniter, Edomiter und Aramäer (Zoba) enthält nur Hinweise auf kleinere Scharmützel zur Grenzsicherung. Es kam dabei offenbar zu keinerlei folgenreichen Auseinandersetzungen.

Nach dem Tode Sauls wird nochmals die freundschaftliche Beziehung des Benjaminiters zu Jabesch-Gilead deutlich: Sie holten die Leichname Sauls und seiner Söhne von den Mauern Bet-Scheans, brachten sie nach Jabesch, salbten und begruben sie unter einem Tamariskenbaum nahe des Ortes. Saul fand zunächst seine Ruhestätte im Gebiet des heutigen Tell el-Maqlūb im Ostjordanland (1Sam 31,8-13). David ließ jedoch die Gebeine Sauls und Jonatans nach Benjamin zurückholen und in Zela begraben (2Sam 21,10-14).

## Die ostjordanischen Staaten und Davids Kriege

Der unklare Text über die Unterwerfung der Moabiter (2Sam 8,2) will wohl besagen, daß David die Heereskraft Moabs um zwei Drittel schwächte, aber den ungenannten Moabiterkönig als abhängigen Vasall auf dem moabitischen Thron ließ (2Sam 8,11.12).

Es verwundert ein wenig, daß sich David den Moabitern gegenüber so hart verhielt. Denn während seiner Flucht vor Saul hatte er von der Höhle Adullam aus (Ḥorvāt Adullām), zwischen Lachisch und Jerusalem gelegen, seine Eltern in die Obhut des Moabiterkönigs in Mizpe (1Sam 22,1ff) gegeben. Vermutlich lag Mizpe im zentral-moabitischen Bereich und nicht bei Madeba (Ḫirbet el-Mišrīfe), wie häufig angenommen wird. Mizpe ist nicht der moabitische Name einer Stadt, sondern nur das hebräische Wort für »Festung der Moabiter«, wo Davids Eltern sicher waren; dies kann irgendwo in Zentralmoab gewesen sein.

Wie die Moabiter, so mußten auch die Edomiter Federn lassen, als sie im Salztal, am Südende des Toten Meeres, von David geschlagen wurden. Auch sie gerieten in Vasallenschaft zu ihm (2Sam 8,13.14; 1Chr 18,12).

Die Ammoniter hingegen machten David mehr zu schaffen. Hier war es der Sohn Nahaschs, Hanun, der sich gegen David stellte, obwohl David mit Nahasch freundschaftliche Beziehungen gepflegt hatte, die er offenbar auch mit Hanun weiterführen wollte (2Sam 10,1.2).

Die Freundschaft zwischen David und Nahasch hatte sich auch gezeigt, als David vor Absalom nach Gilead in den Gau von Mahanajim fliehen mußte. In Mahanajim wurde David von Schobi, einem Sohn Nahaschs, mit Nahrung versorgt. Offenbar unterhielten die gileaditischen Grenzstädte Lo-Dabar, Roglim und Mahanajim gute Beziehungen zu Nahasch und Rabbat-Ammon (2Sam 17,24-29). Dieses Mahanajim ist nicht mit dem Ort der Jakobsgeschichte identisch (vgl. 1Mo 32,3); es ist noch nicht lokalisiert worden.

Die Gesandten Davids, die mit dem Freundschaftsangebot zu Hanun gekommen waren, wurden als Spione betrachtet (2Sam 10,3). Man rasierte ihnen eine Barthälfte ab, durchtrennte ihre Kleider bis zum Gürtel, um ihre Geschlechtsteile zu entblößen, und sandte sie so nach Israel zurück (2Sam 10,4).

Diese Schandtat und die Abweisung des Freundschaftsangebotes Davids konnten nicht ungesühnt bleiben. David rüstete zum Kampf gegen die ammonitische Hauptstadt Rabba (2Sam 11,1; 12,26-31), nachdem er zuvor die Nordflanke gegen die Aramäer (mit König Hadad-Eser) gesichert hatte (2Sam 10,6-19).

*Abb. 84: Die Zitadelle von Amman (Ǧebel Qalʿa) – das ammonitische Rabba (Scheck 102)*

*Rabbat-Ammon*

Die früheisenzeitliche Stadtanlage liegt heute unter den Ruinen der römisch-byzantinischen und omayyadischen Ruinen, die ein eindrucksvolles Bild des klassischen Amman erstehen lassen (Abb. 84). Diese antiken Überreste befinden sich auf dem steilwandigen Čebel el-Qalʿa (Zitadelle), einem strategisch günstigen Tafelberg in einer wasserreichen Umgebung (Jabbok, Wādī Ḥisbān und Wādī-Amman).

*Amman (Philadelphia)*

Die eisenzeitlichen Anlagen sind in Amman noch nicht freigelegt worden. Aber die Spuren eisenzeitlicher Keramik und Mauern im ganzen Zitadellenbereich bezeugen, daß die alte ammonitische Hauptstadt auf dem Čebel el-Qalʿa gelegen hat.

Nach einer Siedlungslücke zwischen 450-300 v.Chr. haben die Griechen Amman 218 v.Chr. besiedelt, nachdem Seleukos der Große die Stadt den ägyptischen Pto-

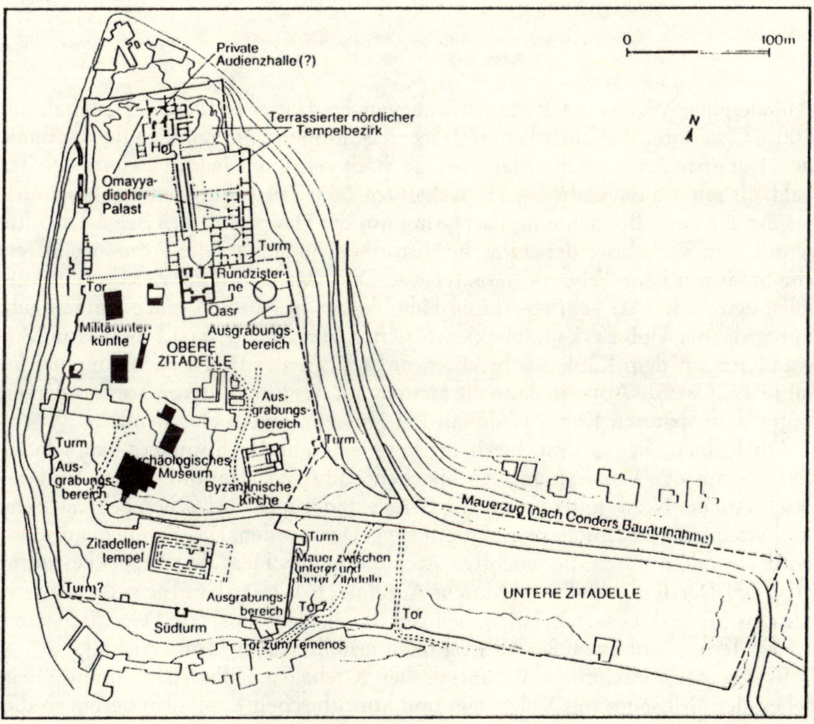

lemäern genommen hatte. Die Ptolemäer hatten als erste die brachliegende Siedlung wiederbelebt und nannten die alte ammonitische Stadt nun Philadelphia, nach dem hellenistischen König Ptolemäus II. Philadelphos (ca. 285-247 v.Chr.). Aber erst unter den seleukidischen Herrschern kam Philadelphia zu voller Blüte. Diese dauerte etwa 200 Jahre und wurde unter römischer Herrschaft noch verlängert, da die Stadt an der wichtigen Handelsstraße von Damaskus zum Golf von Aqaba und nach Ägypten lag. Während der christlich-byzantinischen Epoche ist

*Abb. 85: Der heilige Berg des ehemaligen Herkulestempels von Amman*

Philadelphias Wohlstand etwas zurückgegangen. Dieser Niedergang geschah um 600 n.Chr. unter den christlich-arabischen Stämmen und Familien der Ġassaniden. Der erste Ansturm des Islam ließ die Stadt verarmen. Jedoch änderte sich das bald, als unter omayyadischer Herrschaft (ca. 661-750 n.Chr.) Amman (nun auch wieder die neue Bezeichnung nach Ammon) die Hauptstadt des Belqā-Distrikts wurde. Um 985 schrieb der arabische Historiker Muqaddasi, daß Amman eine reiche Stadt mit bäuerlichem Charakter war. Dies war jedoch ein Zeichen des Verfalls, denn um 1321 schrieb Abū al-Fīdā, daß es in Amman große Ruinen gab, durch die der Fluß Zerka (Jabbok) sich seinen Weg suchte. Erst kirkassische Zuwanderer aus dem Kaukasus brachten um 1878 neues Leben nach Amman. Im Jahre 1921 wurde Amman dann die Hauptstadt des Emirates von Transjordanien unter dem späteren König Abdullah Ibn Hussein, einem Haschemiten.

Die Ruinen, die der Besucher heute besteigen und durchwandern kann, datieren alle aus den klassisch antiken Epochen: römisch, byzantinisch und früharabisch. Auf der Nord- und Ostseite des Berges sind jedoch auch schon hellenistische und eisenzeitliche Umfassungsmauern freigelegt worden. Das Bergplateau selbst wird vor allem durch die wuchtige Architektur des Herkulestempels bestimmt (Abb. 85). Der Tempel selbst ist Marcus Aurelius (161-180 n.Chr.) geweiht worden, wie eine Inschrift besagt. In einem heiligen Bezirk (Temenos) von 119 x 70 m wurde der Tempel auf einer 9 x 18 m großen erhöhten Plattform errichtet.

Reste einer dreischiffigen byzantinischen Kirche (ca. 6. Jh. n.Chr.) unmittelbar neben dem Museum mit Kolumnen und korinthischen Kapitellen bezeugen die

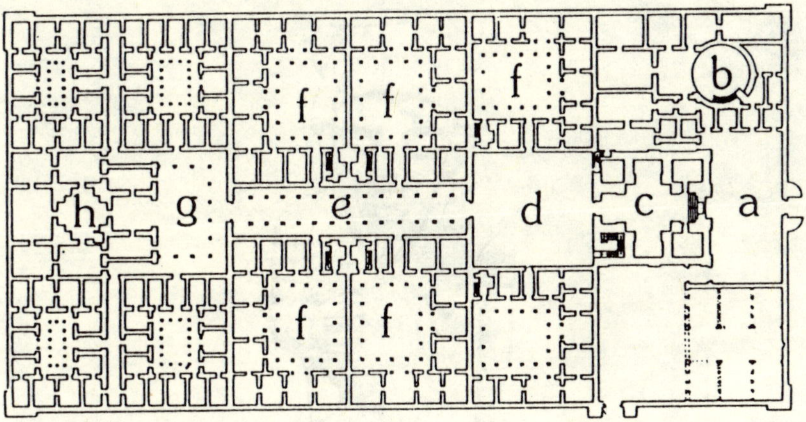


*Abb. 86: Die islamische Fürstenanlage auf der Zitadelle von Amman (Khouri 16)*

a. Vorhof
b. runde Zisterne
c. große Vorhalle
d. Innenhof
e. Säulenhalle
f. Wohnquartiere mit Säulenhöfen
g. Säulenhof
h. Palasträume

Existenz einer byzantinischen Siedlung, die den Berg überzogen hatte; dicht gefolgt, zeitlich wie räumlich, von den frühislamischen Fürstenanlagen (Abb. 86), die auch als Administrationszentrum gedient haben. Ihre Ruinen sind auf dem Nordausläufer der Zitadelle erkennbar.

Die erste topographische Aufnahme des Geländes aus den Jahren 1889 von Conder zeigt alte Siedlungsanlagen am südl. Fuß des Ǧebel el-Qalʿa, wo sich ein römisches Forum vor einem Amphitheater befindet. Ausgrabungen sind hier auf Siedlungsspuren aus der Eisenzeit I gestoßen (ca. 1200-1000 v.Chr.), die in die Zeit des Krieges Davids mit den Ammonitern gehören. Vermutlich war es dieser Stadtteil des alten Rabba am Fuße des Ǧebel Qalʿa, den Joab zunächst eroberte. »Ich habe gekämpft gegen Rabba und schon die Wasserstadt eingenommen« (2Sam 12,27).

Diese »Wasserstadt« (hebr. *ʿīr hammāyīm*) ist am Wādī-Amman zu suchen und wohl mit jenen eisenzeitlichen Siedlungsspuren zu identifizieren, die unter dem heutigen Forum und Amphitheater liegen.

David ließ es sich nicht nehmen, persönlich die Oberstadt Ǧebel el-Qalʿa (Rabba) zu belagern und einzunehmen (2Sam 12,28f). Bislang sind nur wenige Mauerreste, die zum Festungswerk der Stadt Hanuns gehör-

*Abb. 87: König mit ammonitischer Krone*

ten, auf dem Ǧebel el-Qalaʿ freigelegt worden (Tf. 16). Dies mag sich ändern, sobald man die römisch-byzantinischen und hellenistischen Ruinen archäologisch ausgewertet hat und man sich dann an die eisenzeitlichen Schichten heranwagen kann.

## *Die Krone des Ammoniterkönigs*

Nach der Eroberung von Rabba krönte sich David mit der goldenen ammonitischen Königskrone, die einen Zentner schwer und mit einem Edelstein besetzt war (2Sam 12,30).

Obgleich diese Angaben übertrieben erscheinen, so sind sie dennoch nicht ganz von der Hand zu weisen. Denn der Reichtum der Ammoniter ist archäologisch an den vielen wertvollen Grabbeigaben nachweisbar, die sich in Gräbern in und um Amman fanden.

Über die Krone des Ammoniterkönigs ist viel spekuliert worden. Schon der Ausdruck *malkam* (König) hat vermuten lassen, daß man hier wie in der Septuaginta *melchol* oder *malchol* lesen sollte, was auf den ammonitischen Gott Milkom verweisen würde (also »Krone des Milkom«).

Nun wäre es aber höchst frevelhaft in den Augen der Judäer gewesen, wenn sich David die Krone des ammonitischen Hauptgottes auf sein Haupt gesetzt hätte. Wahrscheinlicher ist es, daß die Krone dem König Hanun selbst gehört hat. Es sind inzwischen acht Skulpturen aus dem ammonitischen Reich bekannt, die Köpfe verschiedener ammonitischer Könige oder Würdenträger darstellen, deren Häupter mit einer ägyptischen ʾatef-Krone geschmückt sind (Abb. 87). Die hier abgebildete Statue eines barfüßigen Königs (Götter wurden nie ohne Schuhwerk dargestellt) trägt eine solche ʾatef-Krone, mit der gelegentlich die ägyptischen Gottheiten Horus, Chnum, Thoth und Satis gekrönt waren.

Außerhalb Ägyptens finden sich diese Kronen ausschließlich auf den Häuptern der semitischen Göttinnen (Mischstile). Die erstaunliche Ausnahme bilden die acht Skulpturen aus dem ammonitischen Bereich, wo sich die ʾatef-Kronen auf den bärtigen Gesichtern männlicher Antlitze finden. Weshalb das so ist, bleibt vorläufig rätselhaft.

David hat es sich nicht nehmen lassen, die goldene ʾatef-Krone Hanuns als Beispiel seiner Herrschaft über Ammon auf sein Haupt zu setzen (wahrscheinlich war sie aber nicht zentnerschwer).

Die Statuetten und Skulpturen, alles Zufallsfunde, mit Ausnahme der Statue des Yeraḥ-ʿAzār, die in Ḫirbet el-Haǧǧār gefunden wurde, datieren in die Zeit um 900-600 v.Chr. Die Statue des ammonitischen Königs (vgl. Abb. 87) wurde 1949 zusammen mit Yeraḥ-ʿAzār am Nordfuß der Zitadelle von Amman gefunden. Die Bekleidung beider Statuen ähnelt sich sehr. Bei Yeraḥ-ʿAzār sind die Details mehr ausgeführt. Der unproportional große Kopf der gedrungenen Figur sitzt halslos auf den Schultern. Der Körper ist mit einem langen Gewand bekleidet, das von einem Gürtel gehalten wird, dessen Enden vorne zwischen den Beinen herabhängen. Ein breiter Schal ist um die Schultern gelegt; er endet in einer Quaste. Der linke Arm ist angewinkelt und trägt bei Yeraḥ-ʿAzār eine Lotosblume. Der rechte Arm hängt starr herab. Beide Figuren stehen barfüßig auf einem Sockel. Die Statue des Yeraḥ-ʿAzār ist 0,48 m hoch, die Höhe der anderen Figur beträgt 0,83 m.

Ob es sich bei Yeraḥ-ʿAzār um einen König handelt, ist nicht sicher. Auf jeden Fall kam er aus königlichem Haus, denn die zweizeilige Inschrift auf seinem Sokkel lautet: »Statue Yeraḥ-ʿAzārs, Sohn Zakirs, Sohn Schanibs« (. . . *sw yrh tr [br z] r br šnb*). Der Großvater Yeraḥ-ʿAzārs, Schanib, war ein ammonitischer König (s.u.).

Zahlreiche weitere Figuren aus Amman und Umgebung bezeugen eine hohe künstlerische Tradition im Ammoniterreich, die sich von syrisch-phönizischen und ägyptischen Einflüssen inspirieren ließ.

## Die Unabhängigkeitsbestrebungen der ostjordanischen Reiche (ca. 931-850 v.Chr.)

Nach Davids Eroberungen im Ostjordanland blieben die ostjordanischen Staaten Ammon, Moab und Edom für einige Jahrzehnte unter israelitischer Kontrolle. Auch aus der Zeit Salomos sind keine nennenswerten militärischen Auseinandersetzungen mit den östl. Nachbarstaaten bekannt. Im Gegenteil, die Blütezeit Israels, die sicherlich auch durch die Ausbeutung Ammons, Moabs und Edoms getragen wurde, hat ihrerseits auch diese Staaten wirtschaftlich begünstigt. So dürfte es sicher sein, daß die Edomiter, Moabiter und Ammoniter von dem regen Handels- und Schiffsverkehr Salomos nach und von Ezjon-Geber auch profitieren konnten.

Ezjon-Geber, das schon als Rastort der Israeliten auf dem Weg ins Gelobte Land genannt wird, lag etwa 4 km nördl. des heutigen Aqaba. Leider ist dem Besucher der Zugang zu den Ruinen (Tell el-Ḫlēfe) verwehrt (Militäranlagen). Die Stadtgründung von Ezjon-Geber geht auf Salomo zurück, der die frühe Anlage mit einer Kasemattenmauer umgeben hatte. Die ausgedehnte Festungsanlage (60 x 60 m; Abb. 88) beherbergte einen quadratischen Vorratsspeicher (ca. 13 x 13 m). In der späteren Anlage befand sich an der Südseite ein Vierkammertor. Die Verteidigungsmauern wiesen bastionsähnliche Vor-und Rücksprünge auf. In einem Festungsbereich fanden sich Hinweise auf eine sekundäre Kupferverhüttungsindustrie. Von hier aus hat Salomo seine Schiffe nach Arabien und Ofir geschickt und so seinen sprichwörtlichen Reichtum gewonnen (1Kön 9,16; 2Chr 8,17).

Eine aus der salomonischen Zeit interessante und wichtige archäologische Entdeckung wurde 1973 während der Ausgrabungen auf Tell-Ḥisbān gemacht. In Areal B 1 wurde ein dreischichtiger »Zementboden« freigelegt, der in unmittelbarem Zusammenhang mit einer 8 m hohen, mit Kalk verputzten Wand in Areal B 2 stand, die nach israelitischer Bauweise des Kopf- und Breitseitentypus errichtet worden war (Abb. 89). Weitere Testgrabungen zeigten, daß diese Mauer und der »Zementboden« zu einem 16 x 16 m großen Wasserreservoir gehörten, das aufgrund des Scherbenbefundes in die Zeit Salomos zu datieren ist. Dieses und ein zweites kleineres Reservoir sind die im Hld 7,5 erwähnten »Teiche von Heschbon«, die bildhaft die schönen Augen der Freundin Salomos darstellen.

Während zur Regierungszeit Salomos die ostjordanischen Reiche als seine Vasallen die Übermacht Israels akzeptieren mußten, nutzten sie jedoch gleich ihre Chance, als nach dem Tode Salomos das Reich auseinanderbrach (931/30 v.Chr.). Die Loslösung Ammons und Moabs von Israel bleibt im biblischen Text unerwähnt. Aber schon zu Lebzeiten Salomos hatte sich der Edomiter Hadad, mit ägyptischer Rückendeckung und finanzieller Hilfe, zwar nicht vollständig von Salomo lösen können, aber doch den edomitischen Thron bestiegen und als ständiger Widersacher Salomos diesem das Leben schwer gemacht (1Kön 11,14-25). Dies war ein Signal für

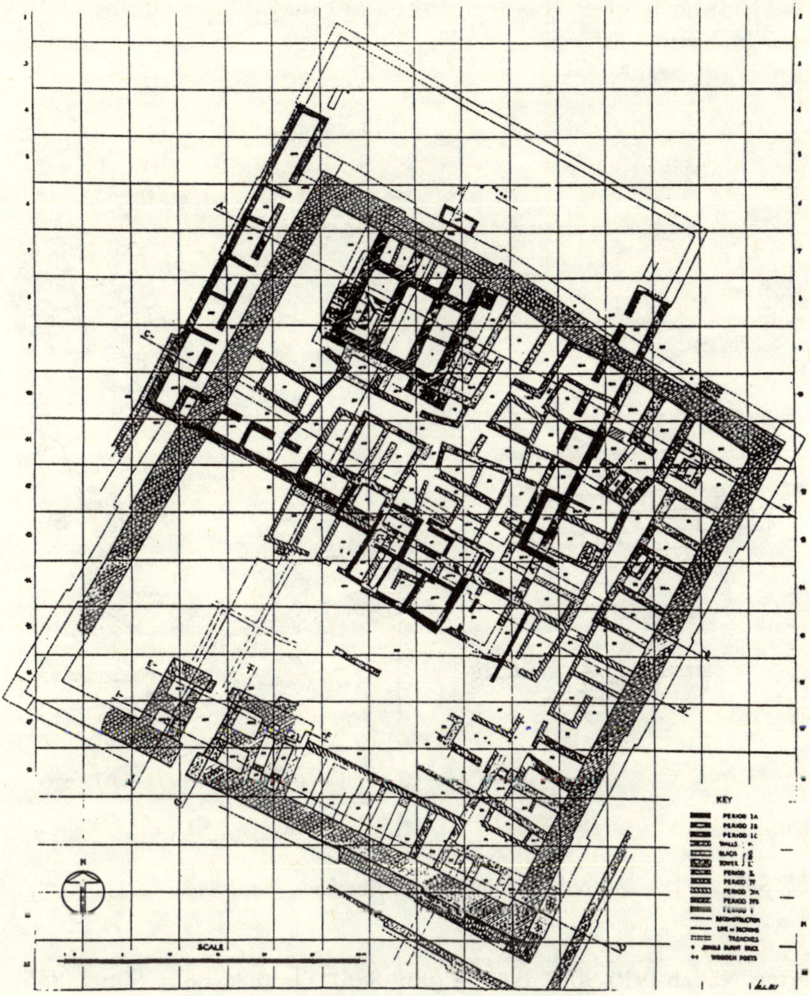

*Abb. 88: Die Stadt Ezjon-Geber (Tell el-Ḫlēfe) mit mehreren Bauphasen*

Moab und Ammon. Jedoch vollzog sich deren Befreiung von Israel erst nach der Reichsteilung.

Die nachfolgende Geschichte Israels kennt keine Auseinandersetzungen mit den ostjordanischen Reichen. Nach Jerobeam (931-910 v.Chr.) re-

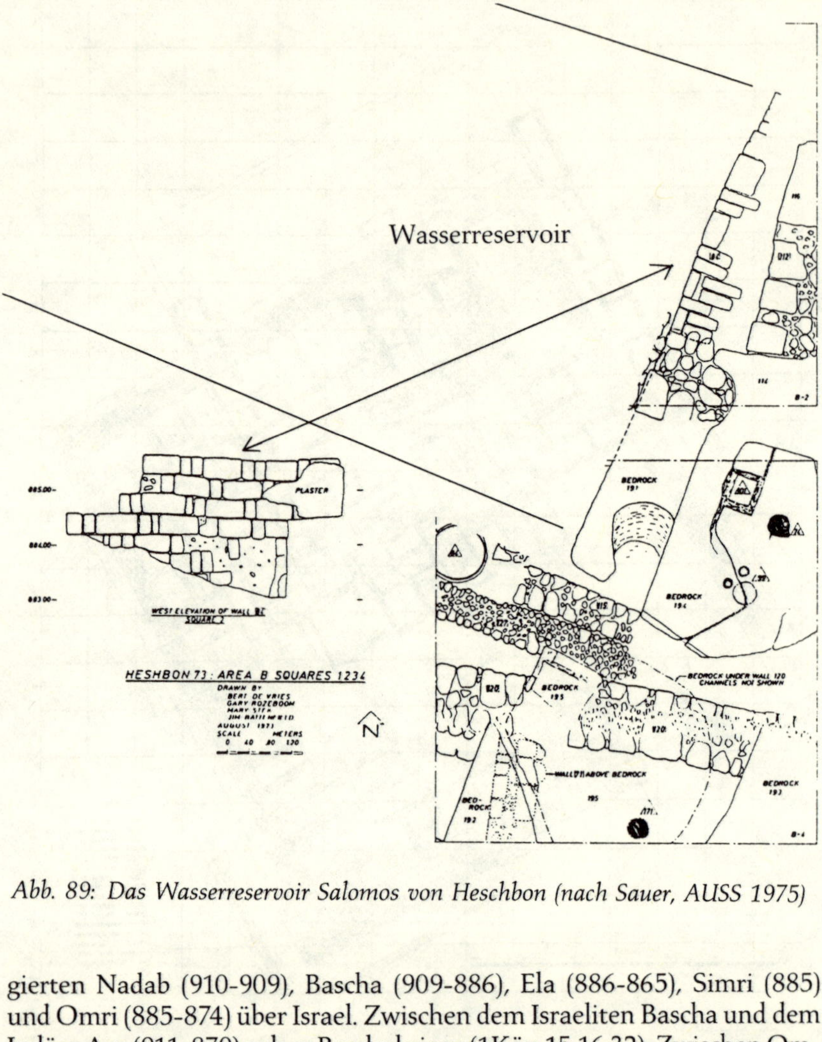


*Abb. 89: Das Wasserreservoir Salomos von Heschbon (nach Sauer, AUSS 1975)*

gierten Nadab (910-909), Bascha (909-886), Ela (886-865), Simri (885) und Omri (885-874) über Israel. Zwischen dem Israeliten Bascha und dem Judäer Asa (911-870) gab es Bruderkriege (1Kön 15,16.32). Zwischen Omri und Tibni, einem Usurpator und Gegenkönig, brach ein Bürgerkrieg aus (1Kön 16, 21.22). Die Kräfte Israels und Judas wurden innenpolitisch aufgebraucht.

Wie sich die ostjordanischen Staaten in jener Zeit entwickelten, ist noch zum größten Teil unbekannt. Nur von den Ammonitern kann gesagt werden, daß sie diese Jahrzehnte der inneren Schwäche Israels und Judas nutzten, um eine Verteidigungslinie, einen ammonitischen Limes, entlang der Westgrenze ihres Reiches zu errichten bzw. auszubauen.

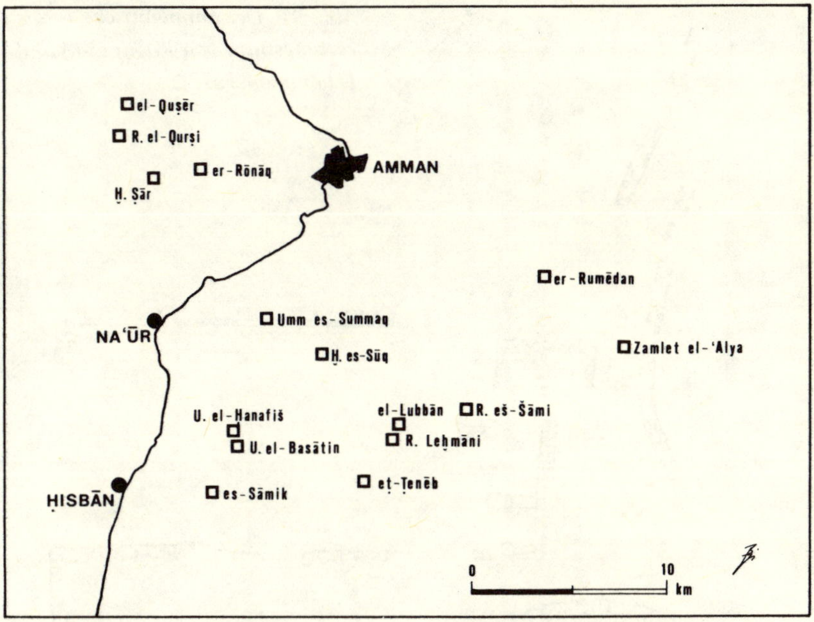


*Abb. 90: Eisenzeitliche Wehranlagen an der Westflanke von Amman*

## Die ammonitischen Grenzfestungen

Man hat lange Zeit über die mehr als zwei Dutzend Steintürme gerätselt, die Amman an seiner Westseite in der Eisenzeit auf einer geschwungenen Linie von S nach N umgaben (Abb. 90). Sondagen und Grabungen haben inzwischen gezeigt, daß einige dieser Anlagen bereits um 1000 v.Chr., die meisten von ihnen jedoch um 900 v.Chr. und später entstanden sind.

Die Errichtung dieser Türme, die eigentlich kleine zwei- bis dreistöckige Burgen sind mit kalkverputzten Räumen, Türen, Korridoren und Treppen, ist somit zeitgleich mit dem Erstarken der ostjordanischen Reiche nach der israelitischen Reichsteilung. Die Ammoniter bauten diese Verteidigungskette an ihrer westl. Flanke.

Jedoch dienten diese zwischen 8-22 m (Durchmesser) großen runden und rechteckigen Wehranlagen nicht nur militärischen Interessen, ob-

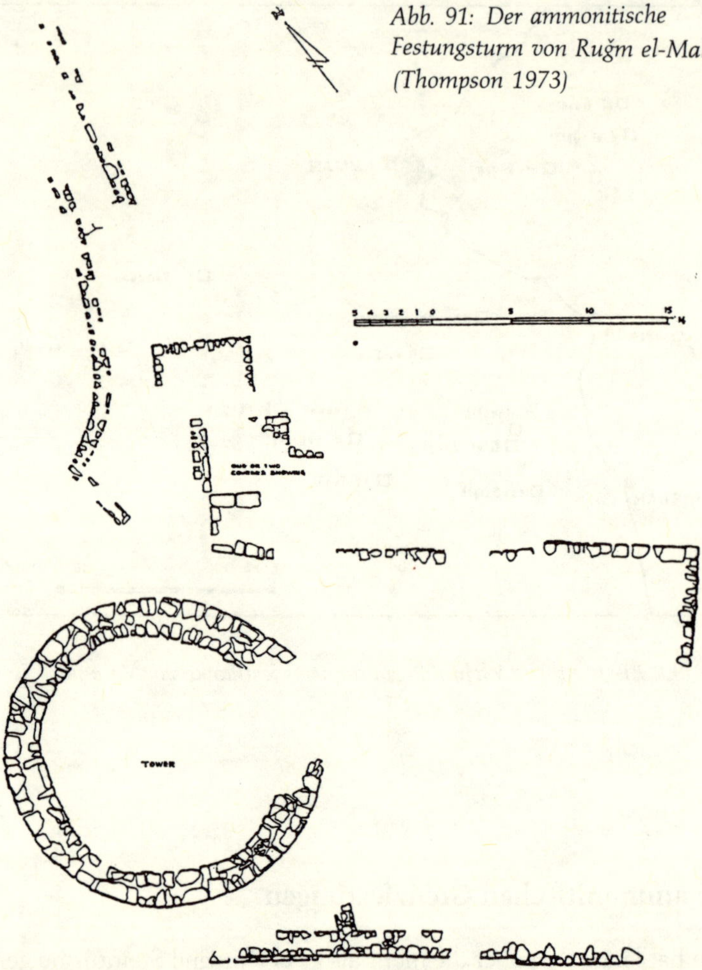


*Abb. 91: Der ammonitische Festungsturm von Ruğm el-Malfuf (Thompson 1973)*

gleich ihre Lage in Sichtweite voneinander den Verteidigungscharakter dieser Bauten betont. Darüber hinaus boten sie auch den lokalen Anwohnern Schutz in Krisenzeiten und dienten gelegentlich als landwirtschaftliche Vorratssilos. Die Ausgrabungen haben ferner gezeigt, daß die Anlagen in den nachfolgenden Epochen von der persischen bis in die islamische Zeit hinein genutzt worden sind, denn die massive Bauweise aus rohbehauenen Kalksteinblöcken, die bis zu 2 m lang und 1 m dick waren, formten 2 m dicke Außenwände, die die Jahrhunderte überdauerten.

Ruğm el-Malfūf (der »runde Turm« oder »Kohlturm«) ist das eindrucksvollste ammonitische Bauwerk dieser Art (Tf. 17) und sehr leicht zu erreichen: der Turm liegt

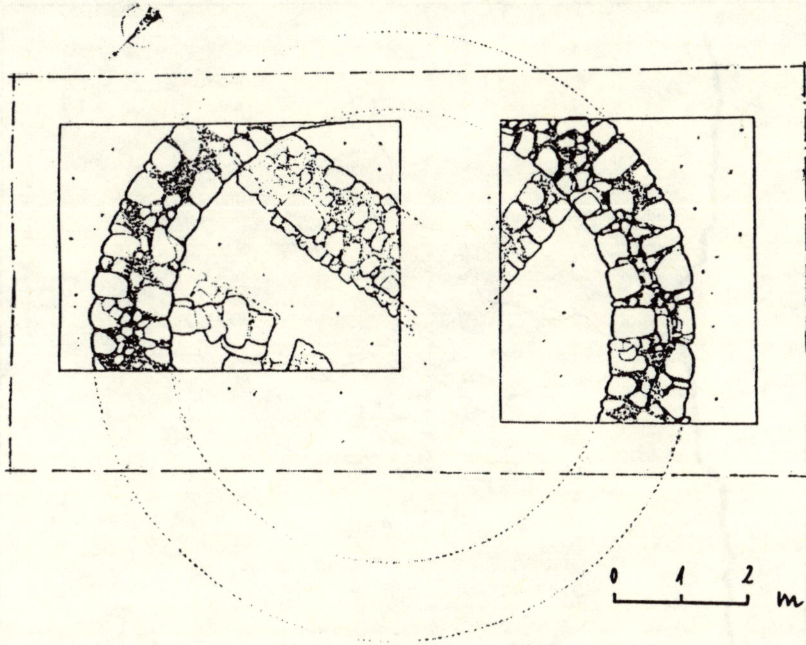


*Abb. 92: Festungsturm von Ḫirbet el-Haǧǧar (Thompson 1972, 129)*

zwischen dem 3. und 4. Circle in Amman im Hof des Registration Center des Department of Antiquities of Jordan. Der Turm ist noch 5,5 m hoch und hat einen Durchmesser von 20 m. Das Kraggewölbe des Daches hat vermutlich noch ein oberes Stockwerk getragen. Der Keller ist ausgebaut und diente wohl als Vorratskammer. Im Hof des Regristration Center befinden sich auf einer Fläche von 27 x 28 m weitere eisenzeitliche Bauten (Abb. 91)

Weitere ammonitische Anlagen mit derselben oben beschriebenen Funktion findet man in Ḫirbet el-Haǧǧar (Abb. 92), Ḫirbet Ṣar und Ḫirbet el-Meḫēzin. Im weiteren Umkreis von Amman existieren noch andere Ruinen ähnlicher Türme, jedoch lohnt sich ein Besuch kaum. Man sollte aber Ruǧm el-Malfūf auf jeden Fall besuchen.

## Moabitische Grenzstädte

Das Land zwischen der Nordwestgrenze bis zum Arnon war das Siedlungsgebiet der Gaditer. Sie hielten so wichtige Orte wie Heschbon und

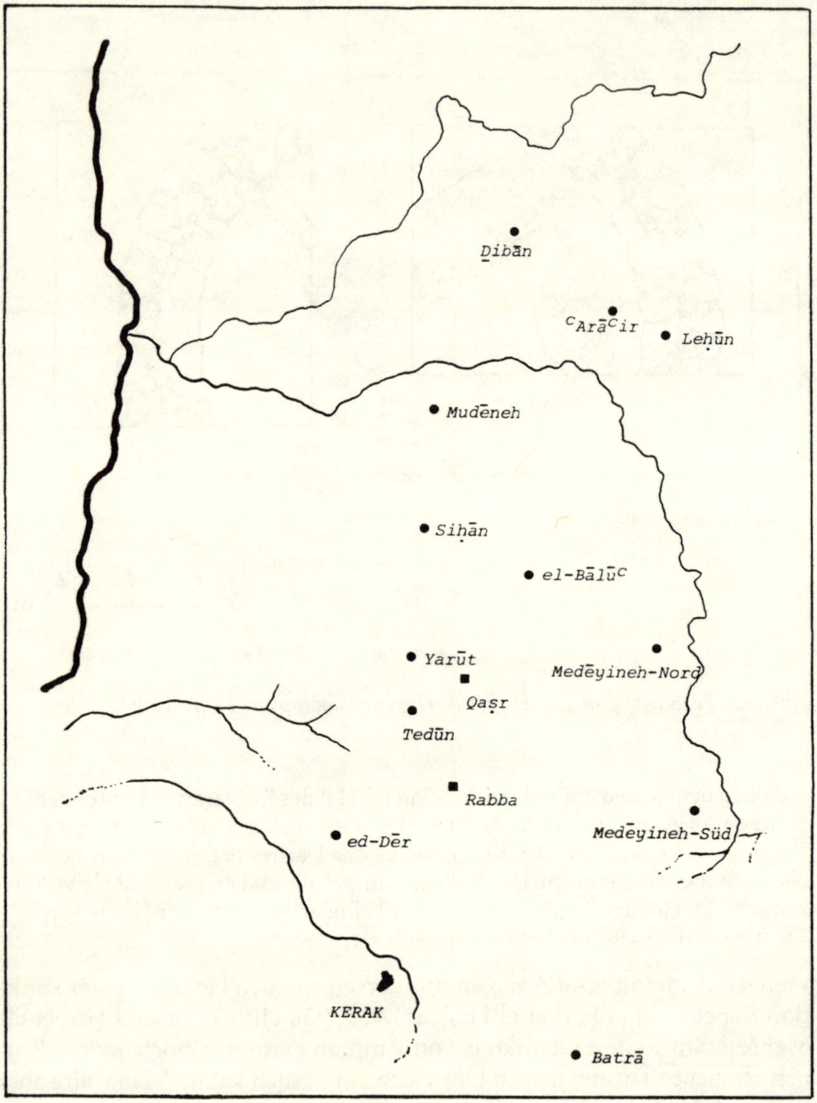


*Abb. 93: Festungsstädte in Zentralmoab*

Eleale, Madaba, Nebo, Atarot, Dibon und Aroër. Moab war als israelitischer Vasall auf sein Kernland zwischen dem Arnon und dem Sered, südl. des gaditischen Gebietes, beschränkt geblieben. Mit der Befreiung vom is-

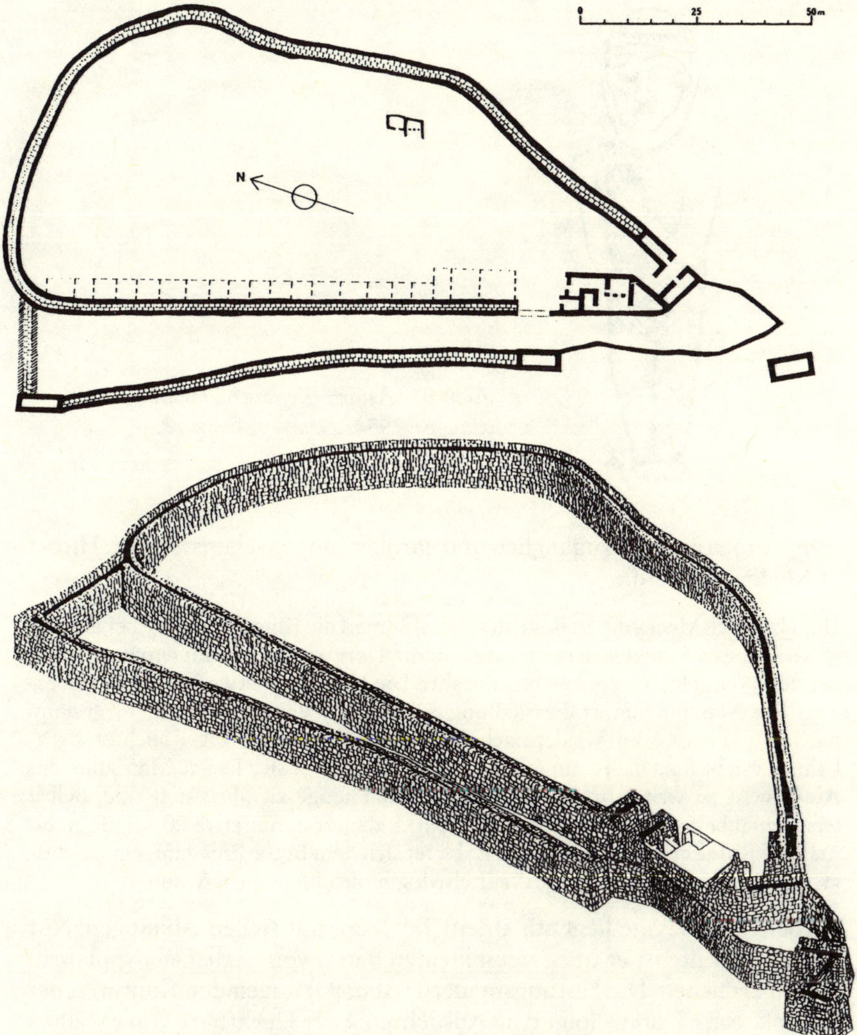


*Abb. 94: Ḫirbet el-Medēyīne-Nord: Rekonstruktion der Stadtmauer (Olavarri, 1983, 166.167)*

raelitischen Joch kam es zu einem verstärkten Ausbau alter Grenzstädte, die sich im N wie ein schützender Kranz am Rande des Gebirgsabfalls zu den Wādī-Tälern und zum Toten Meer um das zentralmoabitische Gebiet legten (Abb. 93). Allerdings sind uns die moabitischen Namen dieser Grenzstädte nicht bekannt; sie kommen auch nicht im AT vor.

Eine dieser moabitischen Festungsstädte ist besonders hervorzuheben,

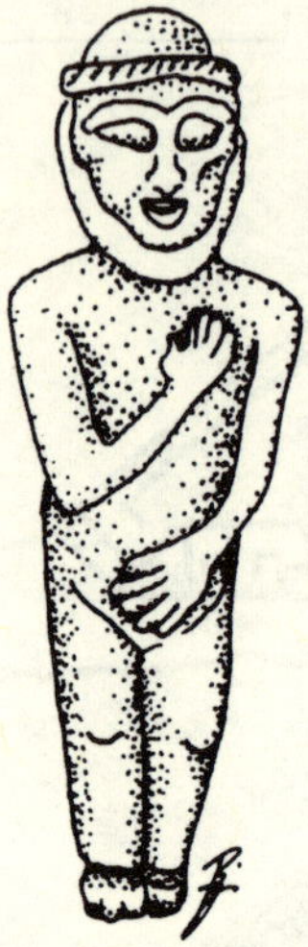

*Abb. 95: Astarte-Kemosch? Figurine (Canova 1954, 219a)*

weil sie relativ leicht zugänglich und darüber hinaus sehenswert ist: Ḫirbet el-Medēyine Nord.

Um Ḫirbet el-Medēyine zu besuchen, verläßt man die King's Highway bei el-Qaṣr in Richtung es-Smakīye, einem Christendorf. Dort wird sich leicht jemand finden, der den Weg zeigt oder gar selbst mitfährt. Die Ḫirbe liegt etwa 8 km östl. von es-Smakīye. Man durchfährt die Siedlung der Familien der Rušayde und biegt dann nach N und nach 1 km wieder nach O ab. Nach Überqueren eines leichten Bergkammes sieht man die Festung auf einem Tafelberg vor sich liegen. Man sollte das Auto nicht zu weit fahren, da die Kalksteinabhänge ziemlich steil sind. Selbst wenn man bereits auf dem Bergkamm parkt, dauert es nur etwa 20 Minuten, bis man die Ruine erreicht hat (Tf. 18). Es bietet sich dem Betrachter dann ein prächtiger Ausblick in die Täler des Wādī el-Mōǧib, des biblischen Arnon.

Ḫirbet el-Medēyine liegt auf einem Tafelberg mit steilen Abhängen. Nur an der Südseite ist er über einen kleinen Sattel vom südl. Gebirgsplateau aus zu erreichen. Die Festungsmauern (Abb. 93) folgen den Konturen des Tafelplateaus. Daraus folgt eine Ausdehnung der Fluchtburg von ca. 200 x 75 m.

Der Eingang war an der Südseite. Hier erlebt der Besucher heute noch jenen Eindruck, den ein Bewohner dieser etwa 3000 Jahre alten Toranlage hatte, wenn er seine Stadt betrat: ein Zweikammertor, von Türmen flankiert und mit Sitzbänken ausgestattet, führt in den Stadt- bzw. Burgbereich. Die ganze Toranlage ist etwa 13 x 18 m groß; der Eingang selbst ist ca. 2,5 m breit.

Linker Hand, unmittelbar neben dem Torbereich, betritt man ein sogenanntes »Pfeilerhaus«, das auch als Ein- oder Zweiraumhaus des palästinischen Wohnhauses betrachtet werden kann. Hier sind noch die Fenster *in situ.* Das Haus selbst mißt etwa 8 x 15 m.

Der Rest der Anlage ist noch nicht ausgegraben worden, jedoch genügt der erforschte Abschnitt, um auch dem Laien ein eindrucksvolles Bild von der einzigartigen Fluchtburg der Moabiter zu geben, die allerdings nur etwa 100 Jahre bewohnt war (1150-1050 v.Chr.) Dies war in der Zeit der israelitischen Richter.

Von der Ḫirbet el-Medēyine stammt eine kleine Figurine (Abb. 95), die eine eigentümliche und noch nicht geklärte Darstellung zeigt: Ein Mann mit Bart und arabischem ʾigal hält sich den Unterleib mit einem Gestus, der eigentlich nur bei Astarte-Figurinen vorkommt und dort im Zusammenhang mit dem Fruchtbarkeitskult steht.

Die Anlage wurde schon zur Zeit Sauls verlassen und nie wieder aufgebaut. Aber etwa 10 km südl. wurde auf der Ḫirbet el-Medēyine-Süd eine neue Zwingburg ähnlicher Art zu jener Zeit errichtet, als Moab sich von Israel befreit hatte. Diese Anlage ist ebenfalls beachtenswert. Bei ihrem Besuch sollte man aber unbedingt einen ortskundigen Führer mitnehmen.

Der schützende Kranz festungsähnlicher Anlagen um das zentrale Moab ist in seinen Ost- und Südteilen noch nicht erforscht worden. Dennoch ist davon auszugehen, daß es auch dort eine ähnliche Kette von Beobachtungs- und Verteidigungstürmen gegeben hat wie im N.

Die Anlagen zeigen auch, wie sehr Moab auf sich selbst beschränkt war und im Schatten Israels kaum wagte, militärische Konflikte heraufzubeschwören. Als jedoch um 900 v.Chr. Ammon erstarkte, Edom seine relative Unabhängigkeit gewann, Israel durch Bruder- und Bürgerkriege mit sich selbst beschäftigt war, hatte Moab im Stillen einen militärischen Schlag vorbereitet, der Gad/Israel so unverhofft traf, daß seine Auswirkungen für Jahrhunderte das ehemals gaditische Territorium zu moabitischem Hoheitsgebiet machten. Diese Ereignisse haben auch in der biblischen Überlieferung ihren Niederschlag gefunden.

## Die Befreiungskämpfe der moabitischen Könige Kamoschyat und Mescha gegen Israel

Kamoschyat (*Kmšyt*), der Vater Meschas (*mēšaʿ*, 2Kön 3,4), hatte schon bald nach der Reichsteilung versucht, das gaditische Land nördl. des Arnon zu erobern. Omri hatte ihn wohl wieder zurückgedrängt, denn Mescha mußte für die militärische Unternehmung seines Vaters büßen: 100 000 Lämmer und 100 000 Widder mußte er jährlich dem König von Israel abliefern (2Kön 3,4). Kamoschyat, der Vater des in der Bibel erwähnten Königs Mescha, ist der erste moabitische König, der für uns historisch

*Abb. 96: Die moabitische Weihinschrift von el-Kerak (nach BASOR 1963, 1–9)*

greifbar wird. Er lebte z.Zt. Omris (ca. 885-874 v.Chr.) und Ahabs (874-853 v.Chr.). Allerdings wird er nicht in der Bibel erwähnt. Daß wir dennoch seinen Namen kennen, verdanken wir zwei Inschriften: der Weihinschrift von el-Kerak und der Mescha-Stele.

### *Die Weihinschrift von El-Kerak (Abb. 96)*

Am 12. April 1958 wurde vom Archäologischen Museum in Amman ein schwarzer Basaltstein gekauft, der drei gut lesbare Zeilen mit Buchstaben der frühen moabitischen Schrift zeigt. Allerdings waren Anfang und Ende der Zeilen abgebrochen, so daß der vollständige Text nicht erhalten ist. Jedoch lassen die wenigen Worte darauf schließen, daß es sich um eine Weihinschrift an den Gott Kemosch handelt. Das Basaltstück könnte das abgebrochene Teil einer Götter- oder Königsfigur sein, denn unterhalb des Textes findet sich eine wellenförmige Randverzierung (eines Gewandes?). Der Text lautet:

1) *. . .k]mšyt. mlk. mʾb. h. . .* – Kemoschyat, König von Moab, der . . .

2) *. . .t. kmš. lmbʿr. ky. ʾh. . .* – Haus des Kemosch als ein (Räucher-)Opfer, denn ich liebe . . .

3) *. . .nh. whn. ʿsty. ʾt. . .* – sein und siehe, ich tat den . . .

Schwierig ist das Wort *mbʿr,* das hier mit Räucheropfer übersetzt, aber von manchen Forschern als Altar verstanden wird.

Der Vater Meschas, Kamoschyat, von dem diese Inschrift stammt, wohnte in Kerak, das mit der biblisch-moabitischen Stadt Kir, Kir-Heres oder Kir-Hareset identisch ist (2Kön 3,25; Jes 15,1; 16,7.11; Jer 48,31.36). Die Weihinschrift ist in Kerak an einem nicht näher bekannten Ort bei Ausschachtungsarbeiten gefunden worden. Damit ist die Bedeutung Keraks als wichtige eisenzeitliche moabitische Stadt erwiesen. Ihre Ausdehnung und genaue Lage bleibt aber weiterhin unbekannt, weil moderne Bebauung eine Nachforschung unmöglich macht, aber auch Keraks wechselvolle Geschichte hat die frühen Hinterlassenschaften verschwinden lassen.

### *Kerak*

Kerak ist die größte Stadt in Zentraljordanien, der antiken Moabitis. Sie ist über die Desert Highway (Abzweigung nach Kerak bei Qatrāna-Station, ca. 45 km) oder über die King's Highway zu erreichen.

Umrundet man den letzten Teil der vorgelagerten Hügelkette, so wird der Blick sofort von der gewaltigen Kreuzfahrerburg gefangen genommen, die sich auf der Südseite des heute völlig überbauten Tafelberges majestätisch erhebt.

Die zum Teil gut erhaltenen, auch restaurierten Gebäuderuinen der Festung Kerak sind das Werk fränkischer und ayyubidisch-mamlukischer Baumeister (Abb. 97). Die klaren Bauausführungen lassen keine Probleme bei der Deutung ihrer Nutzung aufkommen. Man sollte auf jeden Fall aber den Direktor des Museums, Nabīl Beqaʿīn, bitten, eine Führung durch die unteren Gänge und Gewölbe zu leiten.

Überreste aus der Zeit Kamoschyats oder Meschas sind in Kerak bislang nicht

*Die fränkisch-ayyubidisch-mamlukische Festung Kerak: 1 Modernes Haupttor 2 Pferdeställe 3 Unterburg 4 Archäologisches Museum 5 Unterirdische Iwan-Halle 6 Palas 7 Donjon 8 Hangpflaster (Glacis). Fränkische Baustufen: schwarz; arabische Baustufen: schraffiert (nach: P. Deschamps)*

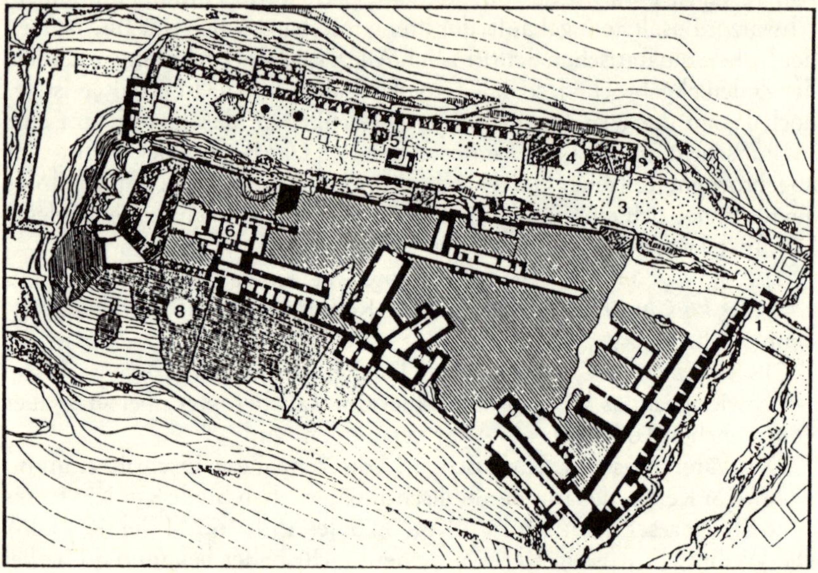


*Abb. 97: Die Kreuzfahrerburg von Kerak (Scheck 322)*

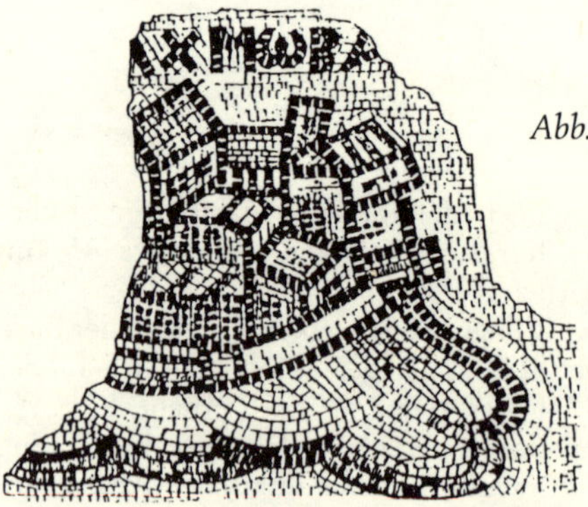

*Abb. 98: Kerak ([Kar]ach Mōba) auf der Madaba-Karte*

freigelegt worden. So ist uns auch die Lage bzw. Ausdehnung der Stadt unbekannt, die Joschafat, Joram und die Edomiter belagert hatten (2Kön 3,4-27). Die strategisch günstige Lage der Festung und des Ortes Kerak ist – wie sollte es auch anders sein – durch die Jahrhunderte immer Objekt kriegerischer Unternehmungen gewesen. Im 2. Jh. v.Chr. geriet Kerak in den Herrschaftsbereich der Nabatäer, dann wurde es wahrscheinlich von den jüdisch-hellenistischen Hasmonäern (Alexander Jannäus) genutzt.

In röm. Zeit war Kerak eine Distrikt-Hauptstadt und wurde von den Byzantinern zum Bischofssitz erhoben, mit der »Kirche von Nazareth« und einem Kloster. Auf der Madabakarte (um 400 n.Chr.) wird Kerak als Stadtfestung mit einer wehrhaften Mauer auf dem Tafelberg abgebildet (Abb. 98). Der Ort hieß jetzt, wie schon in der Römerzeit, Karach-Mōba.

Es war während der Zeit der Kreuzzüge, als Kerak seine imposante Burg erhielt. Der Erbauer und erste Burgherr war der fränkische Gouverneur von Oultrejourdain, Payen le Bouteiller, der um 1142 die umfangreichen Bauten an dem Berg beendet hatte. Die Kreuzritter hatten somit von Jerusalem aus einen Brückenkopf nach Südostarabien geschaffen, denn das ganze Gebiet am Toten Meer ließ sich von Kerak aus kontrollieren, und die Karawanen von Ägypten nach Damaskus konnten abgefangen werden.

Jedoch währte die Schlüsselstellung nicht lange. Die arabischen Stämme unter verschiedenen kraftvollen Führern hatten längst die strategische Bedeutung Keraks für die Kreuzfahrer erkannt und versuchten nun, die Stadt für sich zu erobern. Von ca. 1170-1187 erlebte Kerak daher mehrere Belagerungen, zunächst durch Nūr ed-Dīn (1170, 1173), dann, als herausragende Gestalt, durch Saladīn (1173, 1183-84). Ihn hatte vor allem das blutrünstige und alles verachtende Wesen des Burgherrn R. de Chatillon gereizt, der selbst für arabisches Empfinden jedes Maß an Mitmenschlichkeit und Freundlichkeit vermissen ließ. R. de Chatillon hatte z.B. seine Freude daran, Männer auf einer Planke weit über die Westseite der schroff abfallenden Burg laufen zu lassen, von wo aus sie dann einen etwa 600 m tiefen Fall durchlebten, bis ihre Körper in den Wādībetten an der Südwestseite des Tafelberges zerschellten.

Kerak und die Burg fielen 1187 nach einigen zunächst vergeblichen Anläufen in Saladīns Hände; R. de Chatillon wurde von Saladīn persönlich umgebracht.

Unter Baibar aus der Mamlukendynastie wurde Kerak erneut erobert (1263), die christliche Kirche niedergerissen und die Befestigungen verstärkt. Die Nordbastion trägt heute noch den Namen Baibars (Burǧ ez-Zahīr Baybār).

In der Folgezeit gehörte Kerak zum Osmanenreich (ab 1518). Die Geschichte verlief von da an recht wechselhaft. Denn die Türken gewannen trotz eines türkischen Sultans in Kerak wenig Einfluß im Lande, wahrscheinlich auch deshalb, weil Jordanien generell ins Abseits geriet. Europa war für das Osmanenreich interessanter geworden.

Nun machten Beduinenstämme und ihre lokalen Stammesfürsten Zentraljordanien bis zum Gegenschlag durch Ibrahim Pascha (1840) sehr unsicher. Aber auch danach blieb Kerak ein gefährliches Pflaster, wie auch erste europäische Reisende des 19. Jh.s bestätigen, denn viele Christen verließen um 1880 die Stadt und siedelten sich in Madaba und Māʿīn an. Die Stämme um Kerak (Benē Hamayde, Benē Saḫr und Maǧāli) blieben für sich und beteiligten sich auch nicht am Araberaufstand unter Führung von T.E. Lawrence. In den zwanziger Jahren dieses Jahrhunderts schlossen sie sich dann dem neuen Haschemitenreich an und bilden nun das Rückgrat der Armee König Husseins von Jordanien.

*Abb. 99: Die Mescha-Stele (GBL 2, S. 963)*

Kamoschyats berühmter Sohn Mescha, der in 2Kön 3,4 erwähnt wird, hat uns eine Inschrift hinterlassen, die in religionsgeschichtlicher, historischer und paläographischer Hinsicht von großer Bedeutung ist.

### *König Meschas Inschrift*

Die Mescha-Stele (Abb. 99) steht heute im Louvre in Paris. Sie wurde am 19. August 1868 von dem deutschen Missionar F. Klein in Dibon gefunden. Die oben abgerundete Platte mit den Maßen 1,10 x 0,60 x 0,06 m enthält 34 Zeilen. Die Geschichte über den Erwerb der Steinplatte ist recht abenteuerlich. Die deutschen und französischen Konsulate in Jerusalem versuchten beide, die Inschrift für sich zu erwerben. Nachdem der französische Konsulatsangehörige C. S. Clermont-Ganneau einen Abklatsch von dem Stein gemacht hatte, entbrannte ein Streit unter den Beduinen, die den Preis in die Höhe treiben wollten. Türkische Beamte griffen ein, aber die Beduinen zündeten ein Feuer unter der Steinplatte an, gossen Wasser darüber und sprengten so den Stein in viele Brocken, die sie als Glücksbringer mitnahmen oder einzeln verkauften. C. S. Clermont-Ganneau gelang es, etwa zwei Drittel der Inschrift zurückzukaufen. Zusammen mit dem Abklatsch war es somit möglich, den gesamten Text bis auf wenige Stellen voll zu rekonstruieren. Eine Kopie der Mescha-Stele steht im Museum von Amman.

#### Der Text der Mescha-Stele

*»Ich (bin) Mēšaʿ, Sohn des KMŠ[JT], König von Moab, der Dibonite. Mein Vater war König über Moab dreißig Jahre, und ich wurde König nach meinem Vater. Und ich machte dieses Höhen(heiligtum) für Kamoš in Queriḥo als Zeichen der Rettung, denn er errettete mich vor allen Angreifern (?) und ließ mich triumphieren über alle meine Gegner.*

*Omri war König von Israel, und er bedrängte Moab lange Zeit, denn Kamoš zürnte seinem Lande. Und es folgte ihm sein Sohn. Und er sprach: Ich will Moab bedrängen. In meinen Tagen sprach er so, aber ich triumphierte über ihn und sein Haus. Und Israel ist für immer zugrunde gegangen. Und es hatte sich Omri des ganzen Gebietes von Madeba bemächtigt und er wohnte darin während seiner Tage und der Hälfte der Tage seiner Söhne, vierzig Jahre. Aber es wohnte Kamoš darin während meiner Tage. Und ich baute Baʿal-Meʿon (wieder auf) und errichtete die Zisterne darin. Und ich baute Kirjathon (wieder auf).*

*Und die Leute von Gad wohnten seit jeher im Lande von Ataroth und der König von Israel hatte Ataroth für sich gebaut. Ich griff die Stadt an und nahm sie ein. Und ich tötete alles Volk der Stadt als Darbringung für Kamoš und für Moab. Und ich brachte von dort den Altar ihres DWD und ich schleppte ihn vor Kamoš in Querejoth. Und ich ließ dort wohnen die Leute von Saron und die Leute von MḤRT.*

*Und Kamoš sprach zu mir: Geh, nimm Nebo im Kampf gegen Israel! Da zog ich bei Nacht los und kämpfte gegen es von Tagesanbruch bis Mittag. Und ich nahm es ein und tötete alles: 7000 Männer, Klienten, Frauen, [Klien]tinnen und Sklavinnen, denn ich hatte es dem Aštar-Kamoš durch Bann geweiht. Und ich nahm von dort die [Gerät]e Jahwes und schleppte sie vor Kamoš.*

*Und der König von Israel hatte Jahas gebaut und lagerte darin während seines Feldzuges gegen mich. Da vertrieb ihn Kamoš vor mir und ich holte aus Moab 200 Mann, alle seine Anführer. Und ich brachte sie nach Jahas und nahm es ein, um es Dibon anzugliedern.*

*Ich habe Qeriḥo gebaut, die Mauer der Parks und die Mauer der Akropolis. Und ich habe seine Tore gebaut und ich habe seine Türme gebaut. Und ich habe den Königspalast errichtet und machte die Umfassungsmauern des Bekken[s für die Que]llen inmitten der Stadt. Aber eine Zisterne gab es nicht inmitten der Stadt, in Qeriḥo, sondern ich sprach zu allem Volk: Macht euch jeder eine Zisterne in seinem Hause! Und ich habe die Gruben hauen lassen für Qeriḥo durch Gefangene Israels.*

*Ich habe Aroër gebaut und machte die Straße am Arnon. Ich habe Beth-Bamoth wieder errichtet, denn es war zerstört. Ich habe Beser wieder gebaut, denn es lag in Trümmern, [mit] 50 [Ma]nn aus Dibon, denn (die Leute) von ganz Dibon sind (meine) Untertanen. Und ich regierte [über] 100 in den Städten, die ich dem Lande angegliedert habe. Und ich baute [Made]ba und Beth-Diblathon und Beth-Baal-Meon (wieder auf) und trug dort davon die [. . .] Kleinvieh des Landes. Und (was) Hawronan (anlangt), (so) wohnte darin [. . . Und] es sprach Kamoš zu mir: Steige hinab, kämpfe gegen Hawronan! Da stieg ich [hinab und kämpfte gegen die Stadt und nahm sie ein und] Kamoš [wohnte] in ihr in meinen Tagen. Und . . . von dort. . . [.] [. . .]ST SD Q und ic[h. . .].«* (KAI II, Nr. 181)

Der Text beginnt mit einer Vorstellungsformel, die man häufig auch auf anderen altorientalischen Inschriften findet: »Ich bin Mescha, Sohn des Kamoschyat, König von Moab«. Die Weihinschrift aus el-Kerak stammt von Meschas Vater, hier nun hat der Sohn das Wort.

Der Text beschreibt die in 2Kön 1,1 und 2Kön 3,4 überlieferte historische Situation: Der König von Israel, Omri, hatte zu Zeiten Kamoschyats Moab, d.h. das gaditische Gebiet, das ehemals zu Moab gehörte, fest unter seine Kontrolle gebracht. Nach Omri übernahm Ahab (»und es folgte ihm sein Sohn«) die Regierungsgeschäfte.

Ahab war vor allem mit den Aramäern beschäftigt (1Kön 20). Seine Feldzüge in Gilead um Ramot-Gilead (heute: Tell er-Rāmīt), das bereits sein Vater Omri erobert und wieder verloren hatte, ließen ihn den S vernachlässigen. Die Stadt

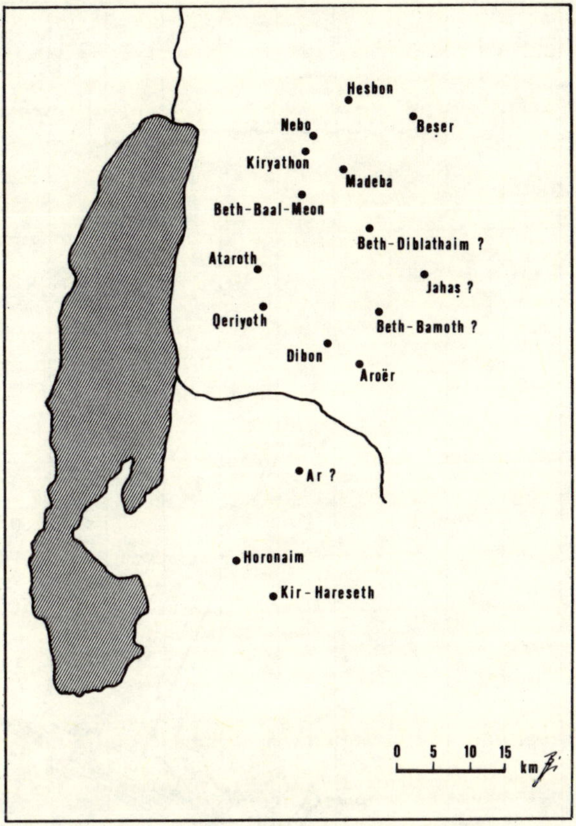


*Abb. 100: Die Orte der Mescha-Stele*

nahm eine Schlüsselstellung zwischen Israel und Aram ein. Sie war heiß umkämpft (1Kön 22,1-49; 2Kön 8,28ff; 9,1ff). Ahabs Kräfte blieben aber dort gebunden, so daß Mescha leichtes Spiel hatte.

Mescha nutzte diese Chance: »aber ich triumphierte über ihn [Ahab] und sein ganzes Haus« (Zeile 6-7). Die nun folgende Auflistung der militärischen und bautechnischen Unternehmungen Meschas stammen nicht alle aus derselben Zeit, sondern sind chronologisch wie räumlich zu differenzieren (Abb. 100).

## *1. Die Eroberungen Meschas nördl. des Arnon*

Hier geht es um die Rückgewinnung des an Gad verlorenen Territoriums und seiner Städte:

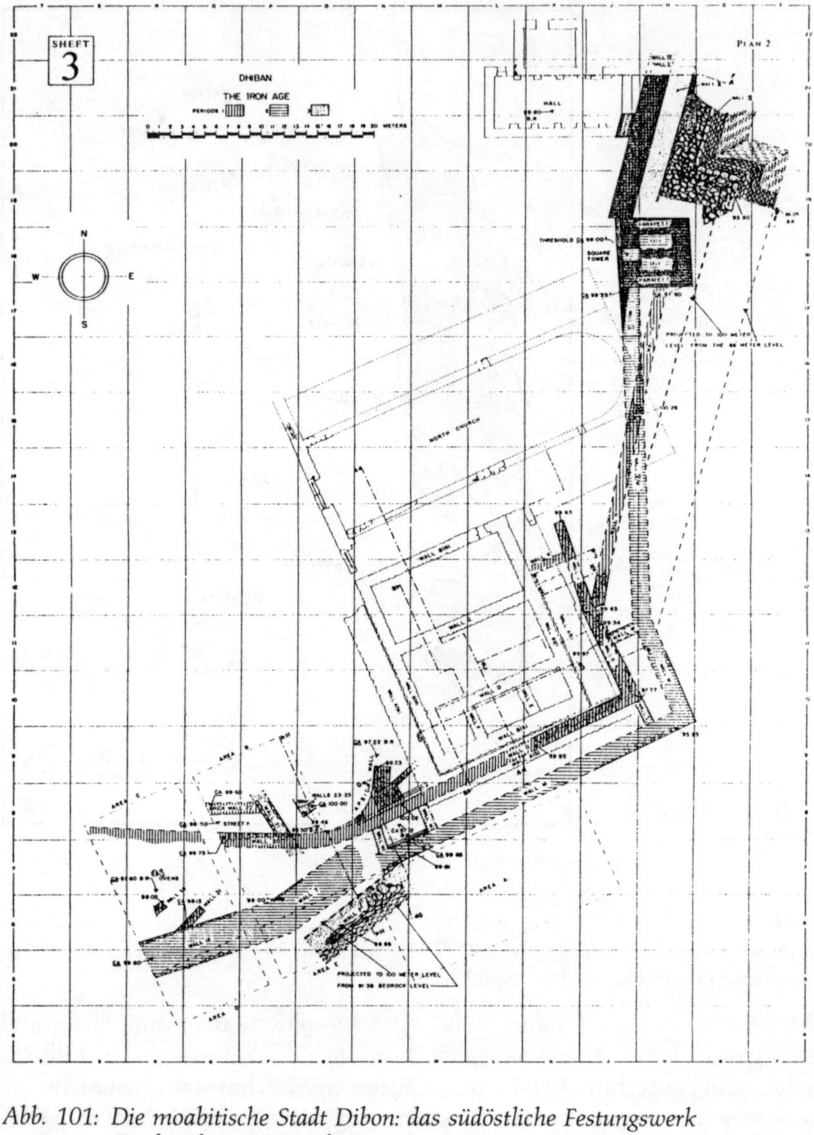


*Abb. 101: Die moabitische Stadt Dibon: das südöstliche Festungswerk (Tushingham 1972, Pl. 3)*

*Dibon*

Mescha bezeichnete sich als »Dibonite«. Das kann bedeuten, daß Dibon seine Geburtsstadt war, oder daß er sich nachträglich als solcher aus politischen Gründen bezeichnete. Denn wenn er Dibon und die anderen Städte erst erobern mußte, ist es unwahrscheinlich, daß er dort geboren wurde; sein Vater Kamoschyat hatte ja offenbar in Kerak (*Kir-Hareset*) residiert und das Land nördl. des Arnon̦ noch nicht in seinen Besitz gebracht. Dies gelang erst Mescha.

Die antike Anlage von Dibon liegt unmittelbar westlich der Neustadt Ḏībān. Die Ḫirbet Ḏībān fällt sofort ins Auge, wenn man auf der King's Highway von Amman kommend, rechter Hand der Straße und westl. der Stadt die Grabungsareale und Mauerzüge ausmacht. Das bebaubare und in mehreren Grabungen in den fünfziger Jahren erforschte Plateau mißt ca. 200 x 150 m.

Auffällig sind die Verteidigungswälle, die eine dreimalige Umbauphase erlebten. Die Umfassungsmauer der ersten Bauphase im 9. Jh. v.Chr. wird den baulichen Aktivitäten Meschas zugeschrieben, der nach eigenem Bericht die Zitadelle (*qrḥh*) baute (Zeile 21-24) und Zisternen graben ließ (Abb. 100 mit den drei Bauphasen der Umfassungsmauern in Dibon).

»Die Verstärkung der Verteidungswälle während der zweiten Bauphase, die stellenweise über die Mauern der ersten Phase liefen, wird zumeist im Zusammenhang mit der Zeit relativer Prosperität Moabs als assyrischer Vasall gesehen, was jedoch Moab zu einer leichtsinnigen Teilnahme an einer Revolte gegen Assur 713/712 v.Chr. verführt hat, weil die voraufgegangene Fortifikation Dibons ein Gefühl falscher Sicherheit geschaffen hatte. Die dritte Periode der Verstärkung der Schutzmauern wird nach dem Kampf des Moabiters Kamoš-ḫalta mit Assurbanipal gegen arabische Wüstenstämme angesetzt (um 650 v.Chr.). Weil jedoch die Auffüllung und Einebnung der eisenzeitlichen Stadtreste durch die nabatäische, römische und byzantinische Besiedlung Dibons jegliche für historische Interpretationen brauchbare Stratifizierung der Keramik und der wenigen Fundobjekte vermissen läßt, ist den historischen Rekonstruktionen mit Zurückhaltung zu begegnen.

Nach einer Besiedlungslücke von ca. 450 Jahren haben zunächst die Nabatäer Dibon als Ort wieder entdeckt. Allerdings sind außer der großen Tempelanlage (19 x 24 m) keine öffentlichen oder privaten Häuser aus jener Zeit vorhanden. Der Tempel existierte von 10 – 106 n.Chr. Die anschließende römische Siedlung in Dibon war relativ unbedeutend (ein Kastell mit Badekomplex ?). Zwei schlichte Kirchen sind in byzantinischer Zeit errichtet worden. Aus der frühislamischen Epoche stammen mehrere Hausanlagen im südwestlichen Tellbereich.« (Neues Bibellexikon, 425 426)

Nur die Verteidigungswälle des heutigen alten Dibon stammen noch aus der Eisenzeit. Hellenistische und römische Besiedlung haben die früheren Epochen vernichtet. Daher sind keine Reste der moabitischen Wohnarchitektur auf dem Tell zu finden.

*Baʿal-Meʿon*
Baʿal-Meʿon (oder Bet Baʿal-Meʿon) ist das heutige Māʿīn, 8 km südwestl. von Madaba (Jos 13,17), wo man den kanaanäischen Gott Baal verehrt hat (1Chr 5,8).

*Kiryathon*
Kiryathon ist die Ḫirbet el-Qerēyāt 10 km westl. von Madaba.

*Aṭarōt*
Aṭarōt, eigentlich »Viehhürden« (4Mo 32, 3.24), ist die heutige Ḫirbet ʿAṭṭārūṣ, 15 km nordwestl. von Dibon. Der Ort war schon in der frühen Eisenzeit besiedelt und von Moabitern und Israeliten oft heftig umkämpft. Offenbar hatten die Israeliten dort einen Altar dem Jahwe (DWD = Liebling) geweiht, den Mescha an einen anderen Ort, Qereyoth (Qurēyāt ʿAlēyān?, 10 km nordöstl. von Dibon), aufgestellt hat. In Aṭarōt siedelte er andere Stämme aus Saron (unbekannt) und Mḥrt (vielleicht das Tal des heutigen Wādī Meḥeres östl. von Dibon) an.

*Nebo*
Nebo ist vermutlich nicht der heutige Berg Nebo mit der byzantinischen Kirche, sondern die Ḫirbet el-Muhayyat, ca. 10 km südwestl. von Hesban.

*Jahaṣ*
Jahaṣ ist wahrscheinlich Ḫirbet Iskander am Wādī el-Wāla, das man heute auf der asphaltierten King's Highway durchfährt. Ḫirbet Iskander liegt rechter Hand der Straße, wenn man von Amman kommt. Die Ausgrabungsareale ermöglichen sofort die Identifizierung (Jes 15,4; 48,34).

## 2. *Die Bauprojekte Meschas*

*Qeriḥō*
eigentlich »kahle Stelle, Glatze«, ist vermutlich eine freie erhöhte Stelle in oder um Dibon gewesen, eine Akropolis, die von Mescha bebaut wurde. Leider ist die Stadt Dibon so häufig baulich verändert worden – die Römer hatten die eisenzeitliche Stadt fast völlig weggeräumt – so daß eine Lokalisierung oder ein Nachweis für Qeriḥō nicht erbracht werden kann. Dort jedenfalls hatte Mescha für seinen Gott Kamosch/Kemosch ein Höhenheiligtum und seinen Königspalast errichtet. Die Zisternen für Qeriḥō wurden von israelitischen Gefangenen ausgehauen.

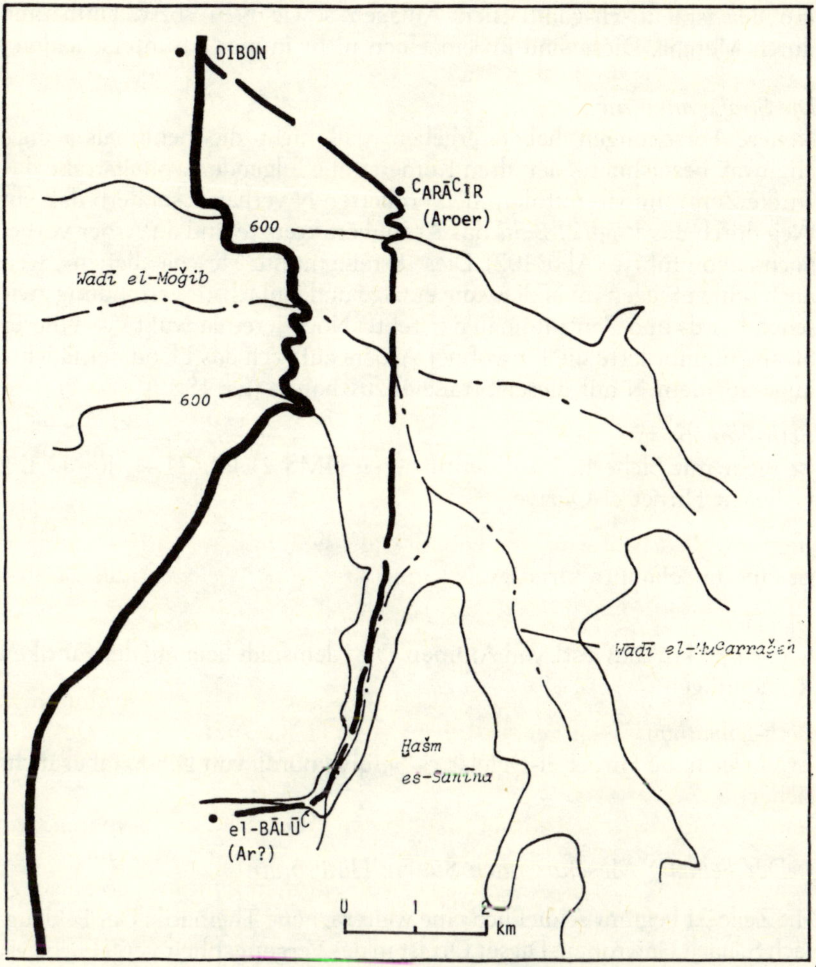


*Abb. 102: Der Weg von el-Bālūᶜ nach Dibon über Aroer*

*ᶜAroᶜer*
liegt unmittelbar am Nordabhang des Wādī el-Mōǧib (Arnon) und ist mit dem Auto leicht zu erreichen. Die Ausgrabungsstätte bietet einen grandiosen Ausblick auf das Arnontal nach Zentralmoab. Die Stadt kontrollierte das gesamte Gebiet und ist nicht umsonst eine oft erwähnte Grenzstadt Israels wie Moabs. Die Ausgrabungsstätte zeigt noch Reste von Mau-

ern der israelitisch-gaditischen Anlagen sowie Neu- bzw. Umbauten durch Mescha. Diese sind im einzelnen nicht immer zu unterscheiden.

*Die Straße am Arnon*
Neuere Forschungen haben ergeben, daß nicht die heute als King's Highway bezeichnete, der alten Römerstraße folgende Asphaltstraße das antike Zentralmoab mit dem neu eroberten N verband, sondern daß ein Weg durch das *Wādī el-Bālūʿ* das Arnonbett kreuzte und an Aroër vorbei nach Dibon führte (Abb. 102). Diese Straße mußte Mescha »bauen«, weil nach seinen Siegen im N diese die einzige und einfachste Verbindung zwischen Nord- und Zentralmoab darstellte. Noch Jeremia wußte von dieser Straße und forderte die Einwohner Aroërs auf, sich das Elend der Flüchtlinge aus dem N auf dieser Straße anzuschauen (Jer 48,19).

*Beth-Bamōth*
ist nicht mit Sicherheit zu identifizieren (4Mo 21,19f; 24,41; Jos 13,17); vielleicht Ḫirbet el-Qazīye.

*Bezer*
ist eine unbekannte Ortslage.

*Madeba*
liegt ca. 35 km südwestl. von Amman. Die Kleinstadt liegt auf dem antiken Ruinenhügel.

*Beth-Diblathon*
ist vielleich die Ḫirbet el-Delēlāt eš-Šerqīye nördl. von Dibon (aber nicht sicher).

## 3. *Der Feldzug Meschas nach Süden: Hawronan*

Mit Zeile 31 beginnt schließlich eine weitere, neue Thematik: Der Feldzug nach S, nach Hawronan. Dieser Ort ist in der Vergangenheit vergeblich gesucht worden. Man hat ihn in Luhith/Katrabbe oder weiter südl. lokalisieren wollen. Im Jahre 1984 ist es jedoch gelungen, aufgrund des sehr seltenen Fundes eines jüdisch-hasmonäischen Ritualbades im Ostjordanland, diesen Ort zu identifizieren. Das Ritualbad ist in der Umfassungsmauer von ed-Dēr so integriert, daß es mit Regenwasser gefüllt werden konnte.

Ed-Dēr ist das Ruinenfeld auf dem gleichnamigen Tafelberg, der von Umm Rummāne aus leicht erreicht werden kann. Auf dem Gipfelplateau befindet sich noch die eisenzeitliche Umfassungsmauer mit dem Ritualbad (Abb. 103). Eine Scherbenlese hat 1984 Keramikstücke von der Spätbronze- bis zur Römerzeit (auch hellenistisch!) erbracht. Um nach ed-Dēr zu kommen, muß man »hinabsteigen«, wie Kamosch es von Mescha verlangt hat (Zeile 32).

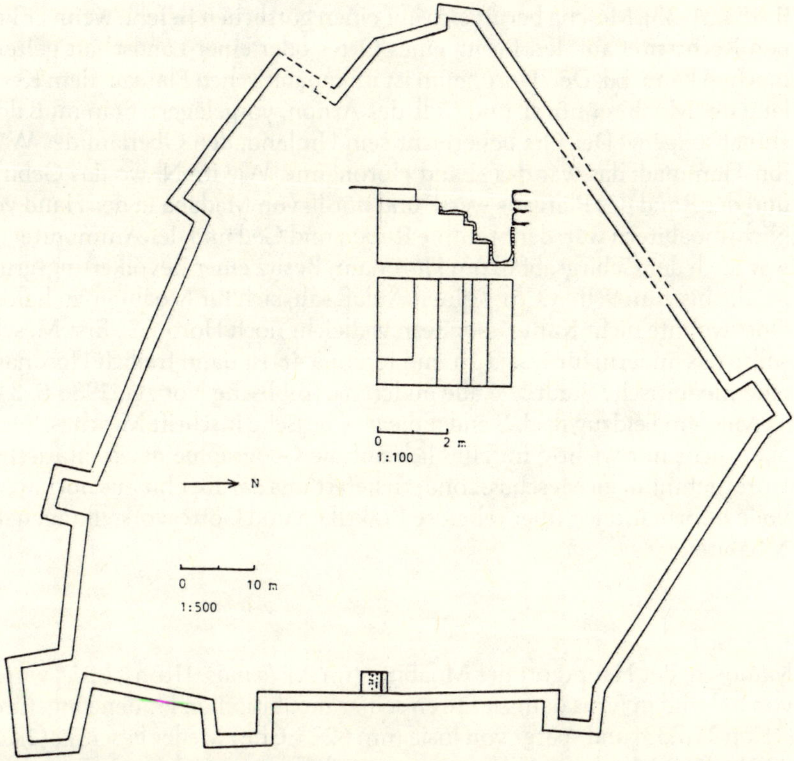


*Abb. 103: Ed-Dār (Horonaim) mit Ritualbad (Worschech ÄAT)*

Die Identifizierung von ed-Dēr als das Hawronan Meschas und als biblisches Horonajim (Jes 15,4) gründet sich auf die Entdeckung eines jüdischen Ritualbades, denn »ein hasmonäisches Fort im Ostjordanland? Der Befund deckt sich jedenfalls mit der Angabe ant. XIII 397 des Fl. Josephus, Alexander Jannäus habe in der Moabitis Essebon (Ḥisbān), Mēdaba (Mādebā), Lemba (Libb), Orōnaim, Agalathon, Zoara (Ḫirbet Šēḫ ʿIsā im Ġor eṣ-Ṣāfi oder eine noch näher aufgenommene späthellenistische Festung in dessen Nähe), das Tal der Keliker und Pella besessen« (Biblische Notizen 1986, S. 80). In Horonajim/Orōnaim haben die Hasmonäer offenbar für Ritualwaschungen ein Bad gebaut. Der Keramikbefund spricht ebenfalls für die hasmonäische Epoche. Warum wollte Mescha Hawronan (Horonajim, Orōnaim) erobern? »Horonaim hat bis Mescha nicht zum moabitschen Stammesverband gehört: ›Im Land Horonaim, dort wohnt die Sippe (beth WQ[. . .]S . .) Da befahl mir Kamoš: steig hinab, kämpfe gegen Horonaim! Ich stieg hinab . . . und Kamoš wohnte dort in meinen Tagen‹.« (KAI

II, 181,31-33). Mescha beruft sich auf einen göttlichen Befehl, wenn er keinen Rechtstitel auf den Besitz eines Ortes oder einer Landschaft geltend machen kann. Ed-Dēr/Horonajim ist im moabitischen Plateau, dem Kernland der Moabiter nördl. und südl. des Arnon, vorgelagert; man muß dort »hinabsteigen«. Der Ort beherrscht sein Umland, den Oberlauf des Wādī Ibn-Ḥammād; das war das »Land Horonaim«. Wie im N, wo das Gebirge und der Rand des Plateaus westl. und nördl. von Madaba in der Hand von Nichtmoabitern war: der Stämme Ruben und Gad und der Ammoniter, so war auch der Gebirgsabfall um Horonaïm Besitz einer Bevölkerungsgruppe, die bis zum 9. Jh. v.Chr. keinen Anlaß sah, sich für Moabiter zu halten. Dort wohnte nicht Kamoš, sondern vielleicht noch Horon . . . Erst Mescha sollte das ändern; für Jesaja 15 und Jeremia 48 ist dann freilich Horonaim eine moabitische Stadt wie alle anderen«. (Biblische Notizen 1986 S. 84f.)

Mit dem Feldzug nach S endet die moabitische Inschrift Meschas. Sie ist aber nicht nur wichtig im Hinblick auf die Geographie der militärischen Unternehmungen Meschas, sondern liefert uns darüber hinaus noch wertvolle Informationen über religiöse Praktiken und Gottesvorstellungen der Moabiter.

*Kamosch*

Kamosch, der Hauptgott der Moabiter (im AT *kemōš,* 1Kön 11,33), wurde von Salomo in Jerusalem zu Ehren seiner moabitischen Frauen eingeführt (1Kön 11,7.33) und später von Josia (um 622 v.Chr.) wieder beseitigt (2Kön 23,13). Wie Mescha in Dibon, so hatte schon zuvor Salomo in Jerusalem dem Kamosch ein Höhenheiligtum errichtet. Nach dem Zeugnis der Mescha-Inschrift war Kemosch ein Kriegsgott, der vor Angreifern errettete, seine Anbeter triumphieren ließ, aber auch mit seinem Land zürnen konnte und den Befehl erteilte, bestimmte Gebiete zu erobern (z.B. Nebo und Hawronan).

Kamosch war für eine Zeit mächtiger als Jahwe, der Gott Israels, denn Mescha nahm die Kultgeräte Jahwes von Nebo und brachte sie vor Kamosch – ein sichtbares Zeichen der Unterlegenheit Jahwes (Zeilen 14-18). Bemerkenswert ist hier, daß dies eine der frühesten Stellen ist, die den israelitischen Gott JAHWE außerhalb des biblisches Textes erwähnen.

Der Name Kamosch erscheint auch in einem moabitschen Königsnamen z.Zt. Sanheribs (um 710 v.Chr.) als *Ka-mu-su-na-ad-bi* und in dem moabitischen Namen der Privatpersonen *Ka-mu-su-i-lu* und *Ka-mu-su-šar-uṣur.* Aber auch auf moabitischen Siegeln ist der Name der moabitischen Gottheit beliebt gewesen (z.B. Abb. 104): *kmsyḥy* (dem Kamosch Leben gab) oder *kmsṣdq* (Kamosch ist gerecht) und *kmsntn* (Kamosch hat gegeben). Aus diesen Siegelinschriften, deren Namen Ausdruck der persönli-

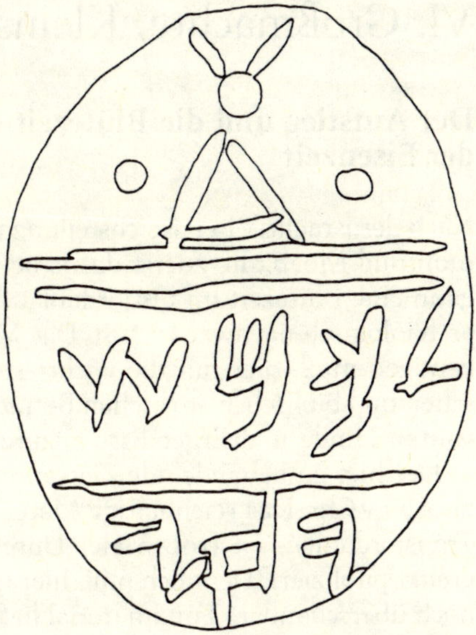

*Abb. 104: Moabitisches Siegel: lkmsyhy = »dem Kamoshyachy (gehörend)«*

chen Frömmigkeit der Moabiter sind, geht hervor, daß Kamosch als eine gerechte, schenkende und lebendige Gottheit erfahren wurde.

Schließlich ist noch auf einen eigentümlichen Doppelnamen für Kamosch in der Mescha-Inschrift hinzuweisen. In Zeile 17 wird eine Gottheit mit Namen ʿAštar-Kamoš erwähnt. ʿAštar ist die maskuline Form der semitischen Göttin Astarte, die aber hier, nach Meinung der Mehrzahl der Gelehrten, nicht gemeint sein kann, da die feminine Endung -t bei ʿAštar fehlt. Allerdings sind einige Forscher der Auffassung, daß hier dennoch die Astarte gemeint sei. Das erschwert aber die Deutung, denn welche Gottheit kann das sein, die einen femininen und maskulinen Namen hat?

Vielleicht ist eine Lösung im Zusammenhang mit jener auf Ḫirbet el-Medēyine entdeckten Figur zu finden (s.o. Abb. 95). Denn der eindeutig feminine Gestus der an sich männlichen Figur ist offenbar eine gewollte Kombination femininer und maskuliner Eigenschaften der Gottheit, die auch in dem Doppelnamen ʿAštar-Kamoš ausgedrückt werden sollen. Vielleicht stellt die in Ḫirbet el-Medēyine gefundene Statuette gar die Gottheit ʿAštar(t)-Kamoš dar.

Mit dem Hinweis auf dieses noch ungelöste aber interessante Rätsel verlassen wir die Mescha-Inschrift und wenden uns nun der weiteren Geschichte des Ostjordanlandes unter assyrischer, babylonischer und persischer Herrschaft zu.

# VI. Großmächte, Kleinstaaten und Vasallen

## Der Aufstieg und die Blütezeit der ostjordanischen Völker in der Eisenzeit

Nach der israelitischen Reichsteilung und dem Erstarken der Völker Ammon und Moab, die zuerst das israelitische Joch abwerfen konnten, begann eine Blütezeit im Ostjordanland, die sich in vielerlei Hinsicht auch archäologisch nachweisen läßt. Das Material dazu ist so vielfältig, daß es genügen muß, hier nur die wichtigsten und für die biblisch-archäologischen und biblisch-historischen Betrachtungen in dieser Darstellung relevanten Funde und Ergebnisse anzuführen.

Der hier zu behandelnde Zeitraum beträgt fast 400 Jahre, von ca. 850 bis 450 v.Chr. Das reichhaltige Material zur Archäologie und Geschichte Transjordaniens ist trotz vieler Untersuchungen immer noch recht begrenzt publiziert. Dennoch muß hier nicht geschwiegen werden, denn das noch überschaubare Fundmaterial liefert bereits neue Anstöße für die historisch-archäologische Forschung und wird zu weiteren Unternehmungen reizen. Historisch und kulturhistorisch kann somit schon gesagt werden, daß trotz vieler ostjordanischer Eigenarten das ganze politische und kulturelle Schwergewicht der mesopotamischen Mächte zu jener Zeit in Transjordanien spürbar wird. Nicht zuletzt auch deswegen, weil Ammon, Moab und Edom fast vorbehaltlos zunächst Assyrien, dann Babylonien und Persien als Oberherren anerkannt hatten. Aber zur Zeit von Mescha, der um 850 v.Chr. seine Macht nördl. des Arnon festigte, sah es freilich noch nicht so aus, als würden jemals mesopotamische Mächte Palästina kontrollieren.

### *Der politisch-militärische Aufstieg der ostjordanischen Kleinstaaten*

Ammon und Moab hatten sich um 850 v.Chr. bereits von Israel gelöst und waren intensiv mit ihrer eigenen Profilierung beschäftigt, als Edom z.Zt. Joschafats immer noch unter der Vasallenschaft Judas stand: »Es war kein König in Edom; ein Stadthalter war im Lande« (1Kön 22,48). Das sollte sich erst unter Joschafats Sohn Joram ändern. Das AT berichtet zuvor von einem Feldzug Joschafats und des israelitischen Königs Joram gegen Mescha von Moab (2Kön 3). Offenbar wurden die Edomiter gezwungen, an diesem Feldzug gegen Moab teilzunehmen, denn der Kriegszug gegen Moab wurde von S her, vom »Weg durch die Wüste Edom« (2Kön 3,8) geführt. Die Erwähnung eines »Königs von Edom« in Kap. 3 ist anachronistisch, denn Edom hatte unter Joschafat noch keinen eigenen König. Die-

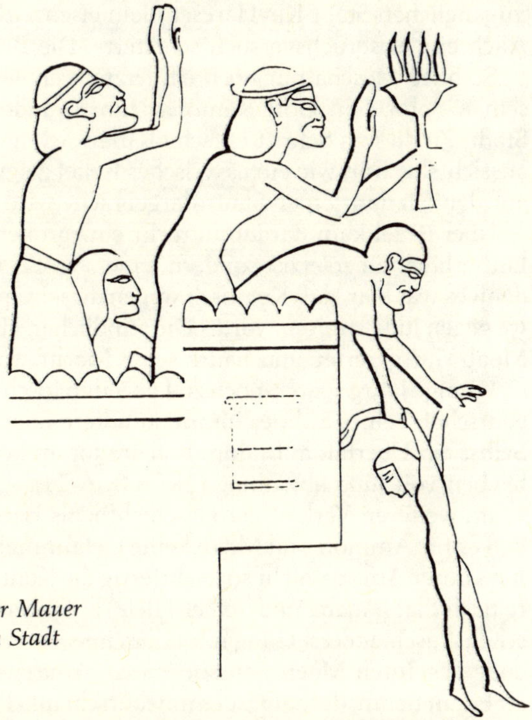

*Abb. 105: Kinderopfer auf der Mauer einer israelitischen Stadt (Keel 1972, 130)*

ser wurde erst nach der Unabhängigkeit Edoms eingesetzt (2Kön 8,20-22). Vermutlich ist hier der Königstitel (*melek*) nicht in diesem engen Sinn gebraucht worden, denn der hebr. Begriff kann auch den Ortsfürsten einer Stadt mit einem recht lokalen Machtbereich bezeichnen (1Mo 14,2; 29,2; Jos 10,1; 11,1; Ri 5,19): »In Kurdistan heißt heute noch jeder Dorfschulze *malka*« (Gesenius 429).

Israel, Juda und das edomitische Kontingent hatten zunächst etwas ängstlich das ganze Unternehmen begonnen, haben dann aber ein Wasserwunder erlebt, das ihnen neuen Mut machte (2Kön 3,17-20). Die aufgehenden Sonnenstrahlen färbten am nächsten Morgen das aufgestaute Wasser des Flusses Sered (?) rot, woraufhin die Moabiter glaubten, die Heere Israels, Judas und Edoms hätten sich gegenseitig umgebracht (2Kön 3,21-23). Vermutlich war in Moab bekannt, daß diese Union der drei Heere ohnehin nur von vorübergehender Dauer war - eben nur solange, wie man einen gemeinsamen Feind hatte.

Der Irrtum der Moabiter hatte fatale Folgen: das Land Moab wurde vom Fluß Sered bis nach Kir-Hareset von den Soldaten Israels, Judas und Edoms verheert (2Kön 3,24-26). König Mescha mußte sich in der schwer zugänglichen Stadt Kir-Hareset (dem eisenzeitlichen Kerak) verschanzen. Auch ein Ausbruchsversuch scheiterte. Die Belagerung hielt stand.

So blieb Mescha nur noch ein letzter verzweifelter Ausweg: er opferte seinen Sohn dem Gott Kemosch zum Brandopfer auf den Mauern der Stadt. Zu diesem Schritt entschloß man sich im Altertum, wenn die Lage aussichtslos war, wie ein assyrisches Relief zeigt, auf dem ein Kinderopfer auf den Mauern einer Stadt dargebracht wird (Abb. 105).

Über Israel kam daraufhin nicht ein »großer Zorn«, wie die revidierte Lutherbibel übersetzt, sondern eine »große Ohnmacht« (*qeṣer-gādōl*), denn es war klar, daß Kemosch wegen dieser Opfergabe mächtiger als Jahwe gegen Juda streiten würde. Die feindlichen Heere zogen ab (2Kön 3,27). Moab war gerettet und baute seine Macht weiter aus.

Wenige Jahre später, noch zu Lebzeiten Joschafats und während der Regentschaft seines Sohnes Joram, kündigte Edom seine Vasallenschaft auf. Selbst ein Überfall auf Edom brachte Joram keinen Erfolg. Die Edomiter blieben von Juda abtrünnig (2Kön 8,16-24).

Im weiteren Verlauf der Geschichte, als Israel bereits so schwach war, daß es für Ammon und Moab keine Gefahr mehr darstellte, wollte jedoch Juda unter Amazja nicht so leichtfertig die Kontrolle über die Handelsroute nach Elat (Aqaba und Tell el-Ḫlēfe) aufgeben. Es kam zu einer kriegerischen Auseinandersetzung mit Edom im »Salztal«, das vermutlich am Südende des Toten Meeres zu suchen ist. Amazjas Offensivkrieg führte ihn an Edom heran; deshalb ist es unwahrscheinlich, daß das Wādī el-Milḥ bei Beerscheba der Kriegsschauplatz gewesen ist, wie einige Forscher annehmen.

Der Bericht über die Eroberung Selas und die Ermordung von 10000 Edomitern ist in 2Chr 25,11-12 ausführlicher beschrieben als in der kurzen Notiz von 2Kön 14,7. Das dort genannte Sela (*[has]-sela*, der »Fels«) wird in 2Chr 25,12 nur als »Fels« bezeichnet, von dem Amazja 10000 Edomiter herunterstürzen ließ. Schon Diodorus-Siculus sowie die Historiker Josephus und Eusebius haben den 300 m hohen (ca. 1200 m ü.N.N.) Tafelberg Umm el-Biyāra in Petra mit der edomitischen Hauptstadt Sela identifizieren wollen (vgl. Ri 1,36; Jes 42,11; Obd 3). Nun ist aber die dort angelegte eisenzeitliche Siedlung nicht älter als ca. 700 v.Chr. Will man also an diesem Ort festhalten, so muß man eine ältere Besiedlung in der Frühen Eisenzeit II (ab ca. 850 v.Chr.) postulieren, ohne überzeugende Beweise dafür liefern zu können.

Für das edomitische Sela kommt aber noch eine andere Ortslage in Frage, die immer mehr an Zustimmung unter den Gelehrten findet. Es ist ein im 10.-6. Jh. v.Chr. besiedelter Tafelberg, der ca. 4 km nordwestl. von Buṣēra (Bosra) liegt (Abb. 106). Auch er besitzt eine nach allen Seiten steil abfallende Felsformation, die ebenfalls Ort des grausigen Spektakels ge-

*Abb. 106: Der Felsen des edomitischen Sela (heute: es-Sela)*

wesen sein könnte. Leider ist auf dem Tafelberg noch keine Grabung vorgenommen worden. Dafür sind aber die aufgelesenen eisenzeitlichen Keramikstücke eindeutig in jene Zeitepochen zu datieren, in der die Auseinandersetzungen Amazjas mit den Edomitern stattgefunden haben. Bemerkenswert ist schließlich noch, daß die Ruinen des Berges den alten Namen Sela (heute: es-Sela) tragen, der auch in dem Dorf es-Sela, das dem Tafelberg gegenüberliegt, bewahrt worden ist. Auch dieser Tatbestand spricht dafür, daß die edomitische Stadt Sela hier zu lokalisieren ist.

Aber der in Petra liegende und ausgegrabene edomitische Ort auf Umm el-Biyāra ist für unsere Kenntnis über die edomitische Geschichte und Kultur keineswegs unbedeutend.

Man kann Umm el-Biyāra (Tf. 19) in etwa einer Stunde besteigen und sich vom Plateau aus an einem herrlichen Rundblick über Petra, die Šerā-Berge und die Araba-Wüste mit ihren vorgelagerten edomitischen Bergen erfreuen. Der Aufstieg sollte möglichst in Begleitung eines Führers erfolgen. Reichlich Wasser ist mitzunehmen. Die frühen Morgenstunden sind für den Aufstieg am günstigsten, da später die heiße Sonne an der westl. Aufstiegsseite des Berges das Steigen beschwerlich macht.

Die Häuserruinen der edomitischen Stadt auf Umm el-Biyāra stehen noch

*Abb. 107: Türeingang eines Hauses auf Umm el-Biyāra (in Petra); (Braemer 1982, 131)*

*Abb. 108: Kasernenhäuser auf Umm el-Biyāra (Braemer 1982, 289)*

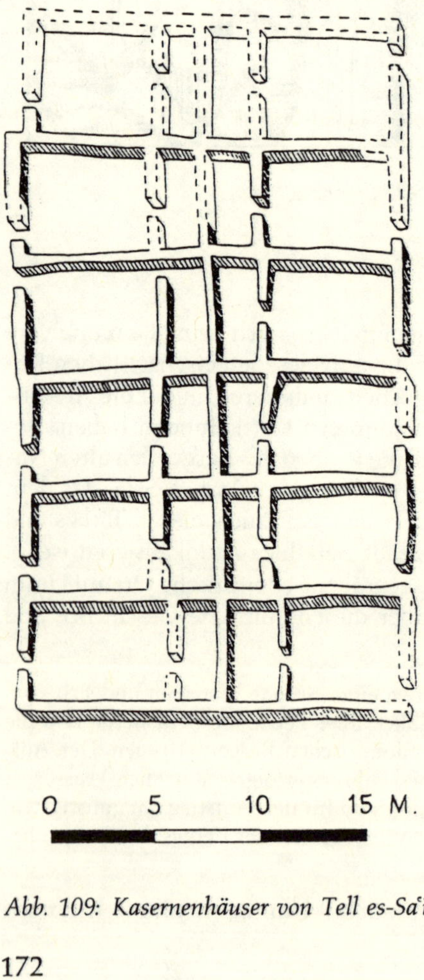


*Abb. 109: Kasernenhäuser von Tell es-Saʿīdīye (Zafon)*

stellenweise so hoch an, daß ganze Türeingänge erhalten sind (Abb. 107). Man könnte die kleine edomitische Siedlung des 7. Jh. v.Chr. als Zufluchtsort oder Festungsbau interpretieren, denn die Lebensbedingungen auf dem allseitig isolierten Tafelberg waren einer üblichen kleinbäuerlichen Lebensweise eher abträglich: es stand dort oben kein bebaubares Land zur Verfügung, die Wasserversorgung war ausschließlich von Zisternen abhängig und der Weg auf das Bergplateau war sehr beschwerlich. Für eine größere edomitische Festungsanlage sprechen auch der großartige Rundblick, den man von Umm el-Biyāra aus genießen kann und die fast uneinnehmbare, strategisch günstige Lage der Siedlung (vgl. Obd 3.4). Schließlich spricht für den militärischen Charakter auch die kasernenartige Bauweise der ausgegrabenen »Reihenhäuser«, die vom Typus des palästinischen »Vierraumhauses« völlig abweichen (Abb. 108). Umm el-Biyāra könnte somit eine ähnlich Festungsanlage im Grenzbereich zu Juda gewesen sein, wie wir sie schon, allerdings viel zahlreicher, bei den Ammonitern und Moabitern kennengelernt haben.

Ein weiterer »Kasernenkomplex« könnten die Reihenhäuser (4,8 x 8,7 m) auf dem Tell es-Sa ʿīdīye im Jordantal darstellen (Abb. 109). Es wäre möglich, daß wir es bei diesem Haustyp mit einer exklusiv transjordanischen Architektur zu tun haben.

Vielleicht kann man den Fund eines edomitischen Siegels auf Umm el-Biyāra als weiteren Hinweis für die militärstrategische Bedeutung dieser Siedlung betrachten, die aber sicherlich erst zur Zeit der assyrischen Eroberung in Palästina angelegt worden war. Denn es ist kaum wahrscheinlich, daß eine so abgelegene Dorfsiedlung jemals ein mit einem königlichen Siegel verschlossenes Dokument erhalten hätte. Ein Militärposten kommt hingegen dafür schon eher in Frage (s. Abb. 122).

### *Edom zahlt Tribut an Adadnarari III. (ca. 810-782 v.Chr.)*

Die Hafenstadt Elat gelangte durch Amazjas Sohn Asarja/Usia (ca. 790-740 v.Chr.) wieder an Juda zurück und wurde von ihm weiter ausgebaut (2Kön 14,22). Obwohl es Asarja gelungen war, diesen wichtigen Zugang zum Roten Meer zu besetzen, kam es zu keinen weiteren kriegerischen Auseinandersetzungen zwischen Juda und Edom.

Die nächste Notiz, die uns überliefert ist, erwähnt lediglich, daß wohl um 733 v.Chr. Elat wieder an Edom zurückfiel und von der Zeit an endgültig unter edomitischer Kontrolle verblieb (2Kön 16, 5-9). Jedoch waren nicht die Edomiter selbst die Eroberer Elats: Der Bericht besagt, daß der Aramäerkönig Rezin (Jes 7,1ff) die Judäer aus Elat vertrieben und dann die Stadt den Edomitern überlassen hat.

Diese erstaunliche Wende in den an sich klaren Gebietsverhältnissen zwischen Ammon, Moab und Edom und den nördl. aramäischen Nachbarn, die sich eigentlich bis zu diesem Zeitpunkt politisch recht reserviert gegenüber den ostjordanischen Staaten verhalten hatten, hat offenbar schon 80 Jahre vorher, angesichts der assyrischen Bedrohung, eingesetzt. Ob Syrien schon zu jener Zeit nicht nur den Kontakt mit Israel und Juda, sondern auch mit Ammon und Moab gesucht hat, wissen wir nicht. Nur die Tatsache, daß Edom sich Aram-Damaskus angeschlossen hatte, läßt dies vermuten. Jedenfalls hat Aram-Damaskus später seine Vertragstreue damit bewiesen, daß es für Edom die Judäer aus Elat vertrieb.

Die starke Neigung der Aramäer, die südl. Staaten zu Bundesgenossen zu machen, was aber nicht in jedem Fall gelang (vgl. Jes. 7,1-6; 2Kön 16,5-9), hatte seine Ursache darin, daß sich schon ab 850 v.Chr. die politischen Machtverhältnisse im nordmesopotamischen Raum allmählich umgestalteten und das aufstrebende neuassyrische Reich eine zunehmende Gefahr für Syrien-Damaskus darstellte.

Die ersten Feldzüge des assyrischen Königs Salmanassar III. (ca. 858-824 v.Chr.) nach Zentral- und Südsyrien sowie nach Hamat am Orontes wurden 853, 849, 848 und 845 v.Chr. von den vereinten Heeren der Syrer, Phönizier, Ägypter und arabischer Kontingente zurückgeschlagen. In den Jahren 841, 838 und 837 gelang es ihm jedoch, nach der Usurpation des syrischen Thrones durch Hasaël in Damaskus, bis zur syrischen Hauptstadt vorzudringen. Aber Hasaël überlebte und baute seine Macht noch weiter aus. Daß die Staaten Ammon, Moab und Edom nicht in Salmanassars Annalen erwähnt werden, hat verschiedene Gründe: Zum einen waren die Feldzüge nach W nicht so erschreckend, wie sie Salmanassar dargestellt hat, und zum anderen waren die transjordanischen Staaten zu jener Zeit (um 840 v.Chr.) vor allem mit dem Aufbau ihrer eigenen Länder beschäftigt, nachdem sie das israelitische Joch erfolgreich abgeworfen hatten. Assyrien kümmerte sie noch wenig.

Von ca. 835-796 v.Chr. trat für Syrien/Palästina eine Ruhepause ein, weil sich die Assyrer vornehmlich mit den östl. Regionen (Urartu) ihres Reiches auseinandersetzen und ihre Grenzen dort festigen mußten.

Das Jahr 796 v.Chr. leitete dann den langen, aber beständigen Weg des Abstiegs der ostjordanischen Reiche und Israels ein. Während eines Befreiungsschlages gegen nordsyrische Staaten und Aram-Damaskus, die Hamat bedrohten, sah Adadnarari III. (810-782 v.Chr.) seine Chance, nachdem er die Koalition zerschlagen hatte, Ben-Hadad von Damaskus, den Sohn Hasaëls, zu unterwerfen und Tribut zu verlangen. Dies ist jene Stunde gewesen, in der nun erstmals ein ostjordanischer Staat in einer Tributliste der Assyer auftaucht. Eigentümlicherweise ist es das entlegene Edom!

Auf der Steininschrift, die in Kalḫu (Nimrud) gefunden wurde, werden folgende Tributzahler des syrisch-palästinischen Gebietes genannt: das Land Amurru (Nordsyrien), Tyrus, Sidon, Israel (akkad.: ... *māt Ḫu-um-ri* = Omriland/Israel), Edom (akkad.: *KUR(māt) U-du-mu)*, Philistäa (*Pa-la-aš-tu* = die verschiedenen Stadtstaaten zusammengefaßt).

Erstaunlich ist, daß weder Ammon noch Moab in dieser Liste auftauchen. Dies mag verschiedene Gründe haben: entweder waren beide Staaten stark genug, sich dem Ersuchen der anderen Länder um alliierte Anstrengungen gegen Adadnarari III. zu widersetzen, oder sie werden nicht genannt, weil die Liste nur eine Auswahl darstellt. Aber warum wird dann ausgerechnet Edom erwähnt?

Möglich ist, daß Edom aufgrund einer recht frühen Verbindung mit Aram-Damaskus (s.o.) sich gezwungenermaßen an der Koalition gegen die Assyrer beteiligen mußte und daher auch zu den Tributzahlern gehörte. Der biblische Text (2Kön 16,5) würde somit indirekt Licht auf die Erwähnung Edoms in einer assyrischen Tributliste werfen.

Mit Sicherheit waren die Staaten Ammon und Moab um 800 v.Chr. selbständiger als Edom, das erst vor kurzem aus der judäischen Vasallenschaft ausgebrochen war. Während also Edom noch eine innenpolitische Entwicklungsphase bestehen mußte, hatten Ammon und Moab eine weitaus größere Prosperität erreicht.

Weil Edom in jener Zeit politisch ohnehin keine allzu große Rolle gespielt hat, wenden wir uns nun der weiteren Geschichte Ammons und Moabs zu, die politisch wie kulturell mehr und mehr unter assyrischen Einfluß gerieten.

## Die ostjordanischen Staaten in den Reden der alttestamentlichen Propheten

In der Zeit von ca. 790-745 v.Chr., dem Jahr der Thronbesteigung Tiglat-Pilesars III. (745-727 v.Chr.; Tf. 41), war Assyriens Außenpolitik hauptsächlich mit den Staaten östl. von Euphrat und Tigris beschäftigt. Nur Salmanassar IV. (ca. 782-773 v.Chr.) hat 773 v.Chr. Aram geschwächt, was für Jerobeam II. (ca. 783-753 v.Chr.) eine Möglichkeit war, seinen Einflußbereich bis nach Damaskus auszuweiten (2Kön 14,25.28). Er respektierte aber die politische und territoriale Integrität und Souveränität seiner ostjordanischen Nachbarn.

So liegt vor uns eine Spanne von ca. 100 Jahren (seit der Reichsteilung), in der Ammon und Moab sich entfalten konnten. Die Prosperität dieser Staaten läßt sich archäologisch nachweisen, obgleich man bei einer solchen Bewertung der Quellen immer vor Augen haben muß, daß wir es bei allen palästinischen Staaten sozio-ökologisch mit einer primär kleinbäuerlichen Gesellschaft zu tun haben, die sich nicht mit dem reichen Ägypten oder machtvollen Assyrien vergleichen läßt.

Über die Blütezeit, den Wohlstand und die sozialen Verhältnisse von Ammon, Moab und Edom besitzen wir keine lokalen Urkunden und Berichte. Dennoch können wir uns ein bescheidenes Bild über ihre Lebensverhältnisse machen, wenn wir nämlich die Gerichtsreden der atl. Propheten über diese Länder auf ihren Aussagegehalt zu den genannten Aspekten untersuchen. Dabei sollen, wenn relevant, archäologische Entdeckungen und Funde mitreden und das Prophetenwort transparenter machen.

Zuvor aber noch ein Wort zu den historischen Vorgängen zwischen 745-700 v.Chr.

## *Ammon, Moab und Edom unter assyrischer Herrschaft*

Tiglat-Pilesar III. (745-727 v.Chr.) hat zwei größere für Palästina entscheidende Kampagnen unternommen, die um 745-738 v.Chr. zunächst die Staaten im O und NW unter seine Herrschaft zwangen (Urartu, Nordsyrien und Teile des südl. Kleinasien). Damit hatte er seine Macht im O gefestigt und konnte sich nun - in der zweiten Unternehmung - mit Syrien-Palästina beschäftigen. Dies geschah von ca. 735-732 v.Chr. Nach drei Jahren erbitterter Kämpfe besiegte Tiglat-Pilesar III. schließlich Rezin von Damaskus und Pekach von Israel (2Kön 15,27ff) und gewann somit ganz Syrien-Palästina bis nach Ägypten. Der Fall Pekachs wird von Tiglat-Pilesar III. inschriftlich erwähnt: »Ihren König Pekah (Paqaha) stürzten sie, Hosea (Ausi') setzte ich über sie« (Galling 59).

Die ostjordanischen Staaten konnten ihre Autonomie bewahren, weil sie sich Assyrien friedlich angliederten und zu Tributzahlungen bereit waren. Die Namen der zu jener Zeit (um 728 v.Chr.) regierenden Monarchen Ammons, Moabs und Edoms finden sich auf einer assyrischen Tontafel, einer Tributliste, die aus der Zeit Tiglat-Pilesars III. stammt. Šanib (*Sa-ni-bu*) von Bet-Ammon, Salamānu von Moab und Qaušmalaka von Edom.

Ob es nun diese Könige waren oder ihre Vorgänger, die Amos und Jesaja meinten, als sie ihre Gerichtsbotschaften predigten, ist deshalb nicht bekannt, weil wir nicht genau wissen, welche Ereignisse es gewesen sind, die nach Meinung der Propheten zu solch menschenverachtenden und damit gerichtswürdigen Taten Anlaß gegeben haben.

Die *Ammoniter* werden verurteilt, weil sie die Schwangeren in Gilead aufgeschlitzt hatten (Am 1, 13-15). Dieses grausame Vorgehen kann wohl mit einem erneuten Versuch in Verbindung stehen, den Ammon unternahm, um das fruchtbare Gilead nach der Schwächung Israels durch Tiglat-Pilesar den III. zu erobern (vgl. Ri 11,4f).

Diese menschenunwürdige und das Leben verachtetende Tat ist auch schon von Tiglat-Pilesar I. (um 1100 v.Chr.) bezeugt: »Er zerfetzte der Schwangeren Bäuche, durchbohrte der Schwachen Leib« (Schmökel 1955, S. 114; vgl. auch Ilias VI 57f).

Die *Moabiter* werden wegen ihrer ebenso grauenvollen wie menschenverachtenden Handlungen am toten Edomiterkönig verurteilt: sie haben seine Gebeine zu Kalk verbrannt (Am 1,13-15), um daraus Tünche für Häuser und Steine herzustellen (5Mo 27,2.4). In einer Erklärung des Targum (aram. Übersetzung des AT) heißt es daher: »Er hat daraus Kalkverputz für sein Haus gemacht«. Daß der »wehrlose Menschenrest mißbraucht wird - daß der Mensch zu Material wird -, ist Grund genug zur Anklage« (Wolff, Amos, S. 198). Aber auch hier kennen wir nicht den historischen Hintergrund und wissen deshalb auch nicht, um welchen edomitischen König es sich handelt.

Die *Edomiter* werden ihrerseits zum Gericht gerufen, weil sie Juda nicht als »Bruder« behandelt haben (Am 1,11.12). Später sagt Hes 35,5f, daß sich die Edomiter am wehrlosen Bruder Juda rächten und fast lustvoll judäische Flüchtlinge verfolgten, auslieferten oder töteten (Obd 14). Weil sie kein Erbarmen kannten, wird das Gericht über sie kommen.

Die voraufgegangenen Texte der Gerichtssprüche werden von der Forschung gewöhnlich in die Zeit des Exils datiert (um 550 v.Chr.). Weil die beschriebenen Handlungen keine historischen Angaben enthalten, ist es schwierig, den kritischen Aussagen etwas dagegenzuhalten. Andererseits charakterisieren die Texte

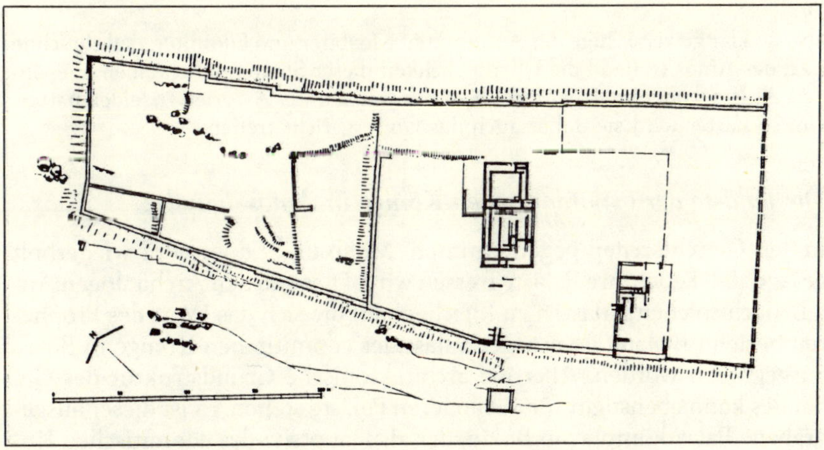

*Abb. 110: Archäologische Gesamtansicht von Bozra (Buṣēra), einer Hauptstadt Edoms (Bennett, Levant 1974, 2)*

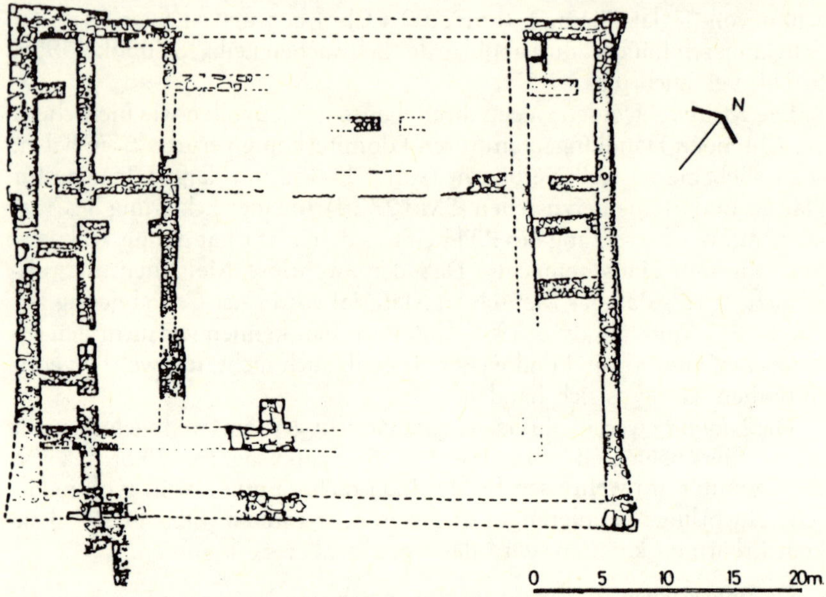


*Abb. 111: Der assyrische Palast in Bozra (Bennet, Levant 1977, 4)*

aber so klar gewisse Züge der Ammoniter, Moabiter und Edomiter, daß sie schon z.Zt. des Amos treffend die Überheblichkeit dieser Staaten beschreiben, die, anders als Israel oder Juda, gar nicht oder nur wenig unter Assyrien zu leiden hatten. Um so härter wird sie daher auch das Gottesgericht treffen.

## *Die Paläste der ostjordanischen Könige in Amos 1 und 2*

In den Gerichtsreden gegen Ammon, Moab und Edom wird wiederholt gesagt, daß Feuer ihre Paläste fressen wird. Dies gab den Archäologen Anlaß, nach solchen Palästen zu forschen, auf die sich das Wort des Propheten bezieht. Bislang ist nur der Palast der edomitischen Könige in Bozra ausgegraben worden. Aber die architektonische Grundstruktur des Gebäudes kann ebensogut für die anderen Paläste stehen. Es ist dieser ausgegrabene Palastkomplex in Bozra, der als Hauptsitz des edomitischen Königs und als Ziel des Gerichtes Gottes in Am 1,11.12 erwähnt wird. Aber auch die Paläste in Moab, in Kerijot und in Ammon waren dem Gerichtsfeuer verfallen (Am 1,15; 2,3).

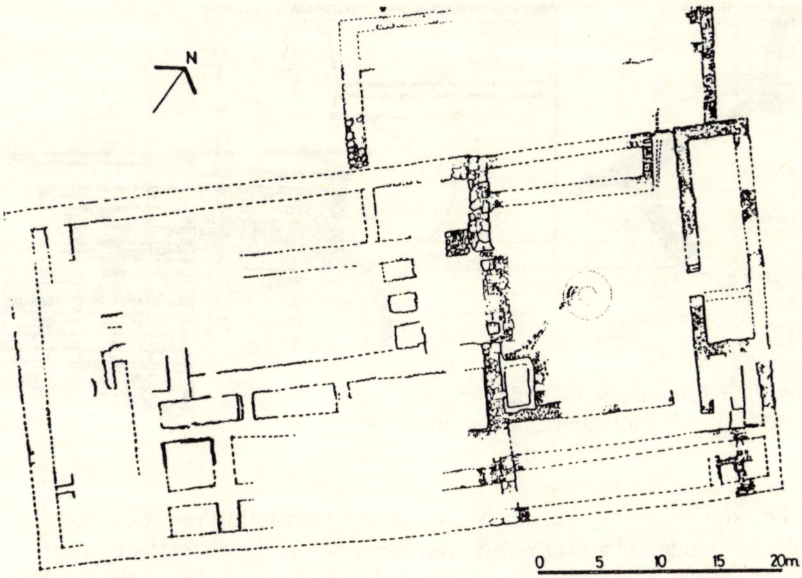


*Abb. 112: Die edomitische Tempelanlage in Bozra (Bennet, Levant 1977, 5)*

In der edomitischen Stadt Bozra, die heute leicht zu erreichen ist, wenn man die Stadt Buṣēra (ca. 50 km nördl. von Petra) nach W hin durchfährt und vor dem großen Schulkomplex das Auto parkt (Abb. 110). Dort wurden durch mehrere Ausgrabungen in den siebziger Jahren zwei große Hausanlagen freigelegt, die als Palast- und Tempelgebäude gedeutet wurden.

Das sogenannte »winged building« (Außenmaße ca. 36 x 47 m) hatte einen 16 x 26 m großen Innenhof, um den sich an der Nord- und Westseite mehrere Räume in Doppelreihen gruppierten, während es nach O und S nur einzelne Kammern oder Korridore gegeben hat (Abb. 111). Die Eingänge zu den Räumen liegen häufig an den Ecken. Dieser Haustypus weicht nun entschieden von dem palästinischen Vierraumhaustyp und dem ostjordanischen Reihenhaustyp ab. Er ist aber vergleichbar mit dem assyrischen Hofhaustyp, bei dem sich die Wohnräume um einen Hof scharen. Dieser Typus liegt hier vor und ist daher Beweis für den Einfluß assyrischer Bauweise in Edom. Beachtenswert ist ebenfalls, daß zur Zeit der assyrischen Oberherrschaft auch in Juda und Israel Paläste assyrischen Stils erbaut worden sind (z.B. Megiddo, Samaria und Lachisch).

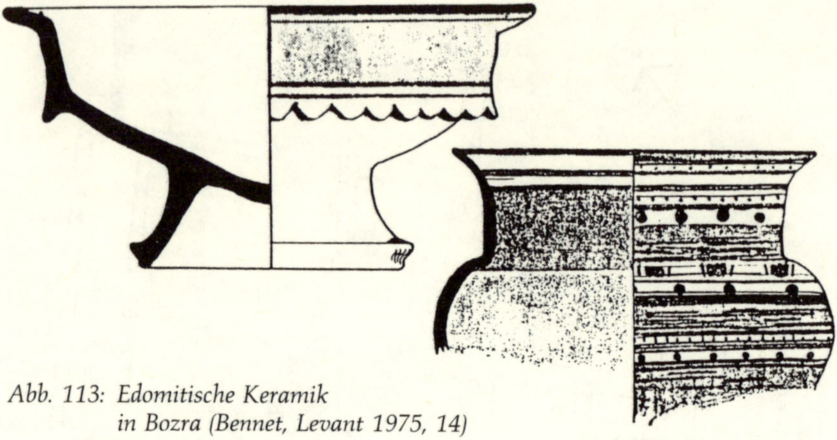

*Abb. 113: Edomitische Keramik in Bozra (Bennet, Levant 1975, 14)*

Die andere Anlage auf der Akropolis von Bozra (Buṣēra) ist ein rechtekkiges Gebäude (32 x 60 m) mit zwei Innenhöfen, die ebenfalls typisch für die assyrische Bauform komplexer Anlagen sind, um die sich ebenfalls mehrere Wohneinheiten gruppieren (Abb. 112). Dieser Komplex wurde als Tempel mit Vorhof, in dem sich ein kreisrundes Wasserbecken befand, gedeutet. Diese Einheit von Tempel und Palast auf der Akropolis von Bozra ist nicht ungewöhnlich, sondern eher typisch für diese Zeit. Eine zwei Meter dicke Mauer hat diesen Bereich vom übrigen Stadtbereich, der auf einer Terrasse unterhalb der Akropolis lag, abgetrennt (vgl. Abb. 110).

Die in den Tönen schwarz, braun, rot und weiß bemalte Keramik von Buṣēra (Abb. 113) datiert diese Anlage in die Zeit des Amos, ca. 750 v.Chr. Das Gerichtswort des Propheten über Bozra fand seine Erfüllung: Die Ausgräber bestätigen, daß beide Bauten durch ein großes Feuer, das die Babylonier gelegt hatten, zerstört wurden.

Auf dem Ǧebel el-Qalʿa in Amman könnte der ammonitische Palast gestanden haben, den Amos erwähnt. Die klassischen Ruinen auf der Zitadelle von Amman überdecken noch immer die eisenzeitlichen Reste, so daß die Existenz eines solchen Palastes noch nicht nachgewiesen werden konnte. Es ist aber zu vermuten, daß der Palast des ammonitischen Königs sich auf dem Ǧebel el-Qalʿa befunden hat und ebenfalls von den Babyloniern zerstört worden ist wie der Palast in Edom.

Einen wichtigen, aber nur indirekten Hinweis auf einen ammonitischen Palast auf der Zitadelle von Amman liefert die 1961 gefundene sogenannte »Zitadelleninschrift« aus Amman (Abb. 114), die an der eisenzeitlichen Umfassungsmauer im südwestl. Bereich der Zitadelle ans Tageslicht kam. Die Inschrift befindet sich auf einem zerstörten Kalksteinblock (0,19 x 0,26 m), der wahrscheinlich in die Mauer als Spolie eingefügt worden war. Die rechte Ecke unten ist deshalb rechtwinklig ausgeschnitten worden.

Die Inschrift datiert in das frühe 8. Jh. v.Chr., also in die Zeit assyrischer Expansion und des Auftretens von Amos.

Der aus acht Zeilen bestehende Text ist sehr zerstört und die Übersetzung und Deutung des Inhaltes mehr als fraglich:

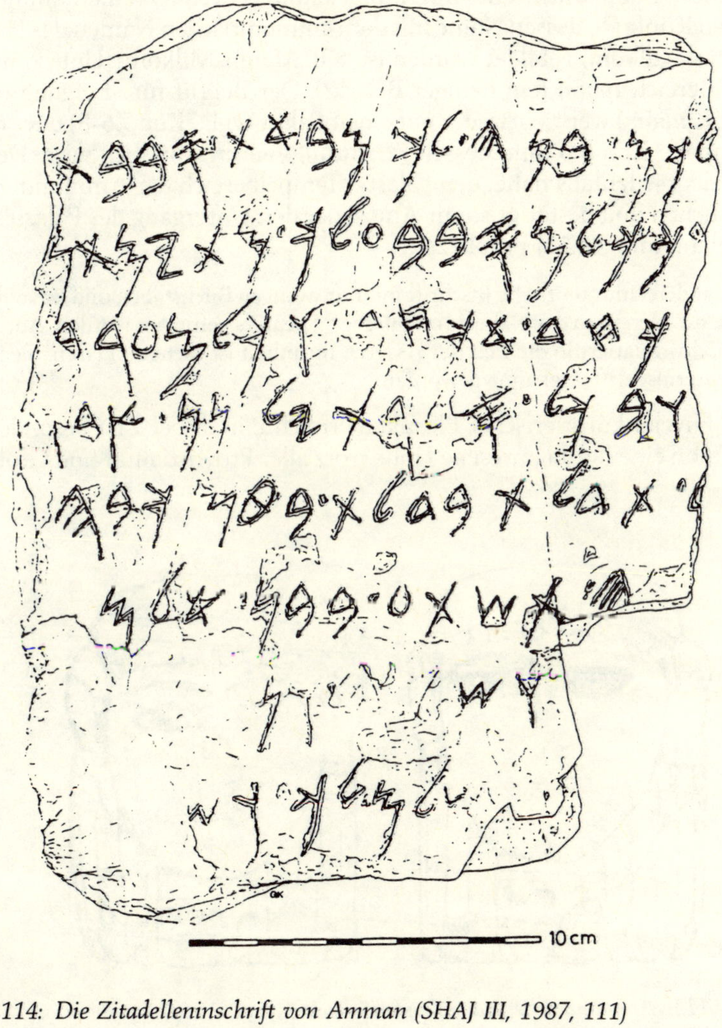

*Abb. 114: Die Zitadelleninschrift von Amman (SHAJ III, 1987, 111)*

. . . Mi]lkom hat dir Eingänge rings umher gebaut[ . . .
. . . ]nach allem was dich umgibt von Tymtn[ nach . . .
. . . ]was zerstört wurde habe ich . . . im ganzen W[ . . .
. . . ]und auf jeder Schwelle . . . des geraden Walles[ . . .
. . . ]Tür, an der inneren Tür grub er[ . . .
. . . ]Furcht war unter den Männern der Eingangshalle[ . . .
. . . ]. . . . . . . . . . . . . . . . . . . . . . . . . . . . . . . . . . . . . . . . - . . . . . . . . .[ . . .
]. . . . . . . . . für dich . . . . . . . . . . . . . . . . . . . . . . . . . . . . . . . . .[

Diese Bauinschrift ehrt ihren unbekannten Erbauer, einen ammonitischen König (?), dessen Name mit dem ammonitischen Namen des Hauptgottes, Milkom, gebildet worden ist (z.B. Matan-Milkom). Unbekannt ist der Bereich *tymnt* (ein heiliger Bezirk?). Der Begriff für »Eingangshalle« (hebr. *ʾullām*) weist entweder auf einen Palast (vgl. 2Kön 7,6-8) oder einen Tempel (1Kön 6,3) hin, dessen Errichtung hier beschrieben wird. Der Inhalt legt jedenfalls nahe, den Palast- /Tempelbereich der Ammoniter hier zu suchen und bestätigt somit Amos, der den Untergang des Palastes von Rabba (Am 1,14.15) prophezeite.

Eine andere ammonitische Inschrift mit nur wenigen Buchstaben und unvollkommenen Zeilen ist in der Nähe des römischen Theaters gefunden worden. Auch diese Inschrift datiert in die Zeit der Assyrer. Ihr Inhalt ist nicht zu klären. Sie ist als »Theaterinschrift« bekannt geworden.

Das Niveau künstlerischer Plastiken erreichte in dieser Zeit besonders in Ammon eine nie dagewesene Höhe trotz aller Provinzialität und Grobheit

*Abb. 115: Ammonitische Frauenköpfe (Scheck 31)*

der Darstellungen. Neben den königlichen Rundplastiken sind auch »doppelgesichtige Frauenportraits« gefunden worden (Abb. 115), die als monumentaler Architekturschmuck gedient haben. Einige Figuren waren freistehende, andere »Brückenpfeiler-Figuren« und januskopfige, wie die hier abgebildeten. Sie verraten eindeutig syrischen Einfluß.

In dem Gerichtswort gegen Moab erwähnt Amos (Am 2,2) die Paläste von Kerijot, die ebenfalls durch Feuer vernichtet werden sollen, weil Moab so abscheulich mit dem Leichnam des Edomiterkönigs umgegangen war. Der Ort Kerijot, an dem der Palast des Königs stand, wird schon in der Mescha-Inschrift (Z. 10) erwähnt: »ich baute Kirjathon«. Dies ist die Ḫirbet el-Qurēye, die etwa 10 km nordwestl. von Madaba liegt. Leider sind dort noch keine Grabungen durchgeführt worden, so daß wir archäologisch gar nichts über diesen Standort des Palastes der Moabiterkönige sagen können.

Natürlich setzen wir hier stillschweigend voraus, daß so wie der Palast von Edom (Buṣēra) auch die Paläste von Moab und Ammon dem Typus des assyrischen Palastes entsprochen haben. Dies ist unter dem assyrischen Einfluß jener Zeit möglich gewesen, aber nicht zwingend und im Augenblick auch nicht nachweisbar. Bei dem edomitischen Palast bestehen darüber jedoch keine Zweifel.

### *Moab in den Gerichtsreden Jesajas*

Im Gegensatz zu Ammon und Edom nimmt Moab bei Jesaja einen breiteren Raum in den Gerichtsreden ein, denn immerhin wird Moabs Schicksal in Kap. 15 und 16 mit recht unterschiedlicher Thematik sehr breit behandelt (Ammon überhaupt nicht und Edom nur in Bildern des Untergangs, wobei wilde Tiere und wildwuchernde Pflanzen das Land Edom nach dem Gericht bedecken werden, Jes 34,5-15).

Vermutlich hat Moab mit seinen ehemals zu Gad/Israel gehörenden Besitzungen immer wieder den Neid und die Mißgunst Israels heraufbeschworen. In den Gerichtsreden des Propheten Jesaja nimmt daher die kommende Strafe über Moab eine breite Schilderung ein.

Im 15. Kap. des Jesajabuches finden wir die erste Gerichtsrede, die das Unglück Moabs zum Thema hat. Unter historio-geographischen Aspekten betrachtet, liefert uns dieses Kap. ein anschauliches Bild von der Besiedlung Moabs und macht uns bekannt mit Ortslagen, die erst in den letzten Jahren durch archäologische Oberflächenerforschungen einigermaßen sicher identifiziert worden sind.

Die Gerichtsrede selbst beschreibt eine Naturkatastrophe, die sich in der Zeit der assyrischen Expansion ereignete und die besonders das ehemalige Kernland Moabs betroffen hat (Abb. 116). Denn die Städte nördl.

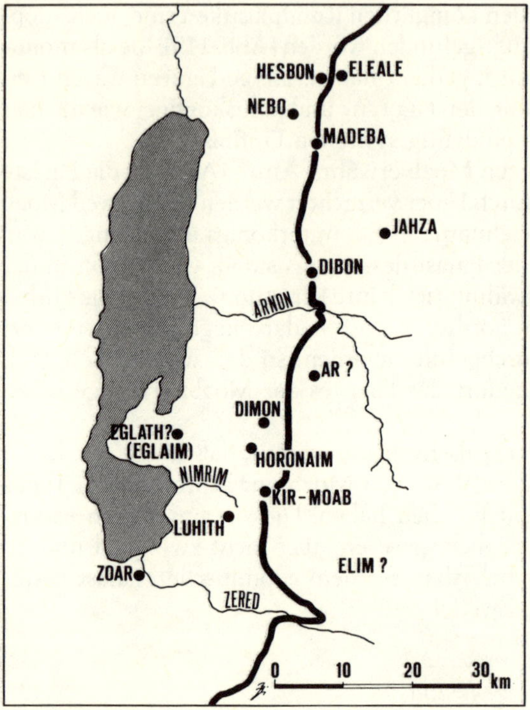


*Abb. 116: Karte zu Jesaja 15*

des Arnon stimmen eine große Wehklage über die Katastrophe im S an und über die daraus resultierende Schwächung des Zentrallandes. Genannt werden die Orte Ar, Kir, Dibon, Nebo, Madaba, Heschbon, Eleale und Jahaz (Jes 15,1-4).

Von den acht Städten werden schon vier in der Mescha-Inschrift genannt. Dibon, das von Mescha kultisch ausgebaut worden war (s.o. Qeriḥō, S. 162) wird als Ort der Anbetung in Vers 2 genannt; man suchte bei den Altären von Dibon Hilfe für den S. Mit Kir (oder Kir Heres, Kir-Hareset, s.o. S. 153) ist wohl Kerak gemeint, dessen fränkische Kreuzfahrerburg heute die Ruinen des alten Kir bedeckt. Heschbon ist ausgegraben worden, jedoch sind durch die hellenistische und römische Bebauung die alten Ruinen verschwunden, so daß allein der Keramikbefund und einige Mauern die Existenz des eisenzeitlichen Heschbon zur Zeit der assyrischen Expansion bestätigen. Eleale liegt etwa 2 km nördl. von Heschbon. Sondagen haben ergeben, daß der Ort zu fast allen Zeitepochen bewohnt gewesen war. Die Nähe von Heschbon zu Eleale hat dazu geführt, daß bei den Propheten »Heschbon und Eleale« fast immer in einem Atemzug erwähnt werden. Welche Stadt ist aber mit Ar (hebr. *ʿār*) gemeint?

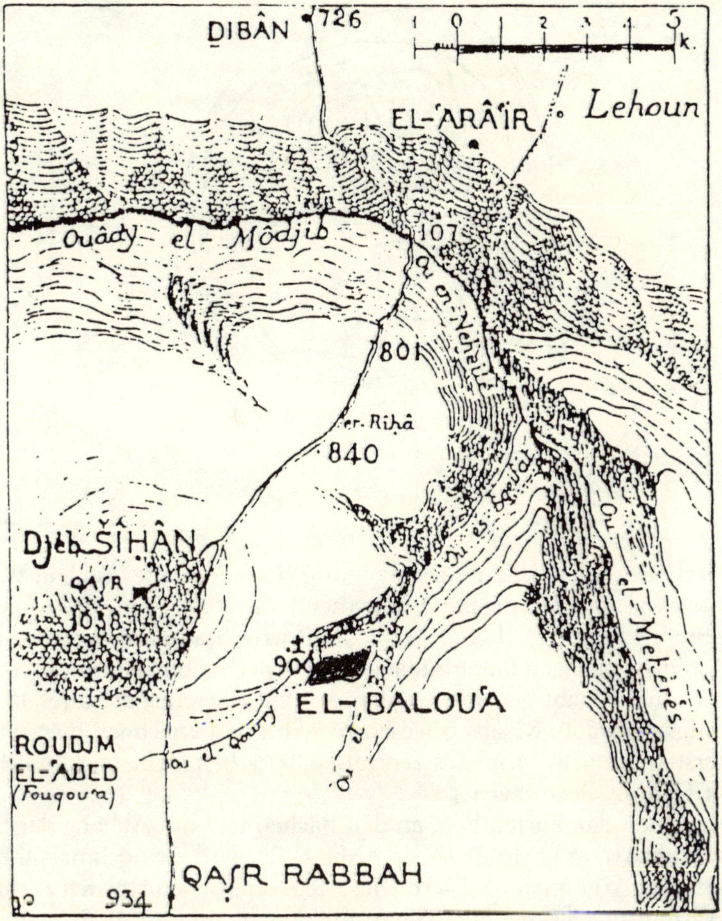


*Abb. 117: El-Bālū' (Ar?) an den »Bächen des Arnon«, 4Mo 21,15 (Horsfield, RB, 418)*

## *»Ar« in Moab - el-Bālū'?*

Mit »Ar« kann die Stadt und das gleichnamige Landgebiet bezeichnet werden (5Mo 2,9.18.29). Der 18. Vers in 5Mo 2 impliziert, daß Ar das Territorium am Arnon meint, das Israel auf seiner Wanderung berührte. Nach V. 29 steht Ar parallel zu Seïr und bezeichnet auch hier wiederum das Land; der Begriff kann auch als Synonym für Moab selbst aufgefaßt werden, ebenso in 5Mo 2,9.

*Abb. 118: Das Siegel von el-Bālūᶜ*

Nach 4Mo 21,15 ist Ar auch eindeutig ein Stadtname. Auch in V. 28 in demselben Kapitel ist die Stadt Ar gemeint, die vom Feuer gefressen wird - wie Sihons Stadt Heschbon. Ar als Stadt bzw. Stadtname ist auch in Jes 15,1 in diesem engen Sinne zu fassen, weil hier Ar und Kir mit den anderen Städten Moabs genannt werden. Ar und Kir scheinen in Jes 15,1 die wichtigsten Städte Moabs gewesen zu sein und bezeichnen hier evtl. die äußersten Grenzbereiche des zentralmoabitischen Gebietes (ähnlich wie »von Dan bis Beerscheba«).

Ar lag an den Furten bzw. an den Bächen und am Abhang der Bäche zum Fluß Arnon (4Mo 21,15). In 4Mo 21,28 wird Ar nochmals mit den Höhen am Arnon parallelisiert. Diese geographischen Hinweise erhärten die Vermutung, daß das biblische Ar mit dem heutigen el-Bālūᶜ zu identifizieren ist (Abb. 117). Denn el-Bālūᶜ liegt auf einer Höhe unmittelbar am Abhang der Bäche, die zum Arnon fließen. El-Bālūᶜ ist zudem die größte eisenzeitliche Stadtanlage (ca. 300 x 500 m), die es im Bereich des Arnon gibt. Kir und Ar - Kerak und el-Bālūᶜ - waren im zentralmoabitischen Raum die größten und bedeutendsten Städte in der Eisenzeit. Deshalb ist es sehr zutreffend, wenn Jesaja mit diesen beiden Städten die Ausdehnung Zentralmoabs umschreibt.

El-Bālūᶜ ist leicht zu erreichen. Schon nach Passieren des kleinen Dörfchens el-Ǧadᶜa am Fuße des Šiḥān (1063 m), an dem die »King's Highway« unmittelbar vorbeiführt, wenn man von N kommt, sieht man linker Hand die Ruinen der als Qaṣr bezeichneten Palastburg, die etwa 6 km östl. des Šiḥān liegt. Von der Kleinstadt el-Qaṣr aus fährt man auf einer Schotterstraße in Richtung NO und trifft

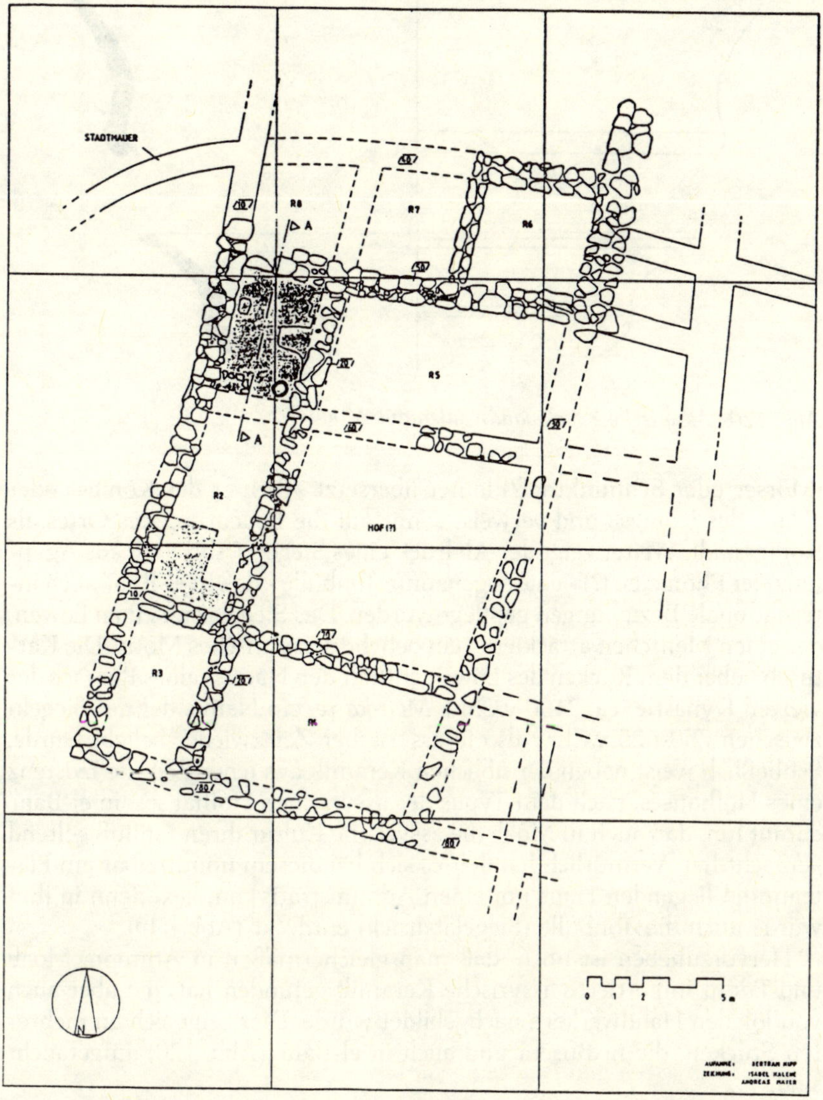


*Abb. 119: Ein assyrisches Hofhaus in el-Bālūʿ*

nach etwa 10 km auf das große mit Basaltbrocken übersäte Ruinenfeld (vgl. Abb. 117).

Die Ausgrabungen (seit 1986) haben nachweisen können, daß zur Zeit der Assyrer diese Stadtanlage eine bedeutende Rolle gespielt haben muß. Die Inschrift mit dem Buchstaben *b]t-m-l-k* auf dem Rand eines Basaltgefäßes

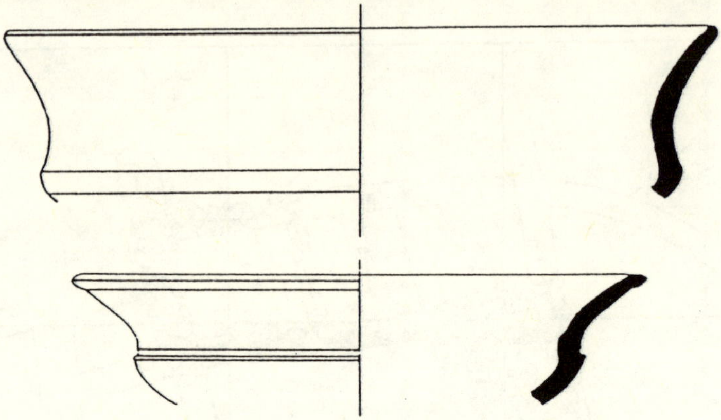

*Abb. 120: Assyrische Knickwandschalen aus Moab*

(Mörser oder Schminktopf?) lautet übersetzt »Tochter des Königs« oder »Haus des Königs« und verweist somit auf die Bedeutung des Ortes als Königsstadt. Weiter zeigt der Abdruck eines Siegels (Abb. 118) aus Ägypten oder Phönizien (?) - eine sogenannte Tonbulle - daß in el-Bālūʿ auch internationale Beziehungen gepflegt wurden. Das Siegel zeigt einen Löwen, der einen Menschen attackiert - ein beliebtes ägyptisches Motiv. Die Kartusche über dem Rücken des Löwen enthält den Namen eines Pharaos der vierten Dynastie (ca. 2400 v.Chr.): *Men-ka-re,* ein Name, der auf Siegeln zwischen 750-625 v.Chr., also in assyrischer Zeit, wieder beliebt wurde. Schließlich weist neben der üblichen Keramik aus jener Zeit die Existenz eines Hofhauses, nach dem Typus des assyrischen Hofhauses, in el-Bālūʿ darauf hin, daß auch in Moab die assyrische Kultur ihren Einfluß geltend gemacht hat. Vermutlich handelt es sich bei diesem unmittelbar am Plateaurand liegenden Haus um einen Administrativkomplex, denn in ihm wurde auch die Tonbulle (Siegelabdruck) entdeckt (Abb. 119).

Hervorzuheben ist noch, daß man gleichermaßen in Ammon, Moab und Edom importierte assyrische Keramik gefunden hat, die aber auch von lokalen Handwerkern nachgebildet wurde. Dies zeigt sich an mehreren Stücken, die in Buṣēra und auch in el-Bālūʿ (Abb. 120) aufgetaucht sind.

Diese Keramik ist sehr hart und vergleichsweise dünnwandig. Charakteristisch sind der Knick im Gefäßkörper und die nach außen strebenden Wände bei den tiefen Schalen. Man bezeichnet diese Keramik daher auch als assyrische »Knickwandschalen«.

Ist also Ar in Jes 15,1 in der Tat mit dem heutigen el-Bālūʿ zu identifizieren, dann besteht jedenfalls historisch-archäologisch keine Diskrepanz zwischen der Gerichtsrede Jesajas gegen Moab in assyrischer Zeit und seine Anwendung der Stadtnamen Kir und Ar, um die Grenzen Zentralmoabs zu skizzieren.

Kehren wir nun wieder zum Text des Fremdvölkerspruches Jesajas zurück (Verse 5-9). Hier werden Städte und Straßen genannt, die noch bis vor wenigen Jahren den Forschern unbekannt waren. Einige Orte sind aber auch heute noch nicht mit Sicherheit zu identifizieren. Für den biblisch-archäologisch interessierten Besucher des Ostjordanlandes ist es aber sicherlich reizvoll, abseits von den touristischen Attraktionen auch diese Orte der Jesajarede aufzusuchen und Scherbenmaterial dort aufzulesen (Tf. 21).

Während die Bevölkerung nördl. des Arnon in dem von Mescha ca. 850 v.Chr. eroberten Gebiet laut Wehklage über den jammervollen Zustand des Landes südl. des Arnon bis an die Grenze Edoms hält, nimmt das Unheil seinen Lauf.

Nach V. 6 ist offenbar eine Dürrekatastrophe die Ursache des »Geheuls« und der Flucht (V. 5.8). Aber in V. 9 ist die Rede davon, daß sich die Wasser von Dimon zu Blut färben. Dies könnte auf eine Heuschreckenplage hindeuten, die die Wasserstellen ebenso wie die Anbaugebiete traf; die darauf folgende Dürre und Trockenheit sowie die Ungenießbarkeit des Wassers führten vollends zu einer Katastrophe.

Als 1984 bei einer archäologischen Oberflächenerforschung das heutige Dorf Dimna am Gebirgsabfall zum Toten Meer untersucht wurde, stellte sich heraus, daß die Keramik nur bis in die nabatäisch-römische Epoche zurückreicht. Erst etwa 200 m unterhalb der Dorfanlage, am wasserreichen Wādī el-Muġēsēl, wurde eine große (ca. 150 x 200 m) eisenzeitliche Siedlung entdeckt, die bis dahin den Forschern entgangen war. Somit ist es nicht nötig – wie viele Kommentatoren meinen – Jes 15,9 auf Dibon (Dimon als Verschreibung) zu beziehen.

Das eisenzeitliche Dimon liegt am perennierenden Wādī el-Muġēsēl, das die ganze Talebene des Wādī Ibn Ḥammād bewässert und das Jesaja meinte, als er passend die Abhängigkeit Dimons vom Wasser dieses Wādī in den schwierigen Steilabfällen der Berge schilderte. Daß die Wasser von Dimon zu Blut werden, erklärt sich aus der Heuschreckenplage, wie sie vor allem von Forschern des Orients im letzten Jahrhundert häufig erlebt wurden und deren Auswirkungen auf die lebenswichtigen Quellen folgendermaßen beschrieben werden: »Sie [die Quelle bei Midin] ist im weiten Umkreis die einzige Quelle, welche noch nicht ganz von Heuschreckenschwärmen, die heuer (1897) besonders zahlreich auftraten, unbrauchbar gemacht war. Zu Hunderttausenden bedecken diese alle Wasserorte, die unteren Schichten werden von den oberen noch lebenden zerquetscht, erfüllen die Luft mit entsetzlichem Gestanke und verpesten das Wasser. Deshalb bedecken die Leute die Brunnen mit Zeltdecken, aber die Heuschrecken gelangen dennoch hinein. Auch hier waren die Brunnen, trotzdem man sie bedeckt hatte, voll von diesen toten Insekten, die eine rötliche Masse bildeten und durch neue Schwärme immer noch vermehrt wurden.« (Musil, Arabia Petraea I, 143)

Die weiteren Ortslagen sind im Zusammenhang mit den genannten Wegen (Steigen) Ausgangs- oder Endpunkte der Fluchtwege und lassen sich wie folgt interpretieren: von Horonajim (heute ed-Dēr, s.o.) führt noch heute ein Weg, der Darb el-Mezārīb, über den Gebirgskamm des Ǧebel el-Ḥudēb und die Hochfläche am Nordufer des Canyons des Wādī el-Kerak nach Bulēda, das vermutlich mit dem Eglat-Schelischija in Jes 15 identisch ist.

Dieses Eglat ist wohl das Agalathon bei Josephus und dieses wiederum das ʿgltyn des nabatäischen Papyrus aus dem Baba-Batha-Archiv, in dem ʿgltyn als Hafen (*maḥōz*) bezeichnet wird. Nahe Bulēda, am Toten Meer, hat es noch im letzten Jahrhundert einen Hafen - el-Baladīyye genannt - gegeben.

Nicht nur strukturmäßig, sondern auch geographisch parallel zum Darb el-Mezārīb (dem Weg nach Horonajim) verläuft die Steige von Luhit, das mit dem heutigen Katrābba identisch ist. Der Zielpunkt des Weges und somit auch der Flüchtlinge sind die Wasser von Nimrim, die heute als die Wasser des Wādī en-Numēra besucht werden können, die durch die schönste und inspirierendste Felsschlucht fließen, die Jordanien zu bieten hat (Tf. 20). Nimrim und die heutige Landschaft en-Numēra sind identisch. Auch hat ein arabischer Stamm, der hier früher wohnte, diesen Namen getragen und weitergegeben (nach Eusebius waren es die Banu-Nimram).

Man erreicht die Schlucht des Wādī en-Numēra, wenn man die Straße von Kerak zum Toten Meer nimmt und dann nach S (Richtung Aqaba) abbiegt. Nach ca. 8-10 km, kurz vor der Kaliumfabrik, trifft man linker Hand ein breites, mit Steinen übersätes Flußdelta. Von hier aus erforscht man am oder auch im Fluß watend für mehrere Stunden die Schlucht des Wādī en-Numēra.

An den Wassern von Nimrim vorbei geht es dann nach Zoar, der heutigen, leider inzwischen zerstörten Ḫirbet eš-Šēḫ ʿIsā im Ġor eṣ-Ṣāfī. Die moabitischen Flüchtlinge hatten offenbar versucht, Edom durch die Arabasenke zu erreichen, indem sie zunächst die Wasser von Nimrim und dann Zoar passierten.

Der hier noch genannte Weidenbach (genauer »Pappelbach«, hebr. *nahal - arabīm*) ist das Wādī Ibn Ḥammād, denn der südl. Seitenarm (heute Sēl el-Farīaʿ) ist im letzten Jahrhundert noch als Sēl el-ʿArābi (Pappelbach) bezeichnet worden. Und in der Tat stehen am Oberlauf des Wādī Ibn

Ḥammād und auch an den verschiedenen Tributären des Wādī Ibn Ḥammad lange hohe Pappelreihen.

Wo Beer-Elim lag, ist hingegen völlig unbekannt.

Verfolgt man die genannten Orte nochmals auf der Karte, so wird deutlich, daß Jesaja den N und den Westrand Moabs bei seiner Gerichtsrede im Blickfeld hatte. Die Flüchtlinge drängten nach W und S, weil die Katastrophe, die Heuschreckenschwärme, von O aus der arabischen Halbinsel in das Kulturland eingedrungen war. Nach O floh man also nicht.

So skizziert Jesaja ein Naturdesaster, das Moab zur Zeit der assyrischen Oberherrschaft betroffen hat, und das er als warnendes Strafgericht Gottes angesichts der kommenden endgültigen Vernichtung verstanden wissen wollte (vgl. Jer 48). Wann diese Katastrophe stattgefunden hat, ist aber nicht zu sagen.

Man kann diesem Wort Jesajas aus Kap. 15 das 16. Kap. gegenüberstellen, in dem über den Wohlstand Moabs Gericht gesprochen wird; eine Rede also, die eindrücklich den Reichtum des Landes während oder trotz der Vasallenschaft unter Assyrien vor Augen führt.

### *Moab in Jesaja 16*

Der Reichtum und der Wohlstand Moabs bestand vor allem in der Schafzucht (2Kön 3,4) und im Weinanbau - Unternehmungen also, die fast überall und zu allen Zeiten recht einträgliche Einnahmen brachten. Jesaja spricht in seiner bildhaften Rede deshalb auch von den »Traubenkuchen von Kir-Hareset« (Kerak), den (nun wüsten) Fluren von Heschbon, dem »Weinstock von Sibma« (heute Ḫirbet Qarn el-Kibs bei Heschbon). Im Bilde der edlen Reben, die bis nach Jaser reichten und bis über die Meere rankten, beschreibt Jesaja die weitreichenden Handelsverbindungen Moabs (Jes 16,7-8). Man jauchzte in den Weinbergen und Gärten und kelterte den Wein mit Gesang (Jes 16,9-10).

Obgleich nun der Text in seinem Grundton negativ ist, können wir dennoch daraus den Wohlstand Moabs ablesen und verstehen, wenn die Moabiter aufgrund ihres Wohlstandes »Hochmut, Stolz, Mutwillen und eitles Geschwätz« an den Tag legten (Jes 16,6).

Aber der Text spricht auch vom »Verwüster, Dränger und Bedrücker« (Jes 16,4), der offenbar ganz konkret als Kriegsmacht auftritt und die Moabiter zu Flüchtlingen macht, die an die Furten des Arnon fliehen (Jes 16,2), dann vielleicht nach Sela in Edom und hoffen, daß sie des Nachts und am Tage nicht aufgespürt werden.

Man möchte hinter der Schilderung in Jes 16 eine ganz konkrete kriegerische Auseinandersetzung vermuten, die sich im Zusammenhang mit einer Strafexpedition der Assyrer für Moab ergeben hat.

Dafür käme der Feldzug Sargons (722-705 v.Chr.) im Jahre 712 v.Chr. in Frage. Denn nach der Eroberung Samarias 722 v.Chr. (2Kön 17,4-6) und der Erniedrigung Israels zum Status einer assyrischen Provinz unter Salmanassar V., dem Vorgänger Sargons II., kam es einige Jahre danach zu einer Erhebung gegen Assur, an der sich neben Juda und Philistäa auch Moab und Edom beteiligten. Diese Rebellen werden nicht in der Prunkinschrift Sargons II. erwähnt, sondern in einem Parallelbericht auf einem Prismenfragment: »[Tribut] von Philistäa, Juda, Edom und Moab, die am Meere wohnen, welche Abgaben [und] Geschenke für den Gott Assur, meinen Herrn, zu bringen hatten, die Feindseligkeiten planten, Bosheiten ohne Zahl . . .« (AOT 351).

Nachdem Sargons II. Tartan, der Heerführer, Aschdod erobert (Jes 20,1) und Philistäa im Jahre 712 v.Chr. zur assyrischen Provinz erklärt hatte, könnte ihn sein Rückweg über Edom und Moab geführt haben, mit dem Ziel, diese Staaten zu schwächen. Die Gerichtsrede Jesajas über Moab in Kap. 16 könnte somit den Einfall der assyrischen Truppen im Jahre 712/711 beschreiben, die das Land verwüsteten, so daß von dem ehemaligen landwirtschaftlichen Reichtum - Schafzucht und Weinanbau - nicht mehr viel übrig blieb.

Unter dem Eindruck dieses militärischen Rundumschlages im Ostjordanland haben dann Ammon, Moab und Edom dem assyrischen König Bündnistreue geschworen, die sich vor allem praktisch darin äußerte, daß die im Jahre 701 v.Chr. von Juda, Philistäa und Phönizien geformte antiassyrische Koalition seitens der ostjordanischen Staaten nicht mehr unterstützt wurde, im Gegenteil, die ostjordanischen Staaten bewiesen ihre Loyalität gegenüber Assur, indem sie Tribut leisteten, also praktische Militärhilfe gaben. Lobend erwähnt Sanherib (704-681 v.Chr.) die Bündnistreue der ostjordanischen Könige: »Pedael vom Haus Ammon (Pu-du-ilu[DINGIR] Kur Bit[E]- Am-ma-na-a), Kammusunadbi von Moab (Kam-mu-sụ-na-ad-bi KUR/URU Ma-a-ba-a-a), Ayyaram von Edom (Aarammu/me KUR/URU U-du-(um)-ma-a-a) . . . brachten reiche Gaben, ihr schweres Geschenk vierfach vor mich und küßten meine Füße« (TGI 67).

In weiteren assyrischen Inschriften erscheinen die nachfolgenden ostjordanischen Könige ebenfalls als treue Vasallen, die z.B. auch Soldaten für Asarhaddons Armee (ca. 669 v.Chr.) stellten. Genannt werden: Qaušgabri, König von Edom ( Qa-uš-gab-ri šar māt(KUR) U-du-me), Muṣuri, König von Moab (Mu-ṣu-ri šar māt(KUR) Ma-a-ba . . .) . . ., Pedael, König vom Haus Ammon (Pu-du-ilu[DINGIR]šar māt (KUR)Bit [E]-Am-ma-na); eine Inschrift Assurbanipals erwähnt auch noch den Sohn Pedaels: Amminadab, König vom Haus Ammon (Am-mi-na-ad-bi šar māt(KUR) Bit[E]-Am-ma-na).

*Abb. 121: Die ammonitische Umschrift auf einer Bronzeflasche von Tell Sirān (MB, 46, 23)*

Der Name Amminadab, Sohn des Hiṣal-el, erscheint auf einer äußerst bemerkenswerten ammonitischen Inschrift, einer Bronzeflasche (Höhe 0,15 m), die auf dem Tell Sirān im Gelände der University of Jordan, Amman, 1973 gefunden wurde. Die Bronzekappe der Flasche (Tf. 24) war mittels einer Niete am Hals festgehalten und die Flasche somit hermetisch abgeschlossen. Die schwarze Masse, die man im Innern fand, bestand aus verkohlten Weizen- und Gerstenkörnern. Vermutlich steht diese Flasche mit einem Erntedankfest in Ammon im Zusammenhang, denn der Text erinnert mit seinem Wortpaar »freuen und frohlocken« auch an das Erntefest in Israel (5Mo 16,13; vgl. Jes 19,2). Der Text auf der Flasche lautet (Abb. 121):

erste Zeile: Arbeiten des Amminadab, Königs der Ammoniter -
*mʿbd ʿmndb mlk bn ʿmn*
zweite Zeile: Sohnes des Hisal-el, Königs der Ammoniter -
*bn hṣlʾl mlk bn ʿmn*
dritte Zeile: Sohnes des Amminadab, Königs der Ammoniter: -
*bn ʿmndb mlk bn ʿmn*
vierte Zeile: der Weinberg, die Gärten, die Kanalisation (?) -
*hkrm ʿwhʾ gnt ʿwh ʾṯhr*
fünfte Zeile: und die Zisternen. -
*w ʾšḥt*
sechste Zeile: er frohlocke und erfreue sich -
*ygl wyšmḥ*
siebte Zeile: zahlreicher Tage -
*bywmt rbm wšnt*
achte Zeile: und langer Jahre.
*rḥqt*

Historisch könnte der hier genannte Hiṣal-'el, der Nachfolgekönig von Amminadab II. gewesen sein. Demnach regierten in einem Zeitraum von ca. 50 Jahren die ammonitischen Könige Amminadab I., Amminadab II., Hiṣal-'el und Amminadab III. Von den ammonitischen Königen sind uns nun vier weitere Könige bekannt, die auch annähernd chronologisch einzuordnen sind. Hier nun eine Tabelle zum Vergleich der chronologischen Abfolge der Könige von Ammon, Moab und Edom.

| | v.Chr. | AMMON | MOAB | EDOM |
|---|---|---|---|---|
| | | NĀḤĀŠ | | |
| ISRAEL | um 1050 | ḤĀNŪN | | |
| | bis 1000 | ŠOBI | | |
| | um 740 | ŠĀNIB | ŠALAMANU | QAUŠMALAKA |
| | bis 710 | ZAKKŪR (?) | | |
| | | JERAḪ-ʿAZAR | | |
| ASSYRIEN | | | | |
| | um 700 | PEDA'EL | KAMMUŠUNAD-BI | AYYARAM |
| | | ʿAMMINADAB I | MUṢURI | QAUŠGABRI |
| | | ʿAMMINADAB II | | |
| | bis 620 | HIṢAL-'EL | KASMŌŠḪALTĀ (KAMOŠʿĀŚĀ) | |
| | | ʿAMMINADAB III | | |
| BABYLON | um 580 | BAʿALIŠʿ | | |

*Abb. 122: Abdruck des edomitischen Königssiegels von Qaušgabri (Umm el-Biyāra) (GBL 1, S. 292)*

Von dem edomitischen König, der oben genannt wurde, Qaušgabri, existiert ein Siegelabdruck, der auf Umm el-Biyāra gefunden wurde (Abb. 122). Die Tonbulle zeigt als Motiv einen schreitenden Löwen mit menschlichem Antlitz und Adlerflügeln. Der fragmentarische Name und Titel befindet sich ober- und unterhalb des Bildes: Qosga[bar], des Königs von E[dom] (*lqwsg[br] mlk [ʾdm]*). Im Kontext der Keramik und der Schichtenfolge auf Umm el-Biyāra datiert dieser Siegelabdruck in das 7. Jh. v.Chr.

und entspricht somit der Zeit des Assyrers Assarhaddon, der in Qaušgabri einen treuen Vasallen sah.

Man sollte auch meinen, daß die assyrische Großmacht es verstanden hat, ihre Grenzen und Interessen gegenüber Arabien durchzusetzen. Dies war sicher auch der Fall bei den monarchisch regierten Staaten. Anders sah es in dem Bereich der arabischen Wüstensteppe aus, wo es keine klaren Grenzen und kontrollierbaren Völkerbewegungen gab. Diese Situation nutzten ab 700 v.Chr. mehrere arabische Stämme, die die assyrische Großmacht trotz ihrer militärischen Überlegenheit recht respektlos behandelten und gegen die Grenzen des Kulturlandes drängten. So fühlten sich die Kedarener, ein auch bei Jesaja (42,11; 60,5-9) bekannter Araberstamm, keineswegs zu schwach, um sich gegen Assur zu stellen und die syrischen Grenzen bis hinunter nach Edom zu verunsichern. Ammon, Moab und Edom waren gleichermaßen betroffen und versuchten, um 660 v.Chr. sich dieser Gefahr zusammen mit Assyrien entgegenzustellen.

Eine einzigartige Information dazu liefert uns Assurbanipal: Der König von Qedar, Ammuladdin (*ʿmld*), hatte offenbar den nordjordanischen Raum überfallen und wurde dann von dem moabitischen König Kamōšḫaltā (oder Kamōš-ʿaśā) besiegt, gefangengenommen und an Assurbanipal ausgeliefert (ca. 651 v.Chr.). Diese Geste hat natürlich das Ansehen Moabs gestärkt und vielleicht zu einer Erleichterung der Tributabgaben geführt.

Über eine *ġazawāt* (Überfall, daher: Razzia) arabischer Beduinen, den Gidiräern, berichtet ein textlich vollständig erhaltener Brief eines gewissen Qurdi-Aššur an den König von Assyrien: In einigen nicht genannten Städten der Moabiter hatten diese Gidiräer bei ihren Überfällen jeweils ein Blutbad angerichtet. Problematisch ist nur, daß weder diese Städte genannt sind, noch ist es leicht, die Herkunft der Gidiräer zu bestimmen. Weil der Bote von Qurdi-Aššur, Ayya-Nūrī, aber in Tapilu wohnte, welches mit eṭ-Ṭafila in Edom identifiziert werden kann, besteht die Möglichkeit, daß der Überfall von solchen Stämmen ausging, die im Wüstensteppengebiet östl. von Edom gewohnt haben. Ayya-Nūrī, der Provinzhalter in Tafila, war also der Verantwortliche, der dem König diese Nachricht zu überbringen hatte. Das Ganze bleibt aber höchst unklar, da weder die Zeit des Ereignisses noch der Stamm der Gidiräer mit Sicherheit bestimmt werden kann.

Die Beziehungen zwischen Assyrien und den ostjordanischen Staaten hatten sich seit Tiglat-Pilesar III. immer freundlicher gestaltet, was schließlich auch aus einer Liste von Weinlieferungen hervorgeht, in der verzeichnet ist, daß fremdländische Delegationen am assyrischen Hof bewirtet wurden; zu diesen Gästen gehörten auch Abgesandte aus Ammon, Moab und Edom.

Mit diesen Texten aus den assyrischen Annalen endet auch zugleich der gegenwärtige Informationsfluß über Ammon, Moab und Edom in der Assyrerzeit. Mit dem Entstehen des neubabylonischen Reiches und dem späteren Perserreich beginnt aber schon der Niedergang der ostjordanischen Reiche.

# VII. Das Ende der ostjordanischen Reiche und der Beginn der klassischen Epochen

Hatten wir im vorhergehenden Kapitel abschließend das Gewicht auf die durch die Archäologie zutage geförderten assyrischen Inschriften gelegt, die die Beziehungen Ammons, Moabs und Edoms zu Assyrien erhellen, so wollen wir uns nun den kulturellen Errungenschaften und Eigenheiten der späten Eisenzeit (ca. 850-539 v.Chr.) einschließlich der ausgehenden Perserzeit zuwenden.

Grundsätzlich kann dazu festgestellt werden, daß die materielle Kultur des Alltags sich in der Zeit von der assyrischen Oberherrschaft bis zum Ausklang der eisenzeitlichen Epoche in der Perserzeit nicht grundsätzlich geändert hat. Sie ist bestenfalls variiert und ergänzt oder aber von Fremdimporten überlagert worden.

Beginnen wir mit einem Bereich, aus dem in der Archäologie paradoxerweise am ergiebigsten für eine Betrachtung des materiellen Lebensstandards geschöpft werden kann: den Friedhöfen.

In isolierten Gräbern und Felskammern, natürlichen Höhlen oder in einfachen Erdgräbern, bei denen Steine eine Art »Kiste« formten, in Häusern und auch in alten Dolmen haben die Menschen der Eisenzeit ihre Toten bestattet. Die den Toten beigelegten Grabbeigaben geben Aufschluß über die materielle Kultur jener Zeit: vor allem die Keramik und persönliche Gegenstände (z.B. Dolche, Schwerter, Kleidungsstücke, Schmuck). Man hat seit der frühen Eisenzeit archäologisch keine allzu entscheidenden kulturellen Einbrüche verzeichnen können, eher sind die Erwartungen erfüllt worden, die man aufgrund vermuteter Übereinstimmungen zwischen historischen und kulturellen Bezügen postuliert hatte. So ist eine, allerdings nicht sehr häufige, Bestattungsform besonders ausgeprägt und auffällig: die Bestattung in anthropoiden Sarkophagen.

Schon in der ausgehenden Spätbronzezeit (um 1300 v.Chr.) wurden sogenannte »anthropoide Sarkophage« als Särge verwendet. Man hatte zunächst philistäischen, dann jedoch ägyptischen Kultureinfluß hinter dem Aufkommen dieser Sargform vermutet. Inzwischen ist die Forschung von der ägyptischen Herkunft dieser beeindruckenden Sarkophage überzeugt. Der Grundtyp der Sarkophage läßt sich mit folgen Worten beschreiben: Das Basiselement der anthropoiden Sarkophage »besteht aus einer bis zu zwei Meter langen konischen Röhre, die sich zum Kopfteil hin erweitert und zum Fußende hin verjüngt. Der größte Umfang wird bei den Schultern erreicht und kann bis zu zwei Meter betragen. Das Kopfende schließt mit einer Wölbung ab; das Fußende ist in der Regel glatt abgeschnitten

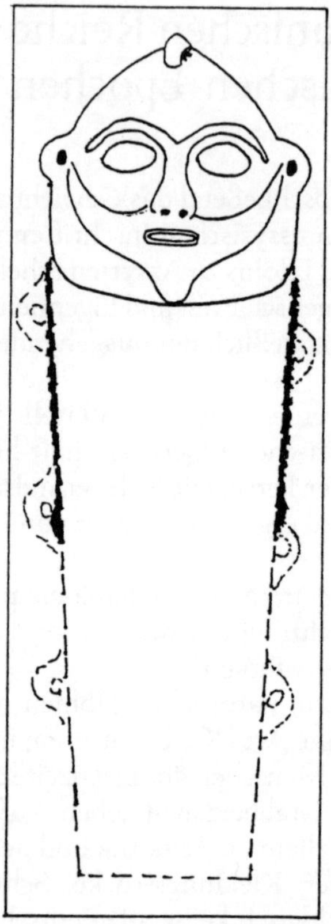

*Abb. 123: Tonsarkophag aus Amman (Yassine, 1988)*

und mit einer runden oder rechteckigen Platte verschlossen. Nur selten findet sich auf der Sarkophagoberfläche eine Ausbuchtung für die Füße. Bis zu drei Leichen fanden in derartigen Sarkophagen Platz. Man schob sie durch eine Öffnung im oberen Drittel der Tonröhre, die durch einen abhebbaren gewölbten Deckel verschließbar war. Die Deckel sind mit Gesichtszügen, Haaren, Bart, Kopftuch und sonstigem Kopfschmuck verziert, häufig sind auf ihnen auch die auf die Brust gelegten Arme mit parallel nebeneinander liegenden oder überkreuzten Händen dargestellt. Man hat diese Dekorationen entweder plastisch modelliert oder in Ritztechnik ausgeführt. Mehrheitlich bemühte man sich um eine naturgetreue Wiedergabe der Gesichtszüge; doch auf einigen Deckeln erscheinen die Gesichter grotesk vergröbert. In diesen Fällen hat man auch nicht auf die Proportionen geachtet: Die Ohren erscheinen zu groß, die Arme und Hände zu klein und und zu dünn. Der groteske Gesamteindruck wird bisweilen noch dadurch verstärkt, daß die Arme hoch oben am Gesicht ansetzen.« (Weippert 1988, S. 367)

Auch in der frühen Eisenzeit treten die Sarkophage noch auf. Fundstätten im Ostjordanland sind Saḥāb, Dibon und Amman. Einige dieser Särge sind im Museum von Amman zu besichtigen. Vor allem jene fünf Sarkophage aus Amman, die in einem Grab im heutigen königlichen Palastbereich entdeckt worden sind, geben einen interessanten Einblick in diese besondere Sargform (Abb. 123). Semitische und ägyptische Züge auf den stark stilisierten Gesichtern weisen auf eine entwickelte Mischform hin. Sicher haben sich die Ammoniter nicht mit dem ägyptischen Osiris identifiziert, aber der Osiris-Bart ist auf einigen Sarkophagen als Stilmittel vorhanden. Mit Ösen an der Sarkophagröhre wurde der Sarg verschlossen. Für den Transport waren Schlaufenhenkel entlang des Sarkophagkörpers angebracht. Man hat bis zu drei Leichen in einem Sarg bestattet, wobei dies natürlich nacheinander geschehen ist.

Mit den Assyrern gelangten im 8. und 7. Jh. v.Chr. die sogenannten tönernen Wannensarkophage in das Ostjordanland und nach Westpalästina. Man hat diese Sargformen im Grab des Adoni-Nūr (bei Amman) und auf dem Tell el-Mazār gefunden, was bedeutet, daß dieser Typus des Wannensarkophags bis in die persische Zeit beibehalten wurde (Abb. 124). In jener Zeit wurden Kinder vor allem in entsprechend großen Vorratskrügen beigesetzt.

Obgleich der Übergang von der assyrischen zur babylonisch-persischen Epoche ein scharfer Bruch war, ist diese Zäsur materiell im Ostjordanland

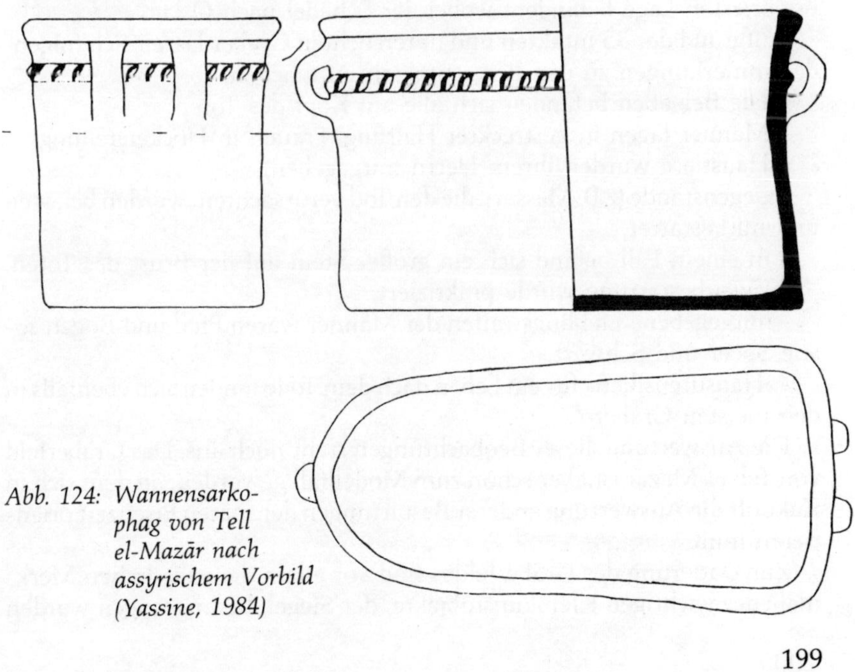

*Abb. 124: Wannensarkophag von Tell el-Mazār nach assyrischem Vorbild (Yassine, 1984)*

kaum spürbar. Wahrscheinlich deshalb, weil die babylonisch-persischen Kulturelemente erst langsam nach Transjordanien vordrangen, und die bodenständige eisenzeitliche Kultur sich länger gehalten und langsamer vermischt hat als in Westpalästina. Am eindrucksvollsten läßt sich dies am Gräberfeld des Tell el-Mazār darlegen, das mit Recht als die erste untersuchte späteisenzeitliche Nekropole gilt.

## Das Gräberfeld von Tell el-Mazār

Das Gräberfeld befindet sich ca. 220 m nördl. des Tell, der etwa 3 km nordnordwestl. von Tell Dēr-ʿAllā' liegt. Ein Besuch dorthin ist kaum sinnvoll, weil die Schätze des Gräberfeldes längst geborgen sind. Die Ausgräber haben fünf unterschiedliche Bestattungspraktiken festgestellt:

a. die einfache Erdbestattung, wobei der Leichnam in Leinen eingewikkelt und auf Matten in eine Erdgrube gelegt worden war,

b. Erdgruben, die mit Ziegeln ausgemauert waren,

c. Erdgruben mit einer Steinreihe an der Nordseite, die dann mit einem hölzernen »Dach« geschützt wurden,

d. Bestattungen in einem Vorratskrug (Kinderbestattung) und

e. die Beisetzung in einem Wannensarkophag.

Bemerkenswert ist, daß die Körper zum größten Teil sich in einer O-W orientierten Lage befanden, wobei der Schädel nach O lag.

Aufgrund der 85 intakten und untersuchten Gräber lassen sich folgende Anmerkungen zu den Bestattungssitten machen:

- Die Beigaben befanden sich alle am Kopf des Toten,
- Männer lagen in gestreckter Haltung, Frauen in Hockerstellung,
- Haustiere wurden ihrem Herrn mitgegeben,
- Gegenstände (z.B. Messer), die den Tod verursachten, wurden belassen und mitbestattet,
- in einem Fall befand sich ein großer Stein auf der Brust des Toten,
- Zweitbestattung wurde praktiziert,
- mitgegebene Lieblingswaffen der Männer waren Pfeil und Bogen sowie Speer und Schwert,
- »Hausutensilien« für ein Leben nach dem Tode fanden sich ebenfalls in den meisten Gräbern.

Die Auswertung dieser Beobachtungen steht noch aus. Das Gräberfeld von Tell el-Mazār ist aber schon zum Modellfall geworden, an dem sich in Zukunft die Auswertung anderer Bestattungen der späten Eisenzeit orientieren muß.

Zur Datierung des Gräberfeldes sind vor allem die stilistischen Merkmale der wichtigen Kleinkunstobjekte, der Siegel, herangezogen worden

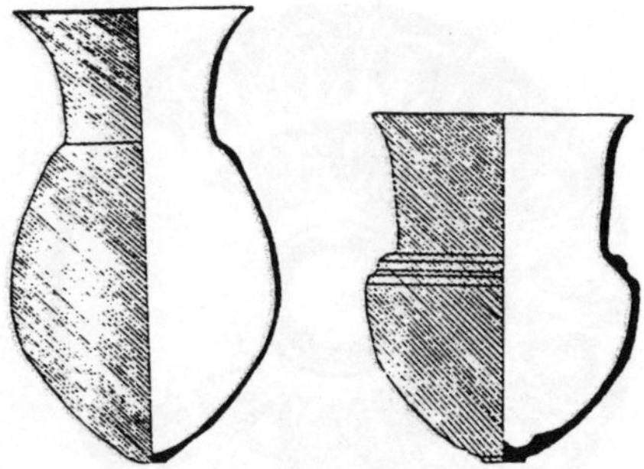

*Abb. 125: Assyrische Tonbecher (Yassine 1984)*

sowie die Keramik- bzw. die Metallgefäße.

Die hier abgebildeten Tonbecher (Abb. 125) haben klar assyrisierende Formen und sind bei einem Vergleich mit assyrischen Originalen in die Zeit um 626 v.Chr. (Assurbanipal) zu datieren. In Assyrien werden sie der sogenannten Palastkeramik (»palace ware«) zugerechnet.

*Abb. 126a: Ein Stempelsiegel von Tell el-Mazār (Yassine 1988)*
*Abb. 126b: Ein Rollsiegel von Tell el Mazār (Yassine 1988)*

Der Abdruck des Stempelsiegels (Abb. 126a) zeigt einen babylonischen Beter vor einer Weihrauchlampe mit einem Stand aus Stierfüßen. Die Siegelaufschrift ist ammonitisch mit den Namen *hml* und *stt* (unbekannt). Das Siegel wurde in babylonischer Zeit hergestellt und später mit der Gravur der ammonitischen Namen versehen.

Der Rollsiegelabdruck (Abb. 126b) zeigt einen Reiter, der eine Ziege jagt, die von einem Hund attackiert wird. Der Kopfputz und das karierte Gewand des Reiters weisen ihn als Skythen aus. Jedoch fehlen typische achämenidische Elemente, die vermuten lassen, daß persische Steinschneider dieses Siegel gefertigt haben. Es ist wohl auf Wunsch eines Ammoniters entstanden, der sich selbst gerne als diesen Reiter gesehen hat.

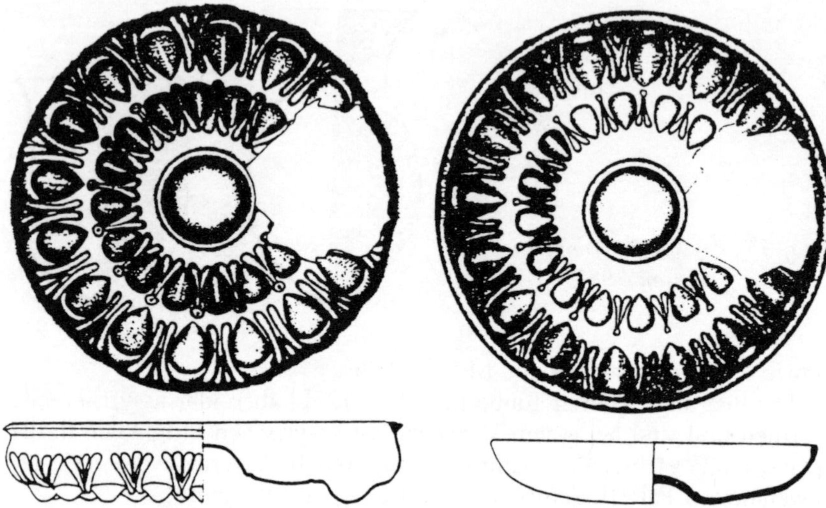

*Abb. 127: Kupferschalen mit assyrischem Dekor von Tell el-Mazār (Yassine 1984)*

Schließlich ist noch auf die in den Gräbern entdeckten Metallgefäße (Libationsschalen?) zu verweisen, die in ihrer Form und Dekoration den assyrischen Traditionen folgen und ein völlig neues Element in Transjordanien darstellen (Abb. 127). Natürlich waren auch die einheimischen, d.h. die lokalen ammonitischen Tongefäße in den Gräbern vertreten, aber gerade dieses Nebeneinander von einheimischem Handwerk und fremdländischen Gegenständen bzw. deren Nachbildungen ist Beweis für den Einfluß mesopotamischer Kulturelemente in Transjordanien in der späten Eisenzeit.

Einen weiteren Einblick in die wahrhaft kosmopolitische Kultur der achämenidisch-persischen Zeit ermöglicht uns das Grab bei Umm-Uḏēna, das 1982 in Amman entdeckt wurde. Es ist reich an lokaler, imitierter und importierter Keramik. Metallschalen und Glasfläschchen, Amphoren und Gefäße aus Attika bezeugen den hohen Standard der fremdländischen Kultur, aber auch das besondere Interesse und die Offenheit der Ammoniter diesen ausländischen Einflüssen gegenüber. Sicherlich trug auch die kosmopolitische Haltung der persischen Stadthalter dazu bei. Ausgewählte schöne Stücke aus dem Grab sind die getriebene Bronzeschale, die Karyatide, die Miniaturamphore aus Glas sowie das Parfümfläschchen (Tf. 22).

Mit diesen Grabbeigaben wird nochmals akzentuiert, was bereits unter den Assyrern begann: die frühe Einbindung des Ostjordanlandes und, natürlich viel intensiver, Westpalästinas in die Geschichte und Kultur der mesopotamischen und attischen Mächte.

Wenden wir uns nun wieder der weiteren Geschichte zu, die sich der assyrischen Epoche anschließt.

## Die ostjordanischen Reiche unter der babylonischen und persischen Herrschaft

Das assyrische Reich erlag dem Ansturm der Heere Nabopolassars (626-605 v.Chr.) und Nebukadnezars II. (605-562 v.Chr.) im Jahre 612 v.Chr. Für die palästinischen Reiche hatte sich plötzlich das Blatt gewendet. Nun waren sie auf sich allein gestellt oder abhängig von Ägypten. Pharao Necho war der Gegner Josias (ca. 640-609 v.Chr.), der seinerseits gemeint hatte, sich Necho bei dessen Feldzug nach Kleinasien entgegenstellen zu müssen; dabei fand Josia jedoch den Tod (609 v.Chr.; 2Kön 23,29-33ff; Jer 22,10-12). Dies wäre nicht nötig gewesen, denn Necho unterlag den Babyloniern bei Karkemisch, die bald ganz Syrien/Palästina unterwarfen (ca. 605 v.Chr.; Dan 1,1). Die historisch-archäologischen Zeugnisse über diese Zeit, die uns über die Situation im Ostjordanland aufklären könnten, fehlen gänzlich. Wir sind allein auf die wenigen biblischen Texte angewiesen.

Der Untergang Judas sowie der ostjordanischen Völker, die jedoch nicht deportiert wurden, war bald besiegelt. Nach einer Konferenz in Jerusalem, zu der auch Delegierte aus Ammon, Moab und Edom erschienen waren (ca. 594 v.Chr.), beschloß man eine Revolte gegen Babylon (Jer 27,1-5ff). Was daraus wurde, wissen wir nicht. Uns ist lediglich bekannt, daß im Jahre 589 v.Chr. nur der König Baalis von Ammon und das Stadtkönigtum Tyrus an dem Aufstand Zedekias gegen Nebukadnezar teilgenommen hatten (Jer 40,14; Hes 21,23-29).

*Abb. 128: Siegelabdruck von Baʿalis (Tell el-ʿUmēri)*

Von einem Diener des ammonitischen Königs Baalis stammt vermutlich ein Siegelabdruck auf einem Tonkrugverschluß, der 1984 in Tell el-ʿUmēri gefunden worden ist (Abb. 128). Die Inschrift »Milkom Ur, Diener des Baalysa« (*mlkm wr ʿbd bʿlys*) verweist deutlich in die ammonitische Kultur und Religion, denn neben dem ammonitischen Königsnamen ist auch der mit dem ammonitischen Gottesnamen »Milkom« gebildete Name des Eigentümers ammonitisch.

Über die weitere ostjordanische Geschichte herrscht Ungewißheit. Lediglich Nabonid berichtet, daß er, vermutlich auf seinem Weg nach Teima in Saudi-Arabien (ca. 553 v.Chr.?), die »Stadt Edoms« (uru U-d-]u-um-mu-u) zerstörte. Dies ist anhand der Brandschichten auf der Akropolis von Bosra (Buṣēra) bereits nachgewiesen (s.o.).

Man darf vermuten, daß ab ca. 580 v.Chr. Ammon, Moab und Edom als babylonische und später persische Provinzen weiter existierten, die von babylonischen und persischen Statthaltern verwaltet wurden. Wahrscheinlich regierten auch lokale ostjordanische Fürsten mit eingeschränkten Befugnissen.

Aus dem Buch Nehemia (2,10.19) ist bekannt, daß z.Zt. Artaxerxes' I. (ca. 445 v.Chr.) ein gewisser Tobia, der »ammonitische Sklave« (*ʿebed*, »Diener des Königs«, wie auf den Siegelaufschriften der Titel verstanden wird), der Statthalter in Amman war. Ammon war somit bereits eine persische Satrapie.

Unter der Perserherrschaft hatten sich internationale Verbindungen herausgebildet, die durch die administrative und politische Kontrolle des ausgedehnten Reiches gesichert wurden. So ist besonders hervorzuheben, daß eine im Nildelta entdeckte achämenidische Silberschale, die laut ihrer Inschrift der arabischen Göttin han-ʾIlāt geweiht war, den Namen ihres Stifters trägt: Qayn, der Sohn des Qedar-Šēḫs Guśam, der gemeinsam mit dem Ammoniter Tobia gegen die Restauration Jerusalems opponierte (Neh 2,19; 6,1-6).

Die Silberschale vom Tell el-Masḫūṭa im östlichen Nildelta hat eine ähnliche Bodenverzierung wie Abb. 127. Der Text auf dem Rand lautet:

das (ist was) Qaynu, Sohn von Guśam, König von Kedar, dargebracht (hat) für han-ʾIlāt.

Die weitreichenden Verbindungen im persischen Reich werden schließlich nochmals anhand eines Keilschrifttextes aus Edom deutlich. Dort unterhielt ein gewisser »Qōś-sama, Sohn des Qōś-yādāʿ« (Qōś, der Name des edomitischen Gottes Qos/Qaus!), seines Zeichens Kaufmann von Tawilan, Geschäfte von Tawilan bei Wādī Mūsā mit Harran in Nordmesopotamien. Der Geschäftsbrief (Abb. 129) wurde von Harran aus geschrieben. Erklärlich ist dieser weitreichende Geschäftskontakt nur auf der Basis einer

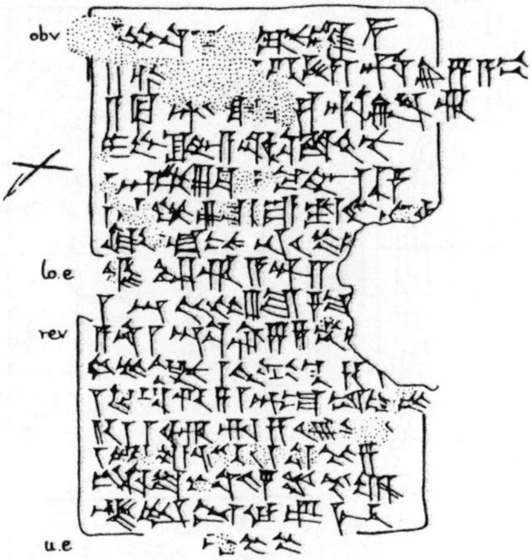


*Abb. 129: Keilschriftbrief des Qosyada aus Haran (Nordmesopotamien) nach Tawilān (Edom)*

großangelegten Kontrolle des persischen Reiches mittels seiner Satrapien, wobei die westl. Satrapien als »jenseits des Euphrat« (*ᶜēber nārī*, »jenseits des Stromes«) bezeichnet wurden.

## El-Bālūᶜ – der Sitz des persischen Statthalters von Moab?

Die bereits oben (Kap. VI) beschriebene Stadtanlage von el-Bālūᶜ ist in der späten Eisenzeit nach O hin erweitert worden (Abb. 130). Die ältere Stadt, die sich auf einer tellartigen Erhebung gegenüber dem östl. Stadtbereich erhebt, wurde durch eine Kasemattenmauer nach O hin abgeschirmt. Die Erforschung des Keramikbefundes bei Oberflächenbegehungen in diesem Stadtbereich und die beiden Ausgrabungsareale in den gekennzeichneten Bereichen (A und B), bestätigen die späte Besiedlungsphase von ca. 750-400 v.Chr.

In diesem Zusammenhang muß nochmals auf die Hausarchitektur hingewiesen werden. Die Abhängigkeit des Hauses vom assyrischen Hofhaustyp ist bereits (Kap. VI, vgl. Abb. 119) beschrieben worden. Ausgrabungen von ähnlichen rechteckigen Gebäuden, die ebenfalls in der Perserzeit noch genutzt worden sind, bestätigen, daß diese Bauten der späten Eisenzeit angehört haben und als Verwaltungssitz oder militärischen Zwekken dienten. In dem langen, als »Empfangshalle« gedeuteten Raum (Tf. 24), fand sich vorwiegend bemalte Keramik des typisch moabitischen Stils und die sehr späte »Samaria ware«, ein Keramiktypus, der häufig einen roten oder gelben polierten Überzug trägt und als Indiz für die späteisenzeitliche Besiedlung einer Ortslage gilt.

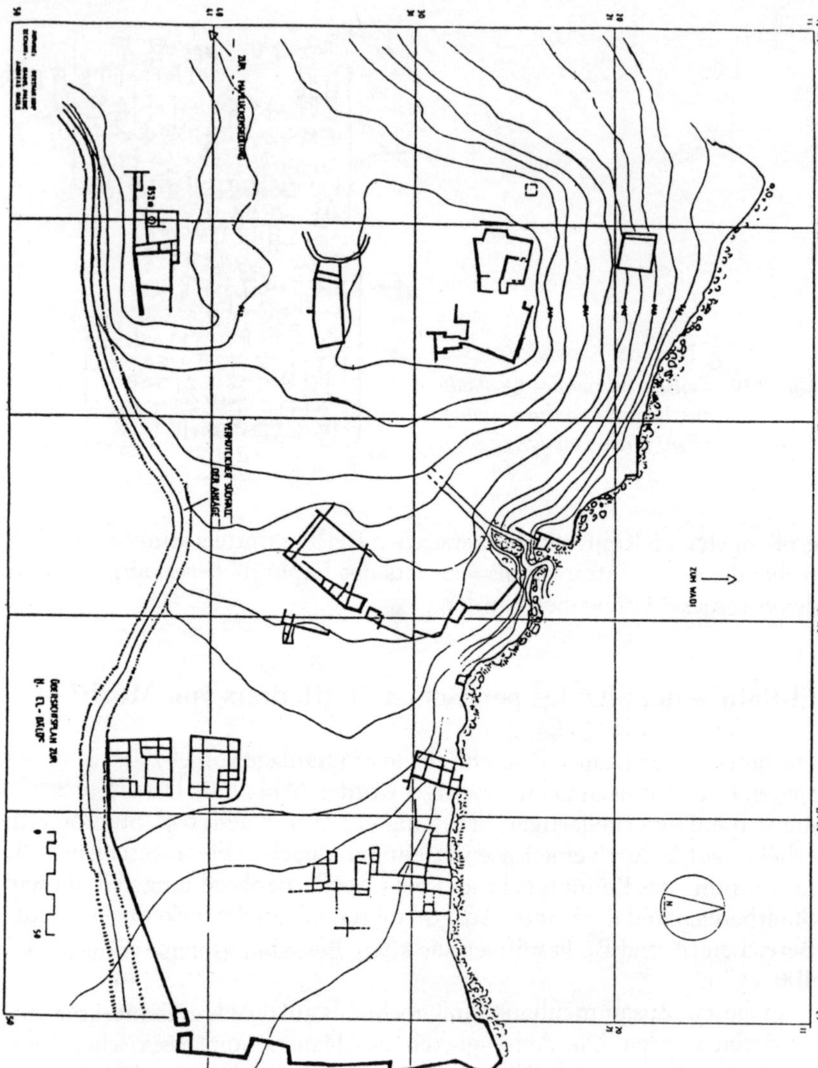

*Abb. 130: Die spätmoabitische Stadtanlage von el-Balūʿ*

Ein weiteres Charakteristikum spätpersischer Besiedlung ist die Bescheidenheit der Toranlagen (Abb. 129: T1/T2), die aufgrund der friedvollen Zeit nicht mehr so stabil und aufwendig sein mußten. Auch für el-Bālūʿ trifft dies in der späten Bauphase der an der Oberfläche sichtbaren Mauerreste zu.

Obgleich der östl. späteisenzeitliche Stadtbereich nur wenig angegraben wurde, fällt dem Besucher sofort auf, daß zwischen den einzelnen Baukomplexen, deren Mauern gut zu verfolgen sind, immer wieder große Lücken existieren. Dies könnte bedeuten, daß sich hier Familien in dem erweiterten Stadtbereich niedergelassen hatten, die entweder als Clans oder Handwerkerzünfte isoliert voneinander zusammen gewohnt haben. Das Jerusalem der Perserzeit hatte ähnliche Strukturen: »... nach ihm zum Berge hin baute Baruch ... nach ihm baute Meremot ein weiteres Stück von der Haustür Eljaschibs ... nach ihm baute Biunni bis an den Winkel und bis an die Ecke ...« (Neh 3,20-24). Zu den Handwerkern, die offenbar ihre eigenen Bezirke hatten, gehörten: Goldschmiede, Händler (Neh 3,32), Salbenbereiter (Neh 3,8) und Tempelsklaven (Neh 3,26). Vermutlich sind die im O liegenden Wohnbereiche von el-Bālūʿ als Wohnkomplexe solcher Handwerkersippen zu verstehen. Dies entspräche dann ebenfalls den Gegebenheiten späteisenzeitlich-persischer Stadtkultur.

## Die Auflösung der Stadtkultur im Ostjordanland

Auf fast allen Ausgrabungsstätten in Transjordanien ist mit der späteisenzeitlich-persischen Epoche ein Bruch in der urbanen Phase der Besiedlung des Landes zu erkennen. Häufig zeigt es sich, daß ca. 200 Jahre später, mit dem Beginn der klassischen Epochen, die alten eisenzeitlichen Ortslagen verlassen blieben und die neuen Ansiedlungen weiter entfernt angelegt wurden. Andererseits weisen andere Orte, wie z.B. Heschbon, auch eine gewisse Kontinuität mit einer nur kurzen Besiedlungslücke auf.

In el-Bālūʿ konnte bislang keine Brand- oder Zerstörungsschicht festgestellt werden. Das ausgegrabene Haus wurde einfach verlassen. Deshalb sind dort nur wenige Gebrauchsgegenstände oder Objekte gefunden worden. Die Ruinen wurden allmählich vom Sand zugeweht. Die Zeit zwischen 400 und 200 v.Chr. war primär eine Periode, in der Kleinbauern in einfachen Hütten wohnten und Nomaden das Land der Ammoniter, Moabiter und Edomiter durchzogen.

Vor allem war dies die Zeit, in der die arabischen Stämme aus der großen arabischen Wüstensteppe nach W in das Kulturland vordrangen und sich allmählich mit der einheimischen Bevölkerung vermischten. Allerdings blieben noch lange moabitische Elemente vor allem im religiösen Bereich lebendig. Dies zeigt die Inschrift eines gewissen Hilāl, der sich als »Diener des Kamosch« bezeichnete. Die Inschrift datiert in das 2. Jh. v.Chr.

Aber dennoch, der Druck der arabischen Stämme, die vermutlich das Kulturland friedlich infiltrierten, war stärker. Die Edomiter wanderten nach Südpalästina aus, wo ihre Nachfahren in ntl. Zeit als Idumäer bekannt waren.

Die Präsenz der Edomiter in Südpalästina zur Zeit der Perser und Griechen ist anhand beschrifteter Tonscherben (Ostraka) aus dem südl. Judäa mehrfach bezeugt. So wird z.B. auf einem Ostrakon von Ḫirbet el-Qōm (zwischen Hebron und Lachisch gelegen) der Geldverleiher Qōś-yādāʿ erwähnt. Das theophore Namenselement Qōś verweist auf den edomitischen Gott. Qōś-yādāʿ (»Qōś erkennt mich«) war Edomiter. Die Namen der Qōś verehrenden Edomiter wurden unter anderm auch in Arad, Tell es-Sebāʿ und Marissa gefunden.

In das mehr oder minder große Vakuum im Gebirge Seīr/Edom stießen um 300 v.Chr. die noch nomadischen Nabatäer nach (s.u.). Auch Moab und Ammon mußten sich mit den Arabern arrangieren – war es die Erfüllung einer Gerichtsrede, die der Prophet Hesekiel etwa 250 Jahre zuvor über Moab und Ammon ausgesprochen hatte? Treffend formuliert lauten die Worte des Propheten gegen Ammon:

»Und sprich zu den Ammonitern: Hört das Wort Gottes des Herrn! So spricht Gott der Herr: Weil ihr über mein Heiligtum ruft: ›Ha! es ist entweiht!‹ und über das Land Israels: ›Es ist verwüstet!‹ und über das Haus Juda: ›Es ist weggeführt!‹, darum siehe, ich will euch den Söhnen des Ostens übergeben, daß sie ihre Zeltdörfer in dir aufschlagen und ihre Wohnungen in dir bauen sollen; sie sollen deine Früchte essen und deine Milch trinken. Und ich will Rabba zur Kameltrift machen und das Land der Ammoniter zu Schafhürden, und ihr sollt erfahren, daß ich der Herr bin.« (Hes 25,3-5)

Und Moab wird auch nicht verschont:

»So spricht Gott der Herr: Weil Moab und Seīr sprechen: ›Siehe, das Haus Juda ist nichts anderes als alle Völker!‹, siehe, so will ich die Berghänge Moabs bloßlegen, daß es ohne Städte sei in seinem ganzen Gebiet, ohne den Stolz des Landes: Bet-Jeschimot, Baal-Meon und Kirjatajim, und will es den Söhnen des Ostens zum Erbe geben, zum Land der Ammoniter hinzu, so daß man an sie nicht mehr denken wird unter den Völkern.« (Hes 25,8-10)

Um 200 v.Chr. finden sich die ersten späthellenistischen Scherben auf griechischen Ansiedlungen im Ostjordanland.

## Der Anbruch der klassischen Epochen im Ostjordanland

In der folgenden zusammenfassenden Darstellung sollen nur die wichtigsten der umfangreichen Fund- und Grabungsplätze der klassischen Epochen in Jordanien exemplarisch dargestellt werden. Über die Hinterlassenschaften der materiellen Kultur in Jordanien gibt es heute schon eine umfassende Literatur, so daß der interessierte Leser sich an der unten aufgeführten Bibliographie zum Weiterstudium orientieren möge.

Die späthellenistische Kultur wurde vor allem durch die Seleukiden, die von Antiochien aus nach Alexander dem Großen Palästina beherrschten, nach West- und Ostpalästina vermittelt. Typisch späthellenistische oder hellenisierende Keramik trifft man auf vielen Grabungsplätzen, wobei sich die Fundzahlen im ehemaligen Land Ammon und im nördl. Moab konzentrieren. Aber auch in el-Bālūʿ, im zentralmoabitischen Raum, wurde hellenistische Keramik mit dem typisch schwarzen Firnisüberzug entdeckt.

Das besterhaltene und zugleich repräsentativste Bauwerk aus der späthellenistischen Epoche in Jordanien ist zweifellos einen Besuch wert. Es ist ʿIraq el-Emīr.

Um nach ʿIraq el-Emīr zu gelangen, fährt man von Amman aus nach W durch die Stadt Wādī eṣ-Ṣīr und erreicht nach etwa 11 km auf einer asphaltierten Straße die Anlage (heute Qaṣr el-ʿAbd). Zur Orientierung: man passiert auf dem Wege nach ʿIraq el-Emīr Reste eines Aquädukts, die Hausfassade ed-Dēr und die Höhle von Bassa.

Das Gebäude von ʿIraq el-Emīr liegt auf einer Plattform inmitten eines ehemaligen Teiches, die auf einer umwallten Terrasse künstlich angelegt worden war (Abb. 131). Die Rekonstruktion des Palastes gibt recht gut den Eindruck wieder, den sein Erbauer Hyrkanus vermitteln wollte, und den die Besucher damals von diesem Bauwerk haben mußten (Abb. 132). Besonders beeindruckend sind die Relieffriese: schreitende Löwen über dem Gesims des Erdgeschosses. Bei Grabungen und Räumungsarbeiten wurde das Hochrelief einer Löwin mit Jungtier entdeckt und die Reliefdarstellung einer schreitenden Löwin mit erhobener Pranke. Der Kopf dieser Skulptur ist als Wasserspeier ausgeführt, der unmittelbar an der Wand des im Gebäude liegenden Ostbassins angebracht war, von dem der Löwenbrunnen gespeist wurde. Bei Säuberungsarbeiten auf der Westseite des Palastes fand man das stark zerstörte Gegenstück der wasserspeienden Löwin an der Mauer des Westbassins.

Die ganze Anlage wird bei Josephus (Jüd. Altertümer XII 4,11) auf den Tobiaden Hyrkanus zurückgeführt: »Hyrkanus ... setzte sich jenseits des Jordan fest und lag beständig mit den Arabern im Kriege, von denen er

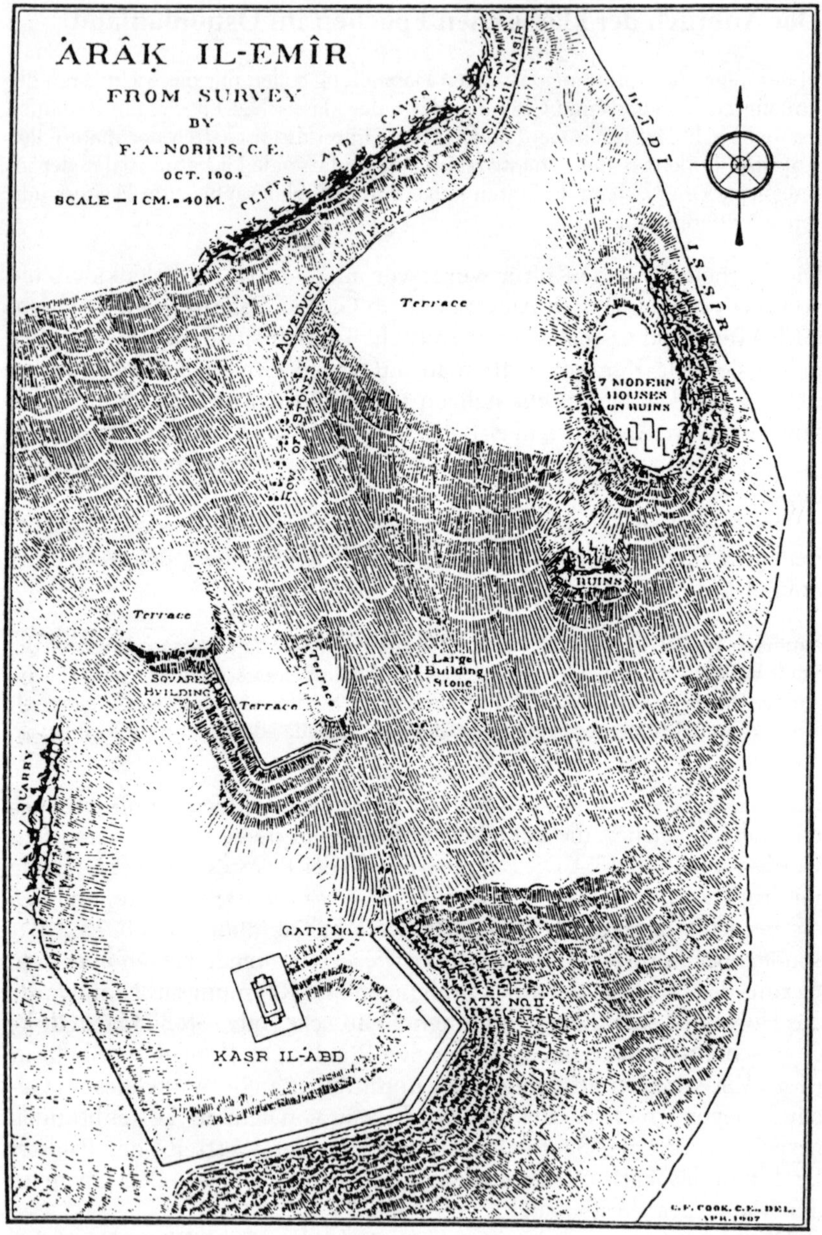


Abb. 131: *Lageplan von 'Irāq el-Emīr (Scheck, S. 120)*

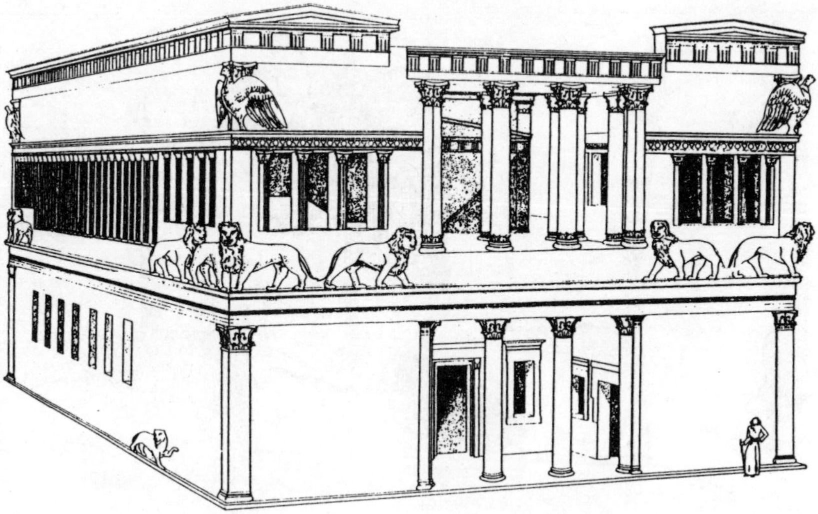

*Abb. 132a Rekonstruktionszeichnung des Palastes (Qaṣr el-ʿAbd) von Tobias (Scheck, S. 122)*

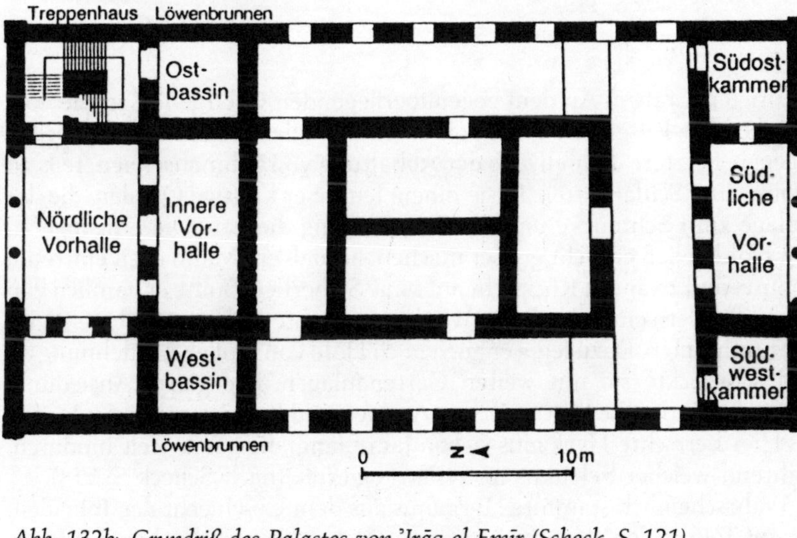


*Abb. 132b: Grundriß des Palastes von ʾIrāq el-Emīr (Scheck, S. 121)*

viele niedermachte oder gefangen nahm. Er erbaute sich eine feste Burg, die er bis zum Dache aus weißem Marmor aufführte und rings mit Tiergestalten von ungeheurer Größe versah. Um dieselbe zog er einen breiten

*Abb. 133: Eingang zur »Tobias-Höhle« mit Namensinschrift: twbyh (Tobiah) (Scheck S. 119)*

und tiefen Graben. An dem gegenüberliegenden Gebirge ließ er die vorspringenden Felsgräten durchbohren und stadienlange Höhlen daselbst anlegen. Letztere dienten teils der Abhaltung von Schmausereien, teils zu Wohn- und Schlafstätten. In sie hinein leitete er kräftige Quellen, die der Anlage zum Schmucke und zur Bewässerung dienten. Die Eingänge zu den Höhlen ließ er nicht größer machen, als daß ein Mann eben eintreten konnte, und zwar mit Rücksicht auf seine Sicherheit. Sollte er nämlich von seinen Brüdern einmal belagert werden, so dachte er ihnen auf diese Weise zu entschlüpfen. Dazu legte er auch noch Höfe von großer Ausdehnung an und schmückte sie mit weiten Gartenanlagen. Die ganze Ansiedlung nannte er Tyrus. Sie liegt zwischen Arabien und Judäa, jenseits des Jordan ... Hier herrschte Hyrkanus sieben Jahre lang, die ganze Zeit hindurch, während welcher Seleukus in Syrien regierte« (nach Scheck S. 118).

Wahrscheinlich stammte Hyrkanus aus dem Geschlecht der Tobiaden, die auf Tobias, den »Knecht Ammons« (Neh 2,19) zurückgehen. Einer der Nachfahren dieses Tobias war vermutlich Statthalter unter Ptolemäus II. Philadelphos (ca. 285-246 v.Chr.). Josephus berichtet von einem anderen armen Tobiaden mit Namen Joseph, der zum ptolemäischen Steuereintreiber avancierte. Sein Sohn Hyrkanus zog sich um 190 v.Chr. nach Ammon zurück und erbaute sich dort den berühmten Palast. Um 175 v.Chr., als Antiochus IV. Epiphanes zur Macht kam, nahm sich Hyrkanus das Leben.

Das auf der Nordwestseite des Wādī eṣ-Ṣīr von Hyrkanus angelegte Höhlensystem verdient besondere Aufmerksamkeit. Auf der Front der größten Höhle mit profiliertem Türrahmen steht in aramäischen Lettern des 3.-2. Jh. v.Chr. der Name »Tobias« (Abb. 133) – vielleicht der jüdische Rufname von Hyrkanus.

## Petra und die Nabatäer

Man wird kaum Jordanien besuchen wollen, ohne Petra gesehen zu haben. Dabei sollte man aber trotz Staub und Hitze und manchmal mühseliger Wege auf jeden Fall zwei bis drei Tage bleiben. Wer das nicht kann und nur durch den Siq zur Ḫazne el-Firūn läuft (womöglich gar reitet!) und bestenfalls 200 m weiter bis zum römischen Theater vordringt, wer also nur das »Wichtigste« sehen will, der sollte lieber zu Hause bleiben, niemals aber sagen, er sei in Petra gewesen oder kenne es gar!

Die Nabatäer waren qedrenische Araber (aus dem Stamme der Qedar) mit der Clanbezeichnung Nabat. Sie haben mit Nebajot, dem Sohn Ismaels, nichts gemein, außer daß beide Stämme arabische Stämme waren. Nebajot ist weder historisch noch philologisch der Vater der Nabatäer.

Vermutlich sind die Nabatäer schon im 6. Jh. v.Chr. nach Edom eingedrungen. Sicher verfügten sie um 312 v.Chr. bereits über großen Reichtum durch ihre Kontrolle der Handelsstraßen von Ägypten nach Damaskus und in die syrisch-arabische Wüstensteppe. Die Nabatäer erfanden den *šadād*-Sattel (ein militärisch effizienter Sattel statt des Kissensattels) für ihre Kamele und kannten wohl schon das typische »Schwarze Zelt«, das heute noch überall in Jordanien anzutreffen ist, als Wohnung.

Petra, das bisher nur wenig ausgegraben worden ist, wurde kultischer und ökonomischer Mittelpunkt der Nabatäer. Der kennzeichnende Fels, von dem Diodor Siculus (XIX 95,1) schreibt, ist nicht im Negeb (Israel) zu suchen, sondern liegt in Petra selbst: Umm el-Biyāra, womit erwiesen ist, daß schon um 300 v.Chr. die Nabatäer dort präsent waren.

Inzwischen gibt es reichlich Literatur über Petra und die Nabatäer (s. Anhang), die dazu verleitet, mehrere Tage dort zu bleiben und die Stadt und das umliegende Gelände (gelegentlich unbedingt mit Führer!) intensiv zu erforschen. Es wäre daher an dieser Stelle müßig, die bereits detaillierten Informationen über Petra anderer Werke hier zu wiederholen. Deshalb sollen hier vor allem jene Aspekte skizziert werden, die für die biblisch-historische Archäologie und Geschichte relevant sind und nicht in den gängigen Reiseführern erwähnt werden.

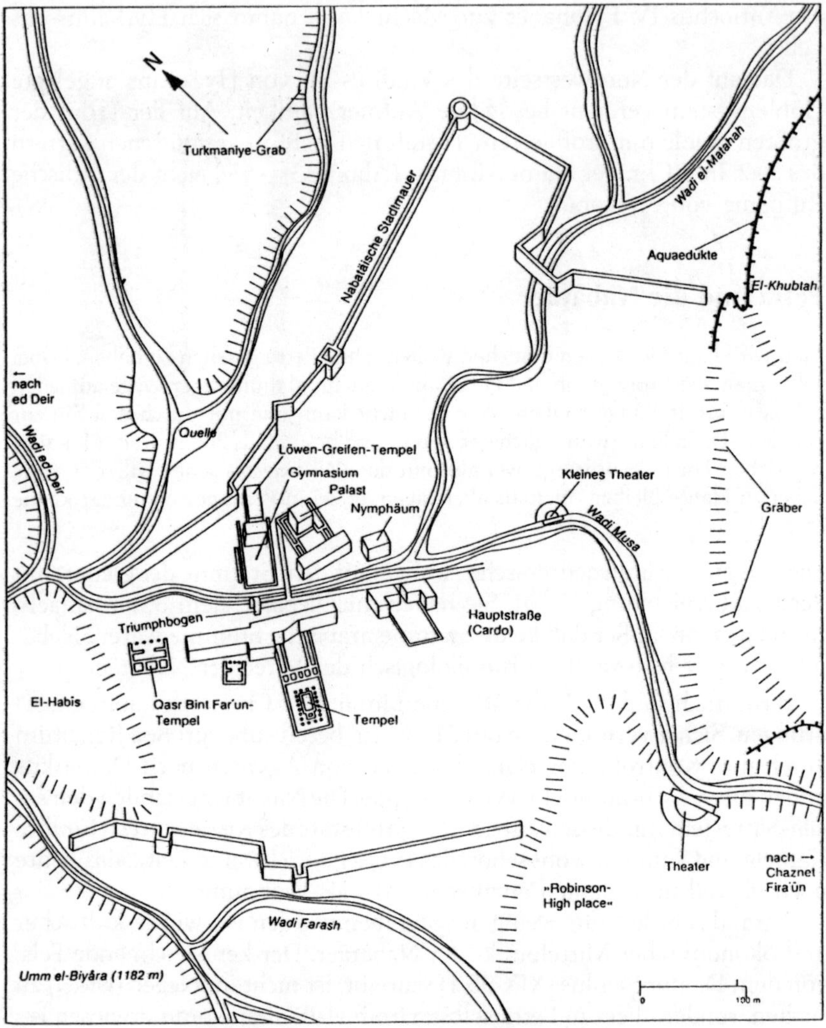


*Abb. 134: Stadtplan von Petra (GBL 2, S. 1011)*

## *Der Gott der Nabatäer: Qaus und Dusares*

Wer den Weg nach Petra von Wādī-Mūsā aus durch den Siq, einer sich bis auf 2 m verengenden Felsklamm, aufmerksam durchwandert, der fragt sich nach der Bedeutung jener rechteckigen, in Nischen befindlichen Reliefpfeiler, die oft einfach glatt (Abb. 135), manchmal mit einem schemati-

*Abb. 135: Steinpfeiler (Dusares) in einer Götternische (Browning, S. 115)*

*Abb. 136: Votivnische (Browning, S. 206)*

sierten Gesicht (Auge und Nase oft ohne Mund) versehen sind. Diese Betyle (von *bēt-ʾel*, »Haus Gottes«) bedeuten nach semitischer Tradition die Gegenwart einer Gottheit, die zunächst nur als Stein symbolisiert wurde.

Im AT ist schon früh von den »Steinmalen« die Rede. Jakob richtete einen solchen Stein (*maṣṣebā*) auf, übergoß ihn mit Öl und nannte ihn »Haus Gottes« (Bethel, 1Mo 28,16-19).

Wir lesen später von den Steinmalen Baals, die von israelitischen Königen aufgerichtet, aber von »guten« Königen zerstört wurden (1Kön 14,23; 2Kön 18,4; 23,4-20). Israel wurde es gar verboten, im Lande Kanaan diese Steinmale aufzurichten, um jegliche Assoziation zum kanaanäischen Baal zu vermeiden (2Mo 23,24; 3Mo 26,1; 5Mo 7,5; 12,13). Die Steinmale von Petra in den oftmals mit einer Tempelfassade geschmückten Nischen, die manchmal auch nur als Votivnischen, ohne Steinpfeiler im Innern (Abb. 136), benutzt wurden, kamen also im ganzen semitischen Raum vor und waren auch in der vorislamischen Welt Symbole für die Gottheit.

Welcher Gott ist nun durch den Steinpfeiler repräsentiert? Man kann diese Frage auf verschiedene Art beantworten. Aber am einfachsten ist die Lösung über ein Relief, das sich auf dem Weg zum großen Opferplatz im Wādī el-Farāsa findet (Abb. 137). Es zeigt den Steinpfeiler in einer als Tem-

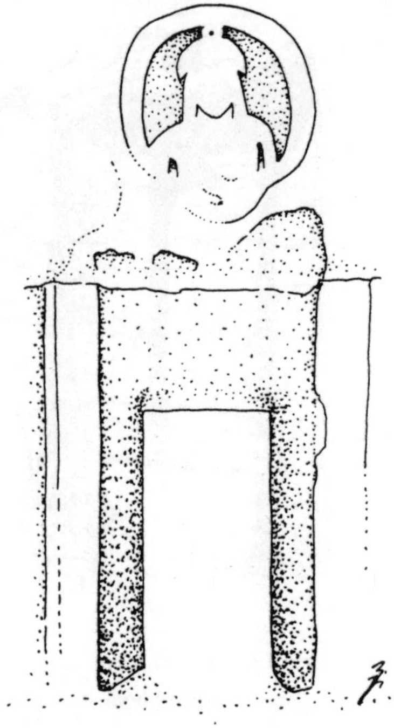

*Abb. 137: Der Gott Dionysos im »Medaillon« über dem Steinpfeiler des Dusares*

*Abb. 138: Dusares-Qos/ Zeus-Hadad von Ḫ. eṭ-Ṭannūr*

peleingang geschmückten Nische. Darüber befindet sich ein Portrait-Medaillon, das gleichsam den Steinpfeiler interpretiert: im Portrait-Medaillon befindet sich ein mit Weinlaub oder Lorbeer bekränzter Gott – Dionysos, der im Steinpfeiler symbolisiert wird.

Nun ist es jedoch unwahrscheinlich, daß um 100 v.Chr. die semitischen Nabatäer einem griechischen Gott dienten. Um diese Darstellung zu verstehen, muß man den nabatäischen Synkretismus berücksichtigen, der verschiedene Stadien durchlaufen und schließlich zu einer Verschmelzung verschiedener Gottheiten geführt hat.

»Die nabatäischen Götter haben zwei Gestalten: eine griechisch-syrische und eine arabische. Dusares und Allat, die Hauptgötter der Nabatäer, können in der arabischen Tradition durch simple Steine oder durch einfache quaderartige Blöcke mit der stark geometrischen Andeutung eines Gesichtes, besonders der Augen, repräsentiert werden, . . . aber Dusares kann auch als Zeus Hadad, Allat kann auch als Atargatis/Demeter/Athene dargestellt werden. Schon ohne Einflüsse von außen weisen die heidnisch-arabischen Götter eine eigenartige Oszillation auf, die es schwer macht, ihre Gestalt – vom »Wesen« ganz zu schweigen – präzise zu erfassen: Götter verschmelzen miteinander oder wechseln im Laufe der Jahre und Landschaften ihr Geschlecht . . . Das wird dadurch erleichtert, daß die meisten arabischen Götternamen Prädikationen sind: so ist Dusares »der vom Sara-Gebirge«, Allat einfach »die Göttin«. Diese Oszillation wird durch den regionalen und ethnischen Pluralismus im Nabatäerreich zur Pluriformität des Gottes gesteigert: Dusares wird in Ḫirbet eṭ-Ṭannūr als Zeus Hadad dargestellt, hellenistisch Kopf und Gewandung, in der Hand aber das altsyrische »Blitzbündel«, die Augen (unter dem Einfluß der typisch arabischen Gesichtsstelen?) überbetont, angerufen wird er dort aber unter dem Namen des altedomitischen Gott Qaus, der in ihm aufgegangen ist . . .« (Knauf, Petra 1986, S. 78; Abb. 138)

Diese prägnante Zusammenfassung zum nabatäischen Synkretismus des Gottes Dusares verdeutlicht aber auch die Offenheit der Nabatäer für das Fremde, eine Offenheit, die ihnen sicherlich auch ihren Handel und ihre Beziehungen zu fast allen Völkern der damaligen Welt erleichtert hat.

### *Das Höhenheiligtum in Petra*

Etwa 100 m nach dem Passieren der el-Ḫazne erreicht man den Aufstieg zum Robinson High Place oder el-Maḏbaḥ, dem Opferplatz. Er ist ein »Muß« für jeden Bibelkenner, denn das auf einem Bergplateau (ca. 20 x 65 m) liegende Höhenheiligtum illustriert recht anschaulich die im AT oft genannten »Höhen« (*bāmā*) des Baal- und Ascherakultes. Hier hat man jedoch dem Gott Dusares und der Atargatis Opfer gebracht.

Nach dem etwa 30-minütigen Aufstieg erfaßt ein Blick nach W (rechts oben) sofort die Reste der östl. Eckwände des Heiligtums, durch die man zum Opferplatz, nach Erreichen des Plateaus, auf ausgehauenen Treppchen hinaufsteigt. Verweilt man einen Augenblick und schaut zurück (nach S), so fallen einem zwei monolithische Obeliske auf, die auf dem unteren Bergplateau mit deutlichen Spuren eines großen Steinbruchs 4-5 m in die Höhe ragen (Abb. 139). Diese Pfeiler erinnern an die Säulen des salomonischen Tempels, die ebenfalls am Tempeleingang standen, und an die nabatäischen Nischen, die oftmals von Reliefsäulen flankiert werden.

Begibt man sich weiter nach oben auf das Plateau des Heiligtums, so stößt man zunächst auf ein Wasserbecken (Abb. 140), dann auf einen hofartigen Versammlungsplatz, der in den Fels etwa 0,50 – 0,60 m eingetieft ist, so daß man auf seinem Rand bequem Platz nehmen kann. In diesem »Hof« befindet sich noch ein 0,12 m hoher »Tisch« für die Opfergaben. Nach W hin sieht man nun zwei Altäre – einer ist rund –, auf die Stufen

*Abb. 139: Steinpfeiler oder -säule vor dem Petra-»High Place« (Browning, S. 207)*

führen. Die vom Altar wegführenden Rinnen haben Wasser und Blut abgeleitet. In den Trögen wuschen die Priester sich ihre Hände oder die Kultgeräte (Tf. 23).

Der rechteckige Altar diente offenbar zum Brandopfer; seine Fläche war dafür groß genug. Damit man ihn von allen Seiten aus erreichen konnte, ist er als Monolith von dem umgebenden Fels durch eine Passage an der Westseite herausgehauen worden.

Der runde Altar diente offenbar nur als Schlachtopferaltar, denn durch die kreisrunde Öffnung konnte das Blut des Opfertieres abfließen.

Nur der Eingang und die Tempelfassade waren gemauert, der Hauptteil des Heiligtums lag unter freiem Himmel. Die Eingangstürme haben den Aufgang zum Plateau des Heiligtums flankiert.

Die eben skizzierten Kultelemente dieses Höhenheiligtums erinnern an den salomonischen Tempel, wo es ebenfalls außer den Säulen auch Vorhof, Altäre, ein Wasserbecken und den Schaubrottisch gegeben hat (1Kön 6-8). Sicherlich ist das israelitische Opfersystem hier nicht zu erwarten, aber die Parallelen mit dem nabatäischen »High Place« weisen auf die gemeinsemitische Herkunft der Grundstruktur der semitischen Heiligtümer hin.

Etwa 100 m weiter nach N fällt das Plateau des Heiligtums leicht ab, und man erreicht über einige Treppchen eine gut erhaltene Kultnische mit dem Steinpfeiler des Dusares. Die Nische ist rechts und links von Reliefsäulen flankiert, die je eine Mondsichel tragen (Abb. 141). Vor diesem

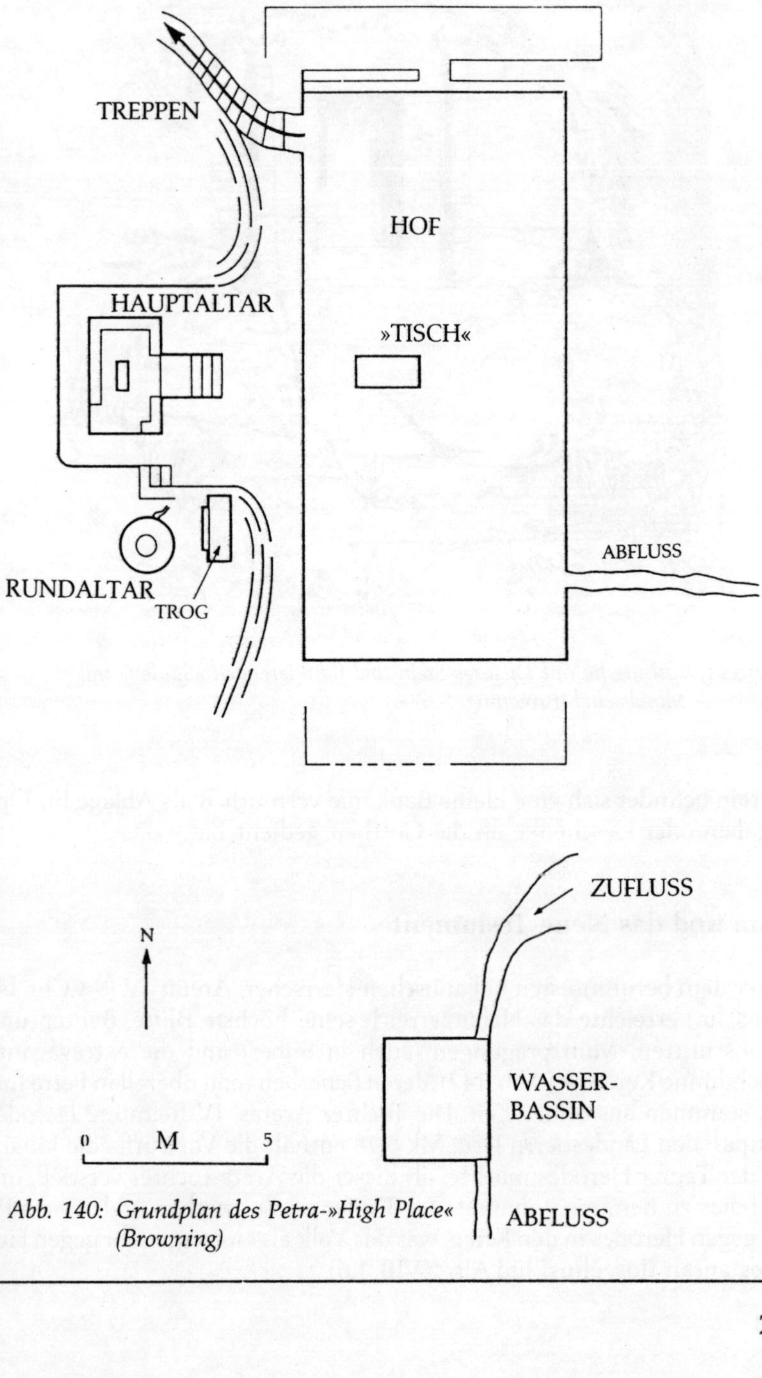


*Abb. 140: Grundplan des Petra-»High Place« (Browning)*

*Abb. 141: Kultnische mit Dusares-Stein und flankierenden »Säulen« mit Mondsichel (Browning, S. 206)*

Schrein befindet sich eine kleine Bank, die vermutlich als Ablage für Opfergaben oder Geschenke an die Gottheit gedient hat.

## Petra und das Neue Testament

Unter dem berühmtesten nabatäischen Herrscher, Aretas IV. (9 v.Chr. bis 40 n.Chr.) erreichte das Nabatäerreich seine höchste Blüte. Bauten und Bauinschriften, Münzprägungen (auch in Silber) und die extravagante hauchdünne Keramik (Abb. 142), deren Scherben man überall in Petra findet, stammen aus seiner Zeit. Die Tochter Aretas' IV. heiratete Herodes Antipas, den Landesherrn Jesu. Mk 6,18 enthält die Vorwürfe, die Johannes der Täufer Herodes machte, als dieser die Aretastochter verstieß, um Herodias zu heiraten. Johannes der Täufer mußte sterben und Aretas IV. zog gegen Herodes in den Krieg, was das Volk als Gottesgericht gegen Herodes ansah (Josephus, Jüd.Alt. XVIII 1,6).

*Abb. 142: Dekorschemata nabatäischer Schalen (Khouri, S. 135)*

Und noch Paulus um 38 n.Chr. hatte mit Aretas IV. zu tun. Als Paulus nach Damaskus kam, wartete dort bereits der Statthalter des Königs Aretas, um Paulus festzunehmen (2Kor 11,23).

Im Jahre 106 n.Chr. fiel das Königreich der Nabatäer fast kampflos durch Verrat an die Römer, die es der Provinz Arabien angliederten.

Außer in Petra finden sich noch interessante und besuchenswerte Überreste nabatäischer Bauten im Wādī er-Rumm, el-Qaṣr (Tempel), und Umm el-Ǧāmāl im N Jordaniens. Wer jedoch aufmerksam bei den anderen Siedlungsstätten in Jordanien die Scherben aufliest, wird immer wieder auf die typische ziegelrote und bemalte nabatäische Keramik stoßen.

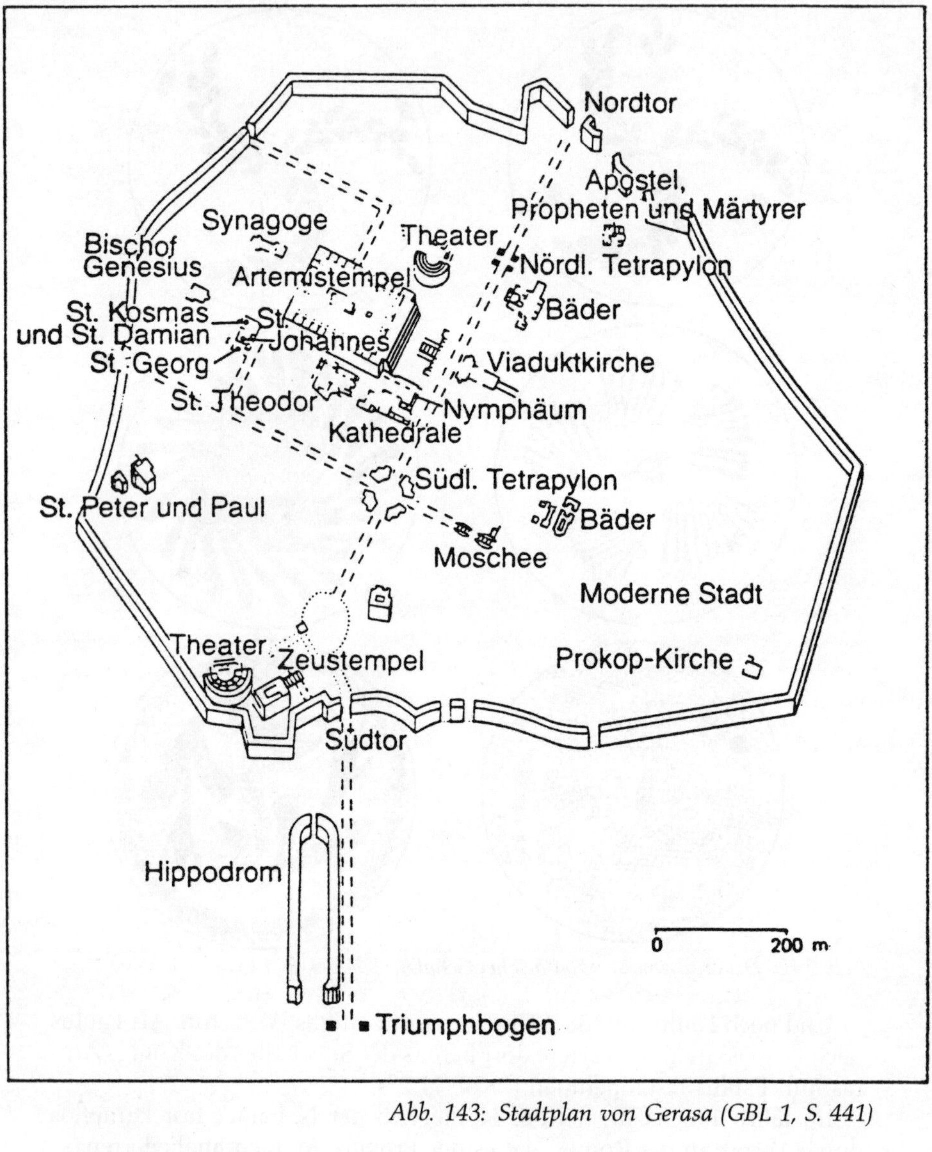


*Abb. 143: Stadtplan von Gerasa (GBL 1, S. 441)*

## Gerasa

Mit Gerasa (Ǧerāš) stellen wir hier den dritten Repräsentanten der klassischen Perioden in Jordanien vor: die sehr gut erhaltene römisch-byzantinische Stadtanlage, ca. 35 km nördl. von Amman.

Auch über Gerasa wird der Reisende in guten Reiseführern mit vielen Details, die hier nicht wiederholt werden müssen, bekannt gemacht (Abb. 143). Für einen Besuch dort muß man sich drei bis vier Stunden Zeit nehmen.

Wie die nabatäisch-römische so ist auch die römisch-byzantinische Epoche nicht nur in Gerasa vertreten. Man kann, ohne viel Widerspruch zu erwarten, behaupten, daß die römisch-byzantinischen Hinterlassenschaften in Jordanien fast auf jeder antiken Ruine anzutreffen sind. Außer Gerasa sind hier noch zu nennnen: Umm Qēs (Gadara), Pella (Tabaqāt-Faḥīl), Ammon (Philadelphia), Heschbon, Madaba, Nebo, Dibon und er-Rabba.

## Gerasa im Neuen Testament

Die Stadt wird im NT nur im Zusammenhang mit dem Aufenthalt Jesu an der Ostseite des Sees Genezareth erwähnt: als er im Gebiet der Gerasener weilte (Mk 5,1; Lk 8,26.37). Jesus trieb dort Dämonen aus (Mt 8,32; Mk 5,13; Lk 8,33), und der Geheilte erzählt von diesem Wunder in der Dekapolis (Mk 5,20), zu der die 10 wichtigsten Städte des nördl. Ostjordanlandes gezählt wurden (Abb. 143): Abila, Dion, Gadara, Gerasa, Hippos, Kanatha, Pella, Philadelphia, Raphana, Skythopolis (in Israel: Bet-Schean) und später noch Damaskus. Die Dekapolis war kein politisch geschlossener Verband, sondern nur eine Verwaltungseinheit. Jesus hat aber die Dekapolis besucht (Mk 7,31), denn aus dieser Gegend strömten ihm ebenfalls viele Menschen zu (Mt 4,25).

Die byzantinische Epoche wurde von der islamischen Kultur abgelöst, die schon unter den Omayyaden ein hohes Niveau erreichte. Hier seien für den Reisenden vor allem die Wüstenschlösser empfohlen, die bereits in Kap. I vorgestellt und in guten Reiseführern mit vielen Details besprochen worden sind.

## Vier Tage in Petra – Vorschläge zur Erkundung der nabatäischen Hauptstadt und ihrer Umgebung (vgl. Abb. 134)

Die Schreibweise der angeführten Namen der Wadis, Wege und anderer Landmarkierungen sowie der verschiedenen sehenswerten Gräber orientiert sich an den gängigen Reiseführern und entspricht nicht der wissenschaftlichen Umschrift. Da die Beschilderung der einzelnen Orte die englische Umschrift arabischer Wörter enthält, könnte das bei einer streng wissenschaftlichen Transkription für den Besucher nur zur Verwirrung führen. Wir folgen hier der ausgedruckten Karte.

Die folgende viertägie Wanderroute in Petra berücksichtigt neben den überwiegend nabatäischen Ruinen auch eisenzeitliche (Umm el-Biyāra) und neolithische (el-Bēda im Sīq el-Bārid) Hinterlassenschaften.

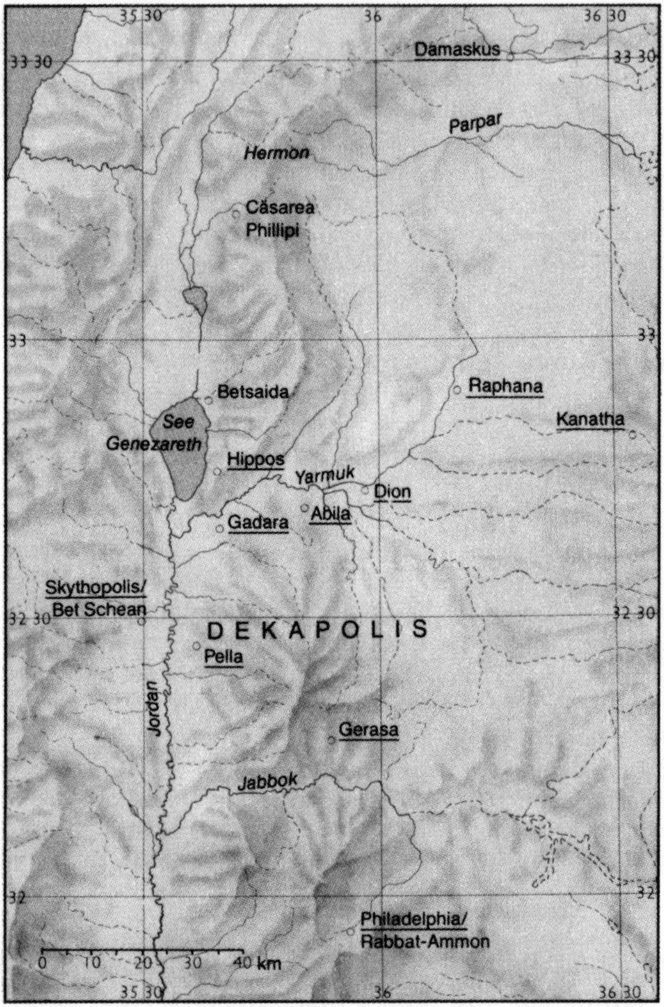


*Abb. 144: Die Städte der Dekapolis (GBL 1, S. 264)*

1. Tag: Um 6 Uhr morgens Gang durch den Siq – Hazne Farūn – High Place – Wādī Farasa – Löwenmonument – Altar – Sandstein-Wand, verschiedenfarbig – Inschrift mit nabatäischen Namen – Grab des römischen Soldaten (Abb. 145) – Gartengrab – vom Gartengrab führt der Weg über die Hügel nach SW zum Rastplatz (Inhaber: der Beduine Daḫlala), hier wird eine zweistündige Rast vorgeschlagen (Besichtigung des Tempels Qaṣr el-Bint, Abb. 146).

Gegen 14.30 Uhr Aufstieg zum ed-Dēr.

Der Weg führt zunächst nach S, der Einstieg ist Wādī ed-Dēr, das man sich zeigen lassen muß, obwohl es auch Beschilderungen gibt. Der Aufstieg dauert etwa 1 Stunde. – Löwen-Triklinium – Eremitenhöhle – ed-Dēr.

Nachdem man vor dem gewaltigen Monument für eine Weile verharrt, es betrachtet und untersucht hat, sollte man nach einer kurzen Rast noch etwa 500 bis 800 m weiter nach W wandern, um dort am Rand der edomitischen Berge einen wunderbaren Ausblick zur Arabawüste zu haben.

Gegen 17 Uhr sollte man die Rückkehr antreten. Zunächst nach Daḫlala, eine kurze Rast halten, um dann den etwas beschwerlichen Weg zu Fuß von dem Museum aus nach Wādī-Mūsā anzutreten.

2. Tag: Gang durch den Siq: Man sollte sich rechts halten, also dem Hauptweg folgen, zunächst das römische Theater linker Hand besuchen. Dann

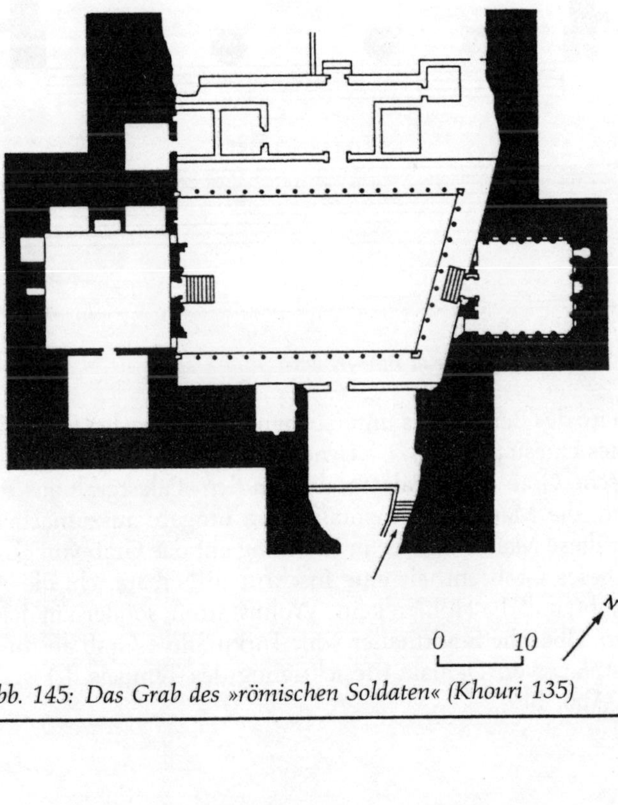


*Abb. 145: Das Grab des »römischen Soldaten« (Khouri 135)*

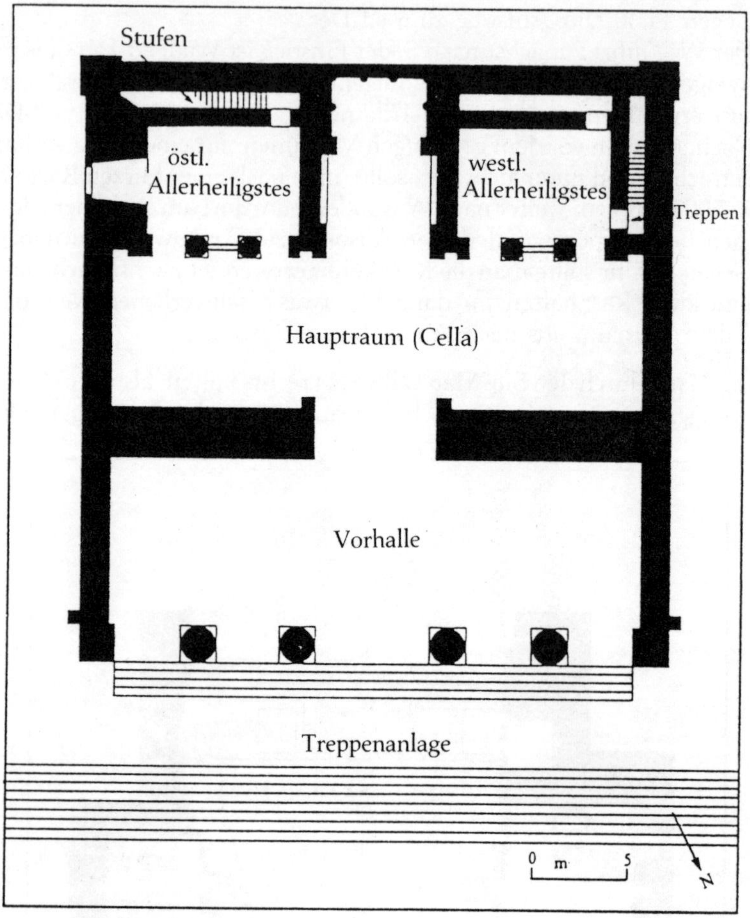


*Abb. 146: Der Tempel Qaṣr el-Bint (Khouri 95)*

die Ostseite des Bergkessels untersuchen. Dort zunächst folgende Gräber: – Grab des Unēšū (Abb. 147) – Urnengrab (Abb. 148) – Seidengrab – das korinthische Grab – das Palastgrab. Von dem Palastgrab aus sollte man versuchen, die Mauer, die ehemals Petra umgab, auszumachen und an und über diese Mauer hinweg in Richtung auf das Grab von Turkmanīye gehen. Dieses Grab enthält eine Inschrift in Nabatäisch, die Aufschluß darüber gibt, daß die Höhlen keine Wohnstätten, sondern in der Tat Gräber waren. Über die Stadtmauer vom Turkmanīye-Grab aus in Richtung zum Rastplatz von Daḫlala (Besichtigung des Tempels der »geflügelten Löwen«, Abb. 149).

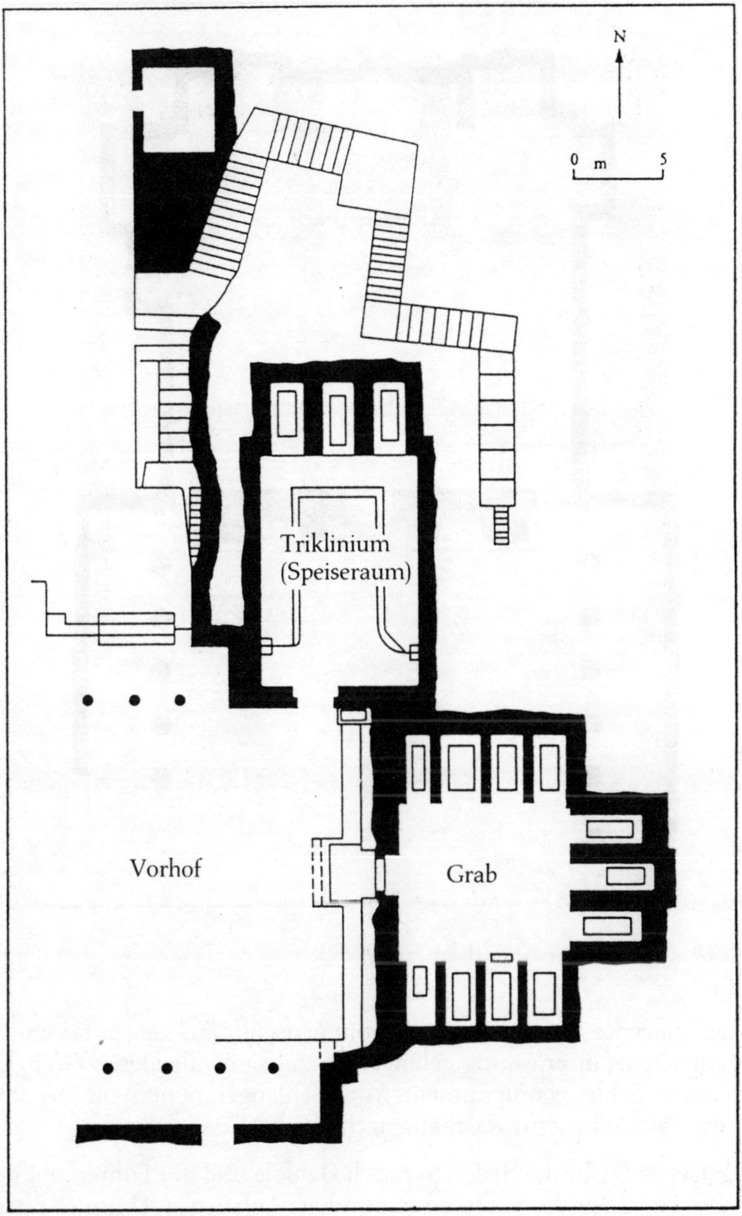


*Abb. 147: Das Grab des Unēšu (Khouri 63)*

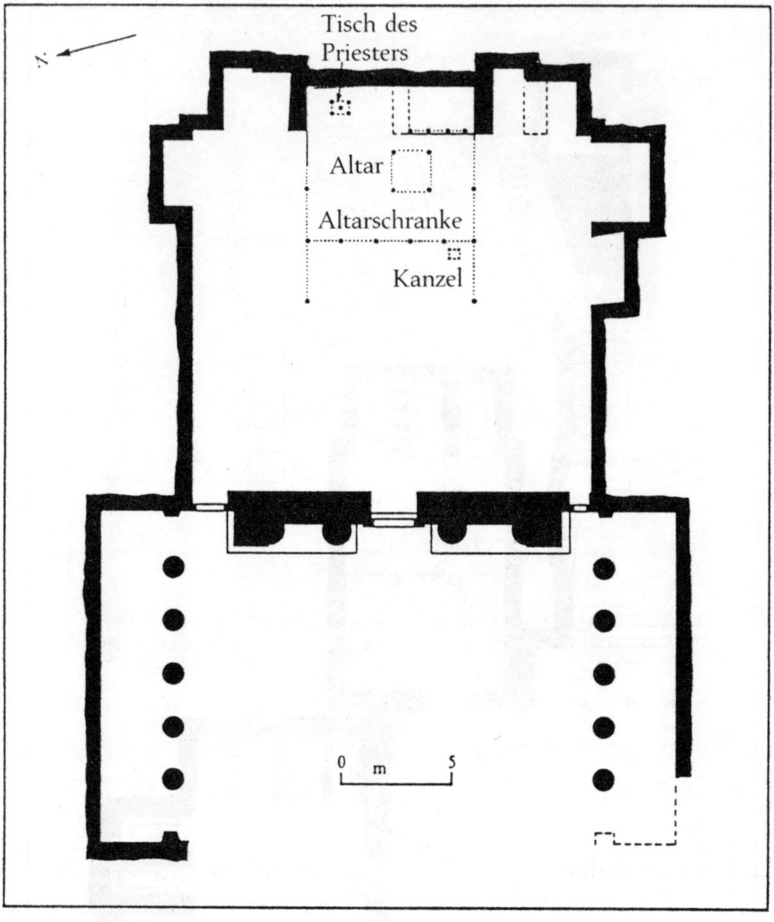


*Abb. 148: Das »Urnen«-Grab (Khouri 58)*

Nach einer Rast sollte man sich vom Museum aus zeigen lassen, wie man zur Kreuzfahrerfestung gelangt, hin zum unvollendeten Grab, Columbarium, Schlangenmonument. Vom Schlangenmonument aus sollte man die Rückkehr zum Rasthaus nach Wādī Mūsā antreten.

3. Tag: Gegen 6 Uhr durch den Siq nach Daḫlala und mit Führer, mit dem man am Tag zuvor die Sache arrangiert hat, Aufstieg zu Umm el-Biyāra. Der Aufstieg dauert etwa 1 1/2 Stunden. Oben sollte man sich anschauen: – den edomitischen Festungsbau – das kleine Heiligtum mit den Dusares-Gottheiten.

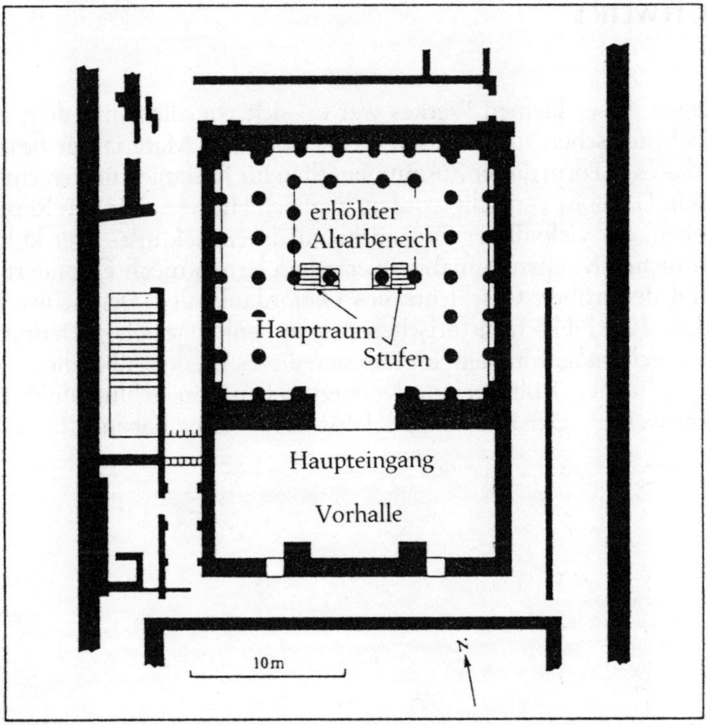


*Abb. 149: Der Tempel der »Geflügelten Löwen« (Khouri 87)*

Rückkehr gegen 12 Uhr nach Daḫlala. Man sollte eine Rast einlegen, dann, obgleich in der Mittagshitze, den Weg zum Rasthaus zurückgehen, so daß man gegen 3 Uhr wieder in Wādī-Mūsā ist. Gegen 4 Uhr sollte man mit dem Auto nach el-Bēda fahren und in el-Bēda sich zunächst die einzigen nabatäischen Wandmalereien zeigen lassen. Danach vom Parkplatz direkt nach S und dann nach W den Fels umrundend in el-Bēda die neolithische Siedlung (Kap. II) aufsuchen.

Wenn man noch einen 4. Tag in Petra verbringen möchte, so ist vorzuschlagen, daß man um 6 Uhr morgens, nachdem man es vorher arrangiert hat, einen Ritt zum Ǧebel Ḥarūn unternimmt, jenem Berg, auf dem man von fast jedem Platz in Petra aus die kleine weiße Moschee sehen kann, die weithin leuchtet. Der Aufstieg dauert etwa 4 Stunden (gesamter Weg). Man hat dort einen atemberaubenden Rundblick auf Petra, auf das Wādī Araba und auf die südl. Wüsten.

## NACHWORT

Anliegen dieses kleinen Werkes war es, sich vor allem mit dem atl. biblisch-historischen und biblisch-archäologischen Material zu beschäftigen, das es in Form dieser Zusammenschau für Jordanien noch nicht gegeben hat. Dabei ist versucht worden, zugleich Hinweise für den Reisenden zu geben, der viele dieser Orte nicht nur in einer kunst- oder kulturgeschichtlichen Momentaufnahme verstehen lernen möchte, sondern auch als Teil der frühen Geschichte des Ostjordanlandes. Der Schwerpunkt wurde auf die biblisch-historischen Zusammenhänge gelegt. Dennoch gelang es nicht, *alle,* vor allem im Rahmen dieses Werkes, über die Eisenzeit hinausgehenden Kulturzeugnisse darzustellen. Ein Schlußpunkt mußte gesetzt werden. Der Leser möge dafür Verständnis haben.

## Anmerkungen zu den Transkriptionszeichen arabischer Namen

Die folgende Umschrift arabischer (und hebräischer) Begriffe ermöglicht auch dem der arabischen Sprache unkundigen Leser, vor allem arabische Ortsnamen einigermaßen korrekt auszusprechen, was natürlich dann hilfreich ist, wenn sich der Reisende nach einer in diesem Buch erwähnten antiken Ortslage erkundigt.

So bedeutet:

ʾ – ein nicht ausgesprochener Laut

ḫ – ch, wie in »nach«

ḥ – ein betontes »h« (oder auch hebr. »ch«)

ġ – ein Laut wie das »r« in franz. »rue«

ğ – dj-Laut, wie engl. »joy«

ʿ – ein schwer auszusprechender Kehllaut, der den semitischen Sprachen eigen ist

z – ein stimmhafter s-Laut, wie in »blasen«

š – sch-Laut

ḏ/ṯ – weich gesprochene Laute: dh, th

ā – langes a (oder e, i, o, u)

ᵉ – sehr kurzes »e«, wie in der Vorsilbe »be-«

ṣ – ein scharfer tz-Laut, wie in »Zucker«

Alle anderen Laute bzw. Konsonanten entsprechen etwa den deutschen Aussprachegewohnheiten.

## Übersicht zu den archäologischen Zeitperioden

| | | | | |
|---|---|---|---|---|
| Paläolithikum | ca. | 200 000 v.Chr. | – | 9 000 v.Chr. |
| Acheuléen | ca. | 200 000 v.Chr. | – | 100 000 v.Chr. |
| Mousterien | ca. | 100 000 v.Chr. | – | 9 000 v.Chr. |
| Mesolithikum (Natufium) | ca. | 9 000 v.Chr. | – | 6 000 v.Chr. |
| Neolithikum (präkeramisch und keramisch) | ca. | 6 000 v.Chr. | – | 4 000 v.Chr. |
| Chalkolithikum | ca. | 4 500 v.Chr. | – | 3 000 v.Chr. |
| Frühe Bronzezeit (I–III Phasen) | ca. | 3 150 v.Chr. | – | 2 150 v.Chr. |
| Mittelbronzezeit I | ca. | 2 150 v.Chr. | – | 1 950 v.Chr. |
| Mittelbronzezeit II | ca. | 1 950 v.Chr. | – | 1 550 v.Chr. |
| Spätbronzezeit (I–II Phasen) | ca. | 1 550 v.Chr. | – | 1 200 v.Chr. |
| Eisenzeit | | | | |
| E I | ca. | 1 200 v.Chr. | – | 1 000 v.Chr. |
| E II (II A u. B) | ca. | 1 000 v.Chr. | – | 587 v.Chr. |
| E III (IIC) | ca. | 587 v.Chr. | – | 332 v.Chr. |
| Hellenistische Zeit | | 332 v.Chr. | – | 60 v.Chr. |
| Römerzeit | ca. | 60 v.Chr. | – | 325 n.Chr. |
| Byzantinische Zeit | | 325 n.Chr. | – | 640 n.Chr. |
| Umaiyadische Zeit (arabisch) | | 640 n.Chr. | – | 1 050 n.Chr. |
| Ayyubidisch-Mamlukische Zeit | | 1 050 n.Chr. | – | 1 250 n.Chr. |
| Osmanische Zeit | | 1 516 n.Chr. | – | 1 917 n.Chr. |

Diese Tabelle der prähistorischen und historisch-archäologischen Epochen in Palästina folgt den vor allem in der Vor- und Frühgeschichte üblichen Zeitabschnitten. Erst mit dem Beginn der Frühbronzezeit werden die archäologischen Daten historisch auswertbar, bleiben aber bis in die späte Eisenzeit nur ungefähre Daten. Biblisch-historische Angaben datieren – bei einer Frühdatierung der Patriarchen – bis in die Mittelbronzezeit zurück. Die archäologischen Angaben davor sind ebensowenig historisch verifizierbar wie die auf sie bezogenen vor- und frühgeschichtlichen Chronologien. Dennoch hat sich Geschichte in jenen unbekannten Perioden vollzogen; die Frage ist nur, nach welchem Modell.

## Bildnachweise, zugleich Literaturhinweise


AASOR
Annual of the American schools of Oriental research
ADAJ
Annual of the Department of Antiquities of Jordan
BA
Biblical archaeologist
BASOR
Bulletin of the American schools of Oriental research, 1963 – Abb. 96.
Bennett, Levant 6/7/9
C.-M. Bennett, Excavations at Buseirah, Southern Jordan. 1972:
Preliminary Report, Levant 6 (1974), 2 – Abb. 110
. . . Levant 7 (1975), 14 – Abb. 113
. . . Fourth Preliminary Report, Levant 9 (1977), 4.5 – Abb. 111, 112
Braemer
F. Braemer, L'architecture domestique du levant à l'age du fer, Paris 1982 – Abb. 78, 107, 108
BRL
Biblisches Reallexikon, hrsg. von K. Galling, Tübingen $^{2}$1977 – Abb. 44
Browning
I. Browning, Petra, Park Ridge 1973 – Abb. 21, 135, 136, 139, 140, 141
Canova
R. Canova, Iscrizioni e monumenti protochristiani des paesesdi Moab, Rom 1954 – Abb. 95
F. Dexinger, J.M. Oesch, G. Sauer, Jordanien, Innsbruck-Wien 1985
Donner/Cüppers
H. Donner, H. Cüppers, Die Mosaikkarte von Madeba, Tafelband, Wiesbaden 1977 – Abb. 50, 51
EAEHL
M. Avi-Yonah (Hg.), Encyclopedia of Archaeological Excavations in the Holy Land, I–IV, Jerusalem 1975–1978
Eisenberg
E. Eisenberg, The Temples at Tell Kittan, BA 40 (1977) – Abb. 45
Fritz 1985
V. Fritz, Einführung in die Biblische Archäologie, Darmstadt 1985 – Abb. 32, 39, 42
Fritz 1987
V. Fritz, Kleines Lexikon der Biblischen Archäologie, Konstanz 1987 – Abb. 30b, 57a.b
Fritz/Kempinski
V. Fritz, A. Kempinski, Ergebnisse der Ausgrabungen auf der Ḫirbet el-Mšāš I, Wiesbaden 1983 – Abb. 25a
GBL
Das Große Bibellexikon, hrsg. von H. Burkhardt, F. Grünzweig †, F. Laubach, G. Maier, Bde. 1–3, Wuppertal/Gießen 1987–1989 – Abb. 6, 8, 46, 71, 99, 122, 134, 143, 144
Greßmann
H. Greßmann, Altorientalische Texte zum Alten Testament, Berlin/Leipzig 1926
Homes-Fredericq
D. Homes-Fredericq, H.J. Franken, Pottery and Potters, Tübingen 1986 – Abb. 24
Horsfield
M.G. Horsfield, Une stèle égypto-moabite au Balou`a, Revue Biblique 41 (1932) – Abb. 117

KAI
H. Donner, W. Röllig, Kanaanäische und aramäische Inschriften I–III, Wiesbaden 1973
Keel
O. Keel, Die Welt der altorientalischen Bildsymbolik und das Alte Testament, Neukirchen 1972 – Abb. 105
Khouri
R. Khouri, Petra. A Guide to the Capital of the Nabataeans, London 1986 – Abb. 86, 142, 145–149
E.A. Knauf, Ismael. Untersuchungen zur Geschichte Palästinas und Nordarabiens im 1. Jt. v.Chr., Wiesbaden 1985
Der Königsweg. 9000 Jahre Kunst und Kultur in Jordanien und Palästina, (©) Rautenstrauch-Joest-Museum Köln, Mainz 1987 – Tf. 21–23
M. Lindner, Petra. Neue Ausgrabungen und Entdeckungen, München 1986
MB
Le Monde de la Bible 46, Nov/Dec 1986 – Abb. 74, 75, 121
Musil
A. Musil, Arabia Petraea, Wien 1907
North
R. North, Ghassul 1960. Excavation Report, Rom 1961 – Abb. 29
Olavarri
E. Olavarri, La campagne de fouilles 1982 à Khirbet Medeinet al-Mu'arradjeh de Smakieh (Kerak), ADAJ 27 (1983) – Abb. 80, 94
Ottoson
M. Ottoson, Temples and Cult Places in Palestine, Uppsala 1980 – Abb. 30a
Potts
T.F. Potts, et al., Pella. Preliminary Report, ADAJ 29 (1985) – Abb. 55
Rast/Schaub
W. Rast, R. Schaub, The Southeastern De Plain Expedition: An Interim Report of the 1977 Season, AASOR 46, Cambridge 1981 – Abb. 37, 38, 40, 48
Sauer
J. Sauer, Heshbon: Area B and square D.4, Andrews University Seminary Studies 13 (1975) – Abb. 89
Scheck
(©) DuMont Buchverlag, Köln; F.R. Scheck, Kust-Reiseführer Jordanien, Völker und Kulturen zwischen Jordan und Rotem Meer, [3]1988 – Abb. 84, 97 (nach P. Deschamps), 115, 131–133
SHAJ
G. van der Kooij, The Identity of Trans-Jordanian Alphabetic Writing, in: A. Hadidi (ed.), Studies in the History and Archaeology of Jordan III, Amman 1987 – Abb. 114
Stékélis
M. Stékélis, Les Monuments Mégalithiques de Palestine, Paris 1935 – Abb. 34, 35
TGI
K. Galling (Hg.), Textbuch zur Geschichte Israels, Tübingen 1979
Thompson 1972
H.O. Thompson, The 1972 Excavation at Hirbet el-Hajjar, Andrews University Seminary Studies 17 (1972) – Abb. 92
Thompson 1973
ders., Rujm el-Malfuf South, ADAJ 18 (1973) – Abb. 91
TUAT
R. Borger et al., Texte aus der Umwelt des Alten Testaments, Gütersloh 1982 ff

Tushingham
A.D. Tushingham, The Excavations at Dibon (Dhiban) in Moab. The Third Campaign 1952–1953, Cambridge 1972 – Abb. 101
Weippert
H. Weippert, Palästina in vorhellenistischer Zeit, Vorderasien II/1, Handbuch der Archäologie, München 1988 – Abb. 13, 18, 22, 27, 64–68, 73, 79, 81
H.W. Wolff, Amos, in: Biblischer Kommentar Altes Testament XIV 2, Neukirchen [3]1985
Worschech BNB
U. Worschech, Northwest Ard el-Kerak 1983 und 1984, Biblische Notizen, (hrsg. von M. Görg) Beiheft 2, München 1985 – Abb. 43
Worschech ÄAT
ders., Die Beziehungen Moabs zu Israel und Ägypten in der Eisenzeit, Ägypten und Altes Testament (hrsg. von M. Görg) 18, Wiesbaden 1990 – Abb. 103
Yassine 1984
K. Yassine, Tell el-Mazar I: Cemetary A, Amman 1984 – 124, 125, 127
Yassine 1988
ders., Archaeology of Jordan: Essays and Reports, Amman 1988 – Abb. 123, 126 a.b
ZDPV
M. Ibrahim, Siegel und Siegelabdrücke aus Saḥāb, Zeitschrift des Deutschen Palästina-Vereins 99 (1983) – Abb. 82

Die folgenden Zeichnungen fertigte Frau Beate Dillmann M.A., Frankfurt/M.: Abb. 1, 2, 4, 5, 11, 12, 15, 17, 20, 23a, 41, 49, 52, 54, 56, 58, 60, 62, 63, 70, 76, 83, 87, 90, 96, 100, 102, 106, 116, 137, 138

# Orts- und Sachregister

**Bildlegenden zu den Tafeln 1–24**

Tf. 1: Die Straße durch das Arnontal nach Südosten
Tf. 2: Die bewaldeten Berge von Gilead (Ağlun) mit der Araberburg Qasr er-Rabad
Tf. 3: Das Wüstenschloß Ḫarāne
Tf. 4: Das Wüstenschloß Quṣēr ʿAmrā
Tf. 5: Blick auf die »Nischen« in den Fundamentmauern eines Rundhauses in el-Beda (Neolithikum)
Tf. 6: Mörser und Reibesteine aus dem neolithischen el-Beda
Tf. 7: Ein Dolmengrab bei ed-Dimna, im Vordergrund ein »Kultstein« mit napfartigen Vertiefungen
Tf. 8: Ein großes Beinhaus (charnel house) in der Nekropole von Bab ed-Draʿ
Tf. 9: Ein geöffnetes Grab aus der Mittelbronzezeit, in dem sich noch Skelettreste fanden. In der Mitte ein aufgerichteter Stein als »Steinmal« (?) ohne architektonische Funktion.
Tf. 10: Ein vier Meter hohes Steinmal sowie ein Opfertisch bei ʾEd dēr
Tf. 11: Ein zwei Meter hoher Megalith in einer kreisförmigen Steinsetzung. Auf seiner Oberseite befindet sich eine becherartige Vertiefung.
Tf. 12: Pnuël (Tulūl eḏ-Dahāb) an der Furt des Jabbok
Tf. 13: Reste des römischen Pella
Tf. 14: Der Berg Nebo von der Mosequelle aus gesehen
Tf. 15: Die Mosequelle
Tf. 16: Ausgrabung an der ammonitischen Umfassungsmauer in Amman
Tf. 17: Der ammonitische Wachturm Ruğm el-Malfūf
Tf. 18: Die Burg Ḫirbet el-Medēyīne
Tf. 19: Umm el-Biyāra (links) und der Bergkessel von Petra
Tf. 20: An den Wassern von Nimrim (Numēra)
Tf. 21: Eisenzeitliche Keramikformen
Tf. 22: Miniaturreplik (blaugelbes Glas) einer griechischen Amphore (5. Jh. v.Chr.) sowie Glasreplik eines Parfümfläschchens aus Alabaster syrischen Typs (Ende 6.–5. Jh. v.Chr.)
Tf. 23: Petra: Kultplatz auf dem Zibb Atuf
Tf. 24: »Empfangshalle« im assyrischen Hofhaus (el-Balūʿ)

Tf. 1–16, 18–20, 24: U. Worschech
Tf. 17: F. Ninow
Tf. 21–23: Der Königsweg. 9000 Jahre Kunst und Kultur in Jordanien und Palästina, © Rautenstrauch-Joest-Museum Köln, Mainz 1987

1

2

3

4

5

6

7

8

9

10

11

12

13

14

15

16

17

18

19

20

21

22

23

24